제대로 배우는
인도네시아어 회화3
완성편

제대로 배우는 인도네시아어 회화 3-완성편

발행일   2018년 9월 7일

지은이   안 봉 수   엮은이   송 창 섭
펴낸이   손 형 국
펴낸곳   (주)북랩
편집인   선일영   편집 오경진, 권혁신, 최예은, 최승헌, 김경무
디자인   이현수, 김민하, 한수희, 김윤주, 허지혜   제작 박기성, 황동현, 구성우, 정성배
마케팅   김회란, 박진관, 조하라
출판등록   2004. 12. 1(제2012-000051호)
주소   서울시 금천구 가산디지털 1로 168, 우림라이온스밸리 B동 B113, 114호
홈페이지   www.book.co.kr
전화번호   (02)2026-5777   팩스 (02)2026-5747

ISBN   979-11-6299-262-3 14730 (종이책)   979-11-6299-263-0 15730 (전자책)
             979-11-6299-257-9 14730 (세트)

이 도서의 국립중앙도서관 출판예정도서목록(CIP)은 서지정보유통지원시스템 홈페이지(http://seoji.nl.go.kr)와 국가자료
공동목록시스템(http://www.nl.go.kr/kolisnet)에서 이용하실 수 있습니다.
(CIP제어번호: CIP2018028924)

3

완성편

· · · ★

인도네시아 우이대학교 한국어과 학과장이 추천한

제대로 배우는

인도네시아어

회화

안봉수 **지음**

송창섭 **엮음**

북랩 book Lab

07 사랑, 삶, 운명

08 환경에 대하여

Bab 2.
인도네시아 노래

부록.
인도네시아어 관광통역사 면접시험
예상 문제(51~100항)

우리는 IT와 인터넷이 발달한 시대 속에서 살고 있지만, 언어의 중요성은 예나 지금이나 변함없이 중요하다는 것은 누구나 알고 있는 사실입니다. 아직도 세계 공용어인 영어를 필수적으로 배워야 하는 현실이지만, 점점 제2 외국어도 주목을 받는 시대로 변화하고 있습니다. 그 흐름에 발맞춰 우리는 영어뿐만이 아닌 제2 외국어를 배우는 것이 꼭 필요합니다. 현재 우리나라는 무역 강대국으로서 세계의 많은 나라와 교류하고 있으며 더 많은 교류를 해야 하는 나라입니다. 이러한 상황에서 세계 4위의 인구 이억 팔천의 인구와 넓은 땅, 풍부한 천연자원을 보유한 나라로써 많은 전문가가 미래에 4대 경제 대국이 되리라 예측한 인도네시아와의 교류는 무척 중요한 사안이 될 것이 분명합니다. 지난 2017년에는 문재인 대통령과 조코 위도도 대통령이 기존 양국 관계를 '전략적 동반자 관계'에서 '특별 전략적 동반자 관계'로 격상하는 데 합의하였습니다. 앞으로 우리나라에 있어서 인도네시아는 매우 중요한 국가가 될 것이라 확신합니다. 따라서 여러분께서 인도네시아어를 공부하는 것이 다가오는 미래를 준비하기에 좋은 선택이 될 것입니다.

현재 시중에는 많은 훌륭한 인도네시아 회화책이 나와 있지만 제대로 공부하기에는 너무 기본적이거나 적은 양의 내용이 대부분인 실정입니다. 하지만 이 책을 보시면 실생활에서 충분히 쓰일 내용이 방대하게 수록되었다는 것을 볼 수 있을 것입니다. 또한, 우이대학교 한국어과 학과장을 비롯해 교수 회의에서 우수한 책으로 평가되어 추천을 받았으며, 80여 명의 다양한 지역 출신과 연령층이 녹음에 참여했다는 점에서 다른 책들과의 차별점을 두었습니다. 이 책은 총 3권으로 이루어졌으며, 1권은 문법과 실제로 하고 싶은 말, 물어보고 싶은 말 등 다양한 상황속에서 쓰일 수 있는 단 문장으로 구성되었고 2, 3권은 실제 회화문장과 동화, 뉴스, 여행, 관광, 농업, 산사태, 무역, 교통, 교훈, 속담, 교육, 사고, 병원, 가족관계, 환경, 일상생활 등 다양한 분야의 내용입니다. 독자에게 더욱 많은 내용을 전달하기 위하여 그림이나 삽화가 없어서 지루할 수도 있겠으나 인도네시아를 제대로 공부하기를 원하는 독자분들께는 충분한 책이라고 생각합니다. 앞으로 인도네시아란 국가의 문화와 산업 등, 각 분야에 관심이 있거나 관련된 일을 하실 분들께서 이 책을 통해 가장 빠르고 정확하게 본인이 설계한 미래에 도달하시기를 기원합니다.

Korea dan Bahasa Indonesia, Sebuah Pengantar

Eva Latifah, Ph.D

Ketua Program Studi Bahasa dan Kebudayaan Korea, Universitas Indonesia

Era globalisasi telah menghapus batas sekat antarnegara. Hubungan antarindividu tidak lagi terhalang oleh ruang dan waktu. Siapapun dapat berkomunikasi dengan yang lain, kapanpun dan di manapun. Dengan begitu, komunikasi dengan beragam entitas bangsa berbahasa lain menjadi lebih tinggi. Oleh karena itu, kebutuhan akan penguasaan bahasa lain selain bahasa ibu menjadi satu hal yang tidak dapat dihindari.

Dalam hal hubungan Korea dan Indonesia, tentu penguasaan kedua bahasa menjadi alat pengikatnya. Pembukaan jurusan bahasa Indonesia di beberapa universitas di Korea menjadi penanda fenomena itu. Sebut saja, Hankuk University of Foreign Studies (HUFS) telah membuka Jurusan Malaysia-Indonesia sejak tahun 1970an.

Apalagi, dalam acara Korea-Indonesia Bisnis Forum di Jakarta pada tanggal 9 November 2017, Presiden Mun Jae-in menyampaikan pesannya untuk meningkatkan kerja sama kedua negara. Dalam pidatonya, beliau bahkan menyampaikan bahwa meski hubungan diplomatik baru dibangun sejak 1973, hubungan interaksi Korea-Indonesia sudah terjalin sejak 623 tahun yang lalu. Kontak antara Dinasti Joseon dan Kerajaan Majapahit tercatat dalam catatan sejarah Korea.

Di Indonesia, jumlah instansi yang membuka pendidikan bahasa Korea semakin meningkat. Jumlah perusahaan Korea yang berinvestasi di Indonesia pun semakin tinggi. Data Kotra menyebutkan bahwa hingga akhir tahun 2017, jumlah perusahaan Korea di Indonesia telah mencapai 2200.

Sayangnya jumlah orang Korea yang menguasai bahasa Indonesia dan orang Indonesia yang menguasai bahasa Korea masih belum mencukupi. Dengan begitu, pendidikan bahasa Korea dan bahasa Indonesia, begitu juga buku ajarnya masih sangat diperlukan. Atas motivasi itulah, buku ini dibuat.

Buku ini adalah buku bahasa Indonesia bagi para pembelajar bahasa Indonesia. Buku ini terdiri dari tiga seri. Tiap serinya terdiri dari berbagai tata bahasa dan percakapan yang disusun mulai dari yang termudah hingga yang lebih kompleks.

Dengan demikian, buku ini dapat digunakan oleh pelbagai kalangan, baik guru atau dosen, mahasiswa, pelajar, atau kalangan umum.

Buku ini dapat menjadi solusi bagi mereka yang ingin belajar bahasa Indonesia dengan otentik. Contoh kalimat-kalimat dibuat berdasarkan catatan penulis buku ini selama berada di Indonesia. Kelebihan buku ini adalah terletak pada banyaknya contoh situasional. Hal itu sekaligus membedakannya dengan buku-buku bahasa Indonesia terdahulu.

Buku ini juga menjadi buku alternatif bagi orang yang ingin belajar bahasa Indonesia karena dikembangkan dengan melibatkan mahasiswa Indonesia yang secara

sukarela mengulas isi cakapan di dalam buku. Dapat dimengerti bila contoh kalimat-kalimat dan percakapan di dalam buku ini menjadi sangat banyak sekali. Meski begitu, semangat penulis untuk menampilkan sebanyak mungkin situasi kebahasaan perlu diapresiasi dengan baik.

Buku bahasa Indonesia ini dibuat dengan berdasarkan pengamatan orang Korea terhadap Indonesia. Oleh karena itu, situasi kebahasaan yang ditampilkan dalam buku ini adalah situasi kebahasaan yang dekat dengan kehidupan orang Korea di Indonesia. Hal ini akan membantu orang Korea yang ingin tingal di Indonesia.

Satu hal lagi yang menjadi catatan adalah buku ini tidak disertai dengan gambar atau ilustrasi. Ketiadaan gambar atau ilustrasi dapat menjadi kekurangan dari buku ini. Selain proses pembelajaran yang menjadi kurang menarik, ketiadaan ilustrasi juga membatasi imajinasi dan visualisasi yang sangat membantu dalam proses belajar mengajar bahasa. Ternyata, ketiadaan gambar visual disengaja oleh penulis buku ini. Di sinilah saya melihat sedikit perbedaan cara pandang Indonesia dan Korea dalam menilai buku bahasa. Pembelajar Indonesia memandang penting kehadiran gambar, sementara Korea (setidaknya menurut penulis buku ini) lebih mementingkan isi buku.

Akhirul kalam, sebagai penutup, saya menyambut baik hadirnya buku ini. Dengan segala kelebihan dan kekurangannya, buku bahasa Indonesia yang ditulis oleh pemerhati bahasa Indonesia ini dapat menjadi alternative bagi para pembelajar Korea. Tentunya, baik atau tidaknya buku ini dapat dilihat langsung oleh para pembelajar yang menggunakan buku ini. Selamat belajar dan menyelami belantara bahasa Indonesia.

Salam hangat di cuaca yang selalu hangat,

Depok, 30 Mei 2018.

한국과 인도네시아어, 추천자 Eva Latifah, Ph.D
한국 문화 & 언어 학과 우이대학 학과장

세계화 시대는 이미 나라 간의 경계선을 지워버렸습니다. 개인 간의 관계 또한 장소나 시간에 방해받지 않습니다. 누구든지 언제 어디서나 다른 사람과 의사소통할 수 있습니다. 그러므로, 다른 언어를 가진 여러 민족과의 의사소통은 더 빈번해졌습니다. 그래서, 모국어 외에 다른 언어의 구사력에 대한 필요성은 피할 수 없는 하나의 일이 됐습니다.

한국과 인도네시아의 관계 속에서, 당연히 두 언어의 극복은 그 연결 도구가 됩니다. 한국에 있는 여러 대학에서 인도네시아어학과 개설은 이러한 현상의 신호가 됐습니다. 한국외대는 이미 1970년대부터 말레이-인도네시아어학과를 개설했습니다.

또한, 2017년 11월 9일 자카르타에서 개최된 한국-인도네시아 비즈니스 포럼 행사 때, 문재인 대통령께서는 두 나라 협력을 강화하도록 주문하였습니다. 그 연설에서, 그분은 1973년부터 외교 관계가 이루어졌지만, 한국과 인도네시아의 상호 관계는 이미 623년 전부터 엮여 있다고 말씀하셨습니다. 조선 왕조와 마자파힛 왕조의 친교는 한국 역사 서적에 기록되어 있습니다.

인도네시아에는, 한국어 교육을 개강한 교육 기관의 수가 점점 늘어나고 있습니다. 인도네시아에 투자하는 한국 회사의 수 또한 점점 늘어나고 있습니다. 코트라 통계는 2017년 말까지 인도네시아에 있는 한국 회사의 수는 이미 2,200개에 달한다고 언급하고 있습니다.

안타깝게도 인도네시아어를 구사하는 한국인의 수와 한국어를 구사하는 인도네시아인의 수는 아직도 충분하지 않습니다. 그러므로, 한국어와 인도네시아어 교육 및 교육 책자는 여전히 많이 필요합니다. 그러한 동기로 인해, 이 책은 만들어졌습니다.

이 책은 인도네시아어를 배우는 사람을 위한 인도네시아어책입니다. 이 책은 3가지 시리즈로 구성되어 있습니다. 각각의 시리즈는 가장 쉬운 것부터 더 어려운 것까지 정리된 여러 가지 문법과 대화로 구성되어 있습니다. 그러므로, 이 책은 여러 계층의 사람들, 즉, 선생님, 교수님, 대학생, 학생 또는 일반 계층의 사람들이 볼 수 있습니다.

이 책은 진심으로 인도네시아어를 공부하려는 분들에게 해답이 될 수 있습니다. 예시 문장들은 이 책의 저자가 인도네시아에 거주하는 동안 저자의 기록을 기초로 만들어졌습니다. 이 책의 장점은 여러 상황별 예문이 많이 들어있다는 것입니다. 이것은 동시에 이전의 인도네시아어책들과 차별화하고 있습니다.

또한 이 책은 인도네시아어를 공부하려는 사람에게 대안의 책이 됩니다. 왜냐하면 책 속에 있는 대화 내용을 자발적으로 분석 검토하기 위해 인도네시아 대학생을 참여시키면서 개발했기 때문입니다. 이 책 속에 있는 대화와 문장들의 예가 너무 많다는 것을 알 수 있습니다. 그럼에도 불구하고, 언어적 상황을 최대한으로 표현하려는 필자의 열정은 좋은 평가를 받을 필요가 있습니다.

이 인도네시아어책은 인도네시아에 대한 한국인의 연구가 기초가 되어 만들어졌습니다. 그래서, 이 책에서 제시된 언어적 상황은 인도네시아에 사는 한국인의 삶과 가까운 언어적 상황입니다. 이것은 인도네시아에서 살고 싶어 하는 한국인에게 도움을 줄 것입니다.

한 가지 더 말하자면, 이 책은 그림이나 삽화가 포함되지 않았습니다. 삽화나 그림이 없는 것은 이 책의 단점이 될 수 있습니다. 흥미롭지 않은 학습과정을 제외하고, 삽화가 없는 것은 언어를 가르치거나 배우는 과정에서 많은 도움이 되는 상상력과 시각화를 제한합니다. 사실, 시각적인 그림이 없는 것은 이 책 저자가 의도적으로 한 것입니다. 여기에서 저는 언어 책을 평가할 때 한국인과 인도네시아인의 보는 관점이 약간 다르다는 것을 보았습니다. 인도네시아 학습자는 그림이 있는 것을 중요하게 바라봅니다만, 한국 학습자는 (적어도 이 저자의 생각은) 책의 내용을 더 중요시하는 것 같습니다.

마지막 결론으로, 저는 이 책의 출판을 정말 환영합니다. 모든 장단점과 더불어, 인도네시아어에 관심이 있는 사람이 저술한 인도네시아어책은 한국 학습자들에게 대안이 될 수 있습니다. 당연히, 이 책의 좋고 나쁨은 이 책을 보는 학습자들이 직접 확인할 수 있습니다. 열심히 공부하시고 인도네시아의 광활함을 깊이 연구하시길 바랍니다.

늘 따뜻한 기후 속에서 따뜻한 안부 전해드립니다,

2018년 5월 30일, 데뽁에서

§ 축사 §

지난 십 년간 수많은 학생에게 인도네시아어를 가르쳐 오면서 많은 보람을 느껴 왔습니다. 이번에 제자 중 한 명이 부 저자로 참여하게 된 인도네시아어 회화책의 출판에 기쁜 마음으로 축하의 말을 건넵니다.

이 책이 인도네시아의 문화와 산업 등 각 분야에 관심이 있거나 관련된 일을 하실 분들에게 큰 도움이 되었으면 좋겠습니다.

한국외국어대학교 말레이-인도네시아어 통번역학과 교수 송승원

Bab 1.
Percakapan sehari-hari

01 회의, 회사업무, 사업, 무역에 대하여

1. 반둥으로 출장 가다

Dinas ke Bandung

A : Saya **dinas** pak.   저 출장 갑니다.

B : Ke mana kamu dinas dan **dengan siapa?**   어디로 누구와 출장 가니?

A : Saya pergi dengan Mr. Kim ke Bandung.   반둥으로 미스터 김과 갑니다.

B : Kapan **kembali?**   언제 돌아오니?

A : Hari Jumat bésok, pak.   다음 주 금요일이요, 이사님.

B : Ya, hati hati ya.   그래, 조심하고.

    Lalu, jangan lupa **oléh-oléh,** ya.   그리고, 선물 잊지 마.

    Sampaikan salamku   회사 측에

    pada **pihak perusahaan itu.**   내 안부 전해줘.

 kembali 출발한 곳으로 돌아온다는 의미를 내포하고 있습니다.
pulang 돌아가다, 귀가(귀향)하다 등 묘한 차이가 있습니다.

선물 표현은 여러 가지가 있는데 **oleh-oleh**는 여행 선물, 특히 해외를 갔다 올 때 많이 사용하고,
hadiah, kado는 생일 선물에 많이 사용됩니다.

|심층 공부|

kebanyakan, mayoritas 대부분의   akuntansi 회계

sekali pun 한번도   tak henti hentinya 쉬지 않고, 멈춤 없이

transport, transportasi 교통   rata, datar 평평한

garis besar 큰 줄거리

2. 중요한 회의가 있다

Ada Rapat yang Penting

A : Ressi, apakah tugasmu sudah selesai? 레시, 네 일은 다 끝났어?

B : Sudah. **Ada hal yang lain, pak?** 했습니다. **다른 일 있어요?**

A : Begini, besok ada rapat di kantor. 사실은 말이야, 내일 사무실에서 회의가 있어.
    Bisakah kamu **datang lebih awal** besok? 너 내일 **더 일찍 올 수 있어?**

B : Rapat tentang apa? 무엇에 대한 회의입니까?
    Apakah ada masalah penting? **중요한 문제가 있습니까?**

A : **Apakah kamu ada kepentingan lain?** **너 다른 중요한 일이 있어?**
    (Apakah kamu ada hal penting lain?)

B : Ya. Besok pagi pagi saya harus 네. 내일 아침 일찍 저는 검사하러
    ke puskesmas untuk periksa. 보건소에 가야 해요.

A : Oh gitu. **Apakah tidak bisa ditunda?** 오 그래. **연기할 수 없어?**

B : Bisa, tapi saya sudah membuat janji 되죠, 하나 한 달 전 부터
    dari sebulan yang lalu. 전 이미 예약했어요.

A : Ya, saya bisa mengerti, tapi rapat itu 그래, 난 이해할 수 있어, 허나 그 회의는
    sangat penting karena rapat itu 매우 중요해 왜냐하면 그 회의는
    tentang penjelasan produk baru. **신제품 설명에 대한 것이야.**
    Lalu direktur utama **juga akan hadir**. 그리고 사장님 **또한 참석하실거야.**

B : Ya. Saya akan menunda saja ke puskesmas. 네. 전 보건소 가는 것을 연기할게요.
    Pukul berapa saya harus datang? 몇 시에 저는 와야 해요?

A : **Paling lambat** kamu harus datang jam7 pagi. 늦어도 넌 아침 7시에 와야 한다.

B : Kalau begitu, 그렇다면,
    saya yang akan datang paling cepat. **전 제일 빨리 올 거예요.**
    Sekarang saya boléh pulang? 지금 저 퇴근해도 되나요?

A : Ya boléh saja. 그래 가도 돼.
    Jangan lupa **datang cepat ya.** **빨리 오는 거** 잊지 마라.

🔩 presdir (**Presiden Direktur**), **direktur utama** 대표이사
✏️ PBB (**Perserikatan Bangsa Bangsa**) 유엔

보통 호텔, 식당 등의 예약은 memesan 단어를 사용하고, 의사와의 예약 등은 membuat janji를
사용합니다.

3. 사무실에서의 대화
Percakapan di Kantor

A : Selamat pagi, pak.

안녕하세요, 사장님.

B : Pagi, Via. **Apa kegiatan (jadwal) saya** hari ini?

안녕, 비아. 오늘 **나의 일정이 뭐니?**

A : Bapak **ada rapat** dengan para pegawai jam 9.
Lalu **makan siang** dengan diréktur PT Korindo
di hotél Mulia.

사장님께선 9시에 직원들과 **회의가** 있고요.
그리고 물리아 호텔에서
코린도 이사님과 **점심이** 있습니다.

B : Sesudah itu, ada apa?

그 후에는, 무슨 일이 있니?

A : Bapak **harus kembali ke kantor** untuk rapat
dengan manajer lagi sampai jam 4 soré.

사장님은 4시까지 매니저들과
회의하기 위하여 사무실로 **돌아오셔야**
합니다.

Kemudian bapak pergi ke pabrik di Bogor.

그런 후 사장님은 보고르 공장에 가십니다.

B : Wah, hari ini jadwalnya padat, ya.
Ada yang lain?

와우, 오늘 일정이 빡빡 하구나.
또 다른 일은 있어?

A : Setelah itu, ada makan malam
dengan Mr. Kim.

그 이후에, 김 사장님과의
저녁 약속이 있습니다.

B : **Bagaimana kalau**
saya mengunjungi pabrik bésok?

공장 방문을
내일 하는게 어때?

A : **Tunggu sebentar, pak.**
Saya cék jadwal Bapak bésok dulu.
Bésok tidak ada **jadwal yang khusus**.

잠깐 기다려보세요.
내일 사장님 일정을 먼저 체크할게요.
내일은 **특별한 일정이** 없네요.

B : Oké, bésok mengunjungi pabrik saja.

그래, 내일 공장에 가도록 하자.

A : Bésok jam berapa mau ke sana?

내일 몇 시에 거기 가실래요?

B : Bésok jam 2 siang saja.   내일 낮 2시에 가자.

A : Baiklah,   알겠습니다,

     saya siapkan **hal yang diperlukan.**   저는 **필요하신 일을** 준비해 놓겠습니다.

 jadwal, kegiatan 일정

\# 사무실에서 일어날 수 있는 상황입니다. 본인의 입장에서 더 좋은 문장을 만들어 보세요. 공장이나 사무실에서 유용하게
     활용하세요.

|단어 공부|

merangkai, meronce	~을 연결하다, 꿰다
iklim	기후
musnah, hancur	파괴된
réaksi	반작용
cemburu	질투하는
merata	골고루, 평평하게 하다
sportif	신사적인, 위풍당당한
menyetor	돈을 맡기다, 예탁하다
kuitansi, kwitansi	영수증, 전표

---

4. 회사 동업자로부터의 전화

Telepon dari Mitra Usaha

A : Saya sudah ada **urusan rumah tangga.**   나는 **집안일이** 있었어.

     Selama itu ada urusan?   그동안 일이 있었냐?

B : Tadi, ada telepon **dari mitra usaha.**   조금 전, **회사 동업자로부터** 전화 왔었어요.

     Dia berkata, **janji kemarin**   그가 말하길, **어제 약속을**

     ditunda saja menjadi besok pagi.   내일 아침으로 **연기하자고 합니다.**

     Dia minta ditelepon kembali   그는 퇴근 전에 **할 수 있다면**

     jika bisa sebelum pulang kerja.   **다시 전화 달랬어요.**

A : Oh ya, ada yang lain?   오 그래, 다른 일은 있어?

B : Ada telepon dari teman Bapak.   사장님의 친구분으로부터 전화가 있었어요.

     Dia hanya memberi salam dan   그는 그냥 안부만 전해달라고 하시고

menanyakan **bagaimana kabar Bapak**, 사장님 소식이 어떤지 물었어요,
baik baik atau tidak. 잘 지내시는지 아닌지.

|단어 공부|

redaksi	편집부
kuno, purba, antik	옛날의
menyadap	수액을 받다
pindah, alih, gusur	옮기다, 이전시키다
menyuap	뇌물을 먹다
menyuapi	밥을 먹이다
bangkit, berdiri	일어서다
menyérvis	봉사하다
menerkam	덮치다
tirai, gorden	커튼, 휘장, 칸막이
properti	부동산, 건물 자산
kebébasan	자유

---

5. 회사의 새 상품
Produk Baru Perusahaan

A : **Bagaimana rencana produk baru**
   pabrik kita?
   Direktur menunggu kabar
   tentang produk baru.
B : Ya, hampir selesai.
   Kira kira dua hari lagi.
A : Kalau begitu,
   saya **akan melaporkan** ke kantor.
B : Menurut Anda sekalian,
   produk baru itu **bagus atau tidak?**
A : **Pasti bagus** karena kita sangat
   bekerja keras untuk produk baru.
B : Ya, **saya ucapkan terima kasih**
   atas kerja keras kalian.

우리 공장 **신제품 계획은**
어떻게 되었나요?
사장님께서 신제품에 대한
소식을 기다리십니다.
네, 거의 끝났습니다.
약 이틀 후에 끝납니다.
그렇다면,
전 사무실에 **보고 하겠습니다.**
여러분 생각에,
신제품은 좋은 것 같나요 아닌가요?
확실히 좋을 거예요 왜냐하면
신제품을 위해 정말로 노력했어요.
네, 저는 여러분에 노고에
고마움을 표합니다.

Kalau hasil kalian bagus,
saya akan minta bonus pada direktur.

A : Wah asyik, terima kasih, bapak.

B : Bagaimana rapat besok pagi?

A : Rapat besok **tidak jadi,** pak.

B : Kenapa? Ada alasannya?

A : Alasannya, karena para karyawan
harus membuat produk baru
dan hampir semua pengurus harus
memeriksa produk baru tersebut.

A : Pak. Yang penting,
kita harus membuat produk baru
yang bagus dulu, Pak

만일 여러분의 성과가 좋으면,
전 사장님께 보너스를 부탁드릴 거예요.

와 신나는군요, 감사합니다.

내일 아침 회의 어떻게 됐어요?

내일 회의 취소됐어요.

왜? 이유가 있습니까?

이유는, 직원들이 신제품을
만들어야 하고
거의 모든 임원들이
그 신제품을 검사해야 한대요.

이사님. 중요한 것은,
우리가 먼저 좋은 신제품을
만들어야 하는 것이에요.

|단어 공부|

anggaran	예산
cobaan	시련, 시험, 시도
lamunan	환상, 공상
sétan, hantu	귀신
pundak, bahu	어깨
menyuplai	공급하다
imbauan, panggilan, seruan	부름
jelmaan	화신, 변형
évaluasi, nilai	평가
BH, bra	브래지어

---

6 : 친구 사무실을 방문하다

Mengunjungi Kantor Teman

A : Saya ingin ketemu dengan temanku Deni.
Apakah dia bekerja di sini?

B : Ya, dia bekerja **di bidang impor.**
Siapa nama Bapak?

저는 제 친구 데니를 만나고 싶어요.
그는 여기서 일합니까?

네, 그는 **수입 부서에서** 일합니다.
선생님 성함은 무엇이죠?

A : Nama saya Ali.

B : Oh iya, tunggu sebentar, Pak.

Saya télépon dulu.

— Satpam menélépon ke kantor. —

Halo, Pak Deni!

Di sini ada Pak Ali, teman Bapak.

Bagaimana ya?

C : Oh, begitu.

Tolong antarkan saja temanku ke kantoku.

B : Oké. Saya yang antarkan.

Silakan ikut saya, Pak.

Saya yang antarkan Bapak.

제 이름은 알리라고 합니다.

오 그래요, 잠시 기다리세요, 선생님.

제가 먼저 전화 해보겠습니다.

(경비는 사무실로 전화를 했다.)

여보세요, 데니 씨!

여기 당신 친구 알리 씨가 왔어요.

어떻게 할까요?

오, 그래요.

제 친구를 사무실로 좀 안내해 주세요.

네. 제가 안내 할게요.

저를 따라오세요.

제가 선생님을 안내할게요.

 menyusul 나중에 따라가다, 뒤따라가다　　**ikut** 지금 바로 따라가다

|단어 공부|

mengamputasi	절단 수술하다
menguraikan	풀어헤치다, 풀다, 해석하다
mencangkok	접붙이다
agung	위대한
perantauan	객지, 타향
penginapan	숙소
keseimbangan	균형, 평형

7. 모든 일은 흥망성쇠가 있다

Setiap Usaha ada Pasang Surut

A : Dari mana kamu mencari informasi?

B : Saya **suka browsing** di internét.

Saya juga **berlangganan** Majalah Berani.

A : Kamu **terinspirasi** dari mana

sehingga bisa membuat barang-barang

어디서 당신은 정보를 찾습니까?

저는 인터넷에서 **검색하는 것을 좋아합니다.**

저는 역시 브라니 잡지를 **구독합니다.**

당신은 어디서 **영감을 받아서**

중고품이나 재활용품으로

dari **bahan bekas** atau **daur ulang?**

B : Kadang kadang saya mendapat inspirasi
dari cerita orang lain.

Aku dan Keli **berpikir sama.**

A : Siapa saja orang-orang
yang ada dalam bisnis kamu ini?

B : Dalam bisnis saya ada 10 orang.
Ada yang bertugas **ngumpulin sampah,**
nyuci, menggunting
dan ada juga yang bertugas
untuk pemasaran dan keuangan.

A : Sejak kapan kamu suka berbisnis?

B : Saya suka bisnis sejak kecil.

A : Kenapa kamu suka berbisnis?

B : Menurut saya, bisnis itu seru.
Saya bisa mendapat banyak uang
dengan tidak terlalu susah.
Saya bisa bersantai di rumah
dan **uang terus masuk.**
Saya juga tak perlu
keluar masuk kantor.
Pokoknya, **semua sesuai keinginan saya.**

A : Kamu belajar bisnis dari siapa?

B : Saya belajar bisnis dari orang tua.
Orang tuaku suka berbisnis dan
itu rupanya menurun kepadaku.

A : **Apa yang ingin kamu capai** dari bisnis?

B : **Untuk jangka péndék,**
saya ingin **bisnis ini terus berjalan.**
Saya ingin **memajukan** bisnis ini
dengan cara cara kréatif.
Sekarang, bisnis ini **masih dipégang**
oléh teman Mama.

물건을 만들 수 있는 것입니까?

저는 가끔 다른 사람의 이야기로부터
영감을 받습니다.

나와 켈리는 **같은 생각을 갖고 있어요.**

당신의 회사에 있는
사람들은 누구누구입니까?

저의 회사에는 10명이 있어요.
쓰레기를 모으고, 세척하고, 절단하는
업무를 가진 사람이 있어요.

그리고 **마케팅과 재무를 위해**
근무하는 사람들 또한 있어요.

언제부터 당신은 사업 하는 것을 좋아했나요?

저는 어릴 때부터 사업을 좋아했어요.

왜 당신은 사업하는 것을 좋아했나요?

제 생각에, 그 사업은 재미있어요.

저는 **그렇게 힘들지 않게**
많은 돈을 벌수 있어요.

저는 집에서 한가하게 쉴 수 있고
돈은 계속 들어와요.

저는 또한 **사무실을 왔다 갔다 할**
필요가 없어요.

중요한 것은, **모든 것이 저의 바람과 일치해요.**

당신은 누구에게서 사업을 배웠나요?

저는 부모님으로부터 사업을 배웠어요.

제 부모님은 사업하시는 것을 좋아하셨고
그것이 아마 제게 유전된 것 같아요.

사업에서 **당신이 이루고 싶은 것은 무엇입니까?**

단기적인 목표로,
저는 **이 사업이 계속 운영되길 바랍니다.**

저는 독창적인 방법들로
이 사업을 **발전시키고 싶어요.**

현재, 이 사업은
어머니의 친구분에 의해 **운영되고 있어요.**

Untuk jangka panjang,
saya **ingin mengambil alih**
usaha daur ulang ini.

장기적인 목표로, (장기적으로)
저는 이 재활용 사업을
인수하고 싶어요.

A : Apa pesan untuk teman-teman
yang ingin jadi pebisnis seperti kamu?

당신처럼 사업자가 되기를 바라는
친구들을 위한 충고는 무엇입니까?

B : Pertama, jangan putus asa
jika usaha kita turun.
Setiap usaha
pasti ada pasang surutnya.
Kita harus tetap kreatif.
Kita harus menghadapi **segala cobaan**
dengan tégar dan selalu berdoa.

첫째, **우리의 회사가 나빠지더라도**
포기하지 마세요.
모든 사업은 반드시
그 흥망성쇠가 있습니다.
우리는 여전히 창조해야 합니다.
우리는 **모든 시련을** 집요하게 극복해야 하고
항상 기도 해야 합니다.

---

8. 게임 카드

Kartu Permainan

A : Halo, boléh saya mewawancarai kamu?   여보세요, 내가 너를 인터뷰해도 될까?
B : Oh, boléh, silakan.   네, 돼요, 하세요.
A : Sejak kapan kamu memulai bisnis ini?   너는 언제부터 이 사업을 시작했니?
B : Saya memulai bisnis ini sejak kelas 4 SD.   저는 초등학교 4 학년부터 시작했어요.
A : Wow! Benar-benar.   와! 정말.
    Usaha kamu **bergerak** di bidang apa?   너의 사업은 무슨 분야에서 **활동하니?**
B : Usaha saya mempoduksi kartu permainan,   저의 회사는 게임 카드를 생산해요,
    tapi bukan kartu permainan biasa.   **하지만 보통 게임카드가 아니에요.**
    Kartu ini bisa untuk belajar **sains. (IPA)**   이 카드로 **과학을** 공부할 수 있어요.
A : Wah, menarik sekali!   와, 정말 매력적이구나!

Coba kamu jelaskan **lebih lanjut** tentang kartu permainan buatanmu.

네가 만든 게임카드에 대해 **상세하게** 설명해줘.

B : Kartu permainan itu **saya beri nama Bulan.** **Saya luncurkan** sejak 1 Novémber 2013. Ada sekitar 120 kartu permainan **dengan gambar bermacam macam.** Ada kartu **yang bergambar luar angkasa** dengan gambar Black hole dan lainnya.

그 게임카드를 **달이라고 이름 지었어요.** 저는 2013년 11월 1일부터 **출시했어요.** **여러 가지 그림이 있는** 약 120 가지의 게임 카드가 있어요. 블랙홀과 기타 등의 그림과 함께 **대기권 밖(우주)의 것들이 그려진 카드** 가 있죠.

A : Wah, hébat! Apakah menurutmu, kartu permainanmu itu disukai orang orang?

와, 대단하다! 네 생각에, 그 게임카드를 사람들이 좋아할까?

B : Menurut saya, ya. **Saya pernah mengadakan tés (mengetés)** di sekolah untuk mengetahuinya. Dari 100 anak SD **yang memainkan Bulan,** ada 82 persen yang mengatakan **permainan itu** **lebih baik daripada game board.** Selain itu, saya juga mengadakan tés **pada murid SMP.** **Dari hasil tés itu,** saya menemukan mereka menyukai Bulan.

제 생각에는, 좋아할 거에요. 저는 그것을 알기 위해 학교에서 **테스트를 실시한 적이 있어요.** **달 게임을** 한 초등학생 100 명으로부터, **그 게임이 보드게임보다** **더 좋다고** 말하는 사람이 82 퍼센트 있었어요. 그 외에, 저는 **중학생에게도** 테스트를 해봤어요. **그 테스트 결과에서,** 저는 그들이 달 게임을 좋아한다는 것을 발견했어요.

A : Lalu, **apa yang kamu harapkan** dari produk Bulan buatan kamu?

그러면, 네가 만든 이 달 제품으로 **네가 기대하는 것은 무엇이니?**

B : Saya **ingin memperlihatkan** kepada dunia bahwa pendidikan itu bisa dipadukan dengan game.

저는 세상에 **보여주고 싶어요.** 그 교육이 게임과 결합 시킬 수 있다는 것을.

A : Sepertinya, kamu begitu menyukai sains. Apakah kelak kamu ingin menjadi ilmuwan?

아마도, 너는 과학을 매우 좋아하는 같구나. 나중에 너는 과학자가 되고 싶은거니?

B : Saya belum tahu **ingin jadi apa.**

저는 **무엇이** 되고 싶은지 아직도 모르겠어요.

A : **Ada yang ingin kamu sampaikan** 개인 사업을 갖고 싶어하는

kepada teman-teman yang juga ingin 친구들에게 **너는 전해주고**

mempunyai usaha sendiri? **싶은 말이 있니?**

B : Ya, ada. Kepada teman-teman. 네, 있어요. 친구들에게는.

Jangan takut gagal. **실패를 두려워 말라고 전하고 싶어요.**

Saya banyak belajar 저는 실패를 받아들이면서

sambil menerima kegagalan. 많은 공부를 했어요.

Kegiatan itu sesuatu 그 노력은 배울 수 있는 그 어떤

yang bisa dipelajari, bukan ditakuti. 것이지, 두려움을 주는 게 아닙니다.

Satu lagi, jangan membangun usaha 하나 더, 강요 받았기 때문에(어쩔수 없이)

karena terpaksa atau **karena orang tuamu** 아니면 **부모님이 그것을 원하기 때문에**

menginginkannya. 회사를 설립하지 마세요.

Lakukanlah **karena keinginan hatimu sendiri.** 여러분 자신의 간절함으로 하세요.

|심층 공부|

mérek 상표

danau 호수

menyisihkan ~을 분리하다

berkeliling, mengelilingi 돌아다니다

bioskop 일반 극장

batin 내면의

mengenang 추억하는

peringatan 기념

meléncéng 이탈하다, 벗어나다, 사라지다

terpelését, tergelincir 미끄러 넘어지다

kedap air, tahan air 방수

telaga 연못

menyisakan ~을 남겨두다

téater 박물관 같은 곳에 있는 간이 극장

lahir 태어나다, 외면의

stan 진열대

memperingati 기념하는

bazar 바자회

pihak ~측

---

9. 수입과 수출

Ékspor dan Impor

A : Paman, **kemarin Dimas melihat iklan ékspor**
yang dipajang di pinggir jalan.
Ada tulisan,
"Dengan Ékspor, Kita Dongkrak Dévisa!"
Ékspor itu apa, paman?

B : Oh iya, Dimas. Ékspor itu menjual
atau mengirimkan barang ke luar negeri.

A : Lalu, dévisa itu apa, paman?

B : Kalau dévisa adalah
alat pembayaran luar negeri.

A : Oh, **jadi seperti itu,** paman.

B : Kita harus melakukan ékspor
untuk memperluas pasar.
Selain ékspor, ada juga barang-barang
yang harus kita impor dari luar negeri.

A : Oh, begitu.
Mengapa kita melakukan impor?

B : **Produksi dalam negeri** belum bisa
memenuhi semua kebutuhan masyarakat.
Oléh karena itu,
kita masih **harus mendatangkan**
beberapa barang dari luar negeri.

A : Barang-barang apa saja
yang masih diimpor oléh negara kita?

B : **Impor dilakukan** jika kita tidak bisa
memproduksi barang itu.
Misalnya komputer, mesin fotokopi,
mesin kendaraan, pesawat dan sebagainya.

A : Apakah sepéda saya juga impor?

B : Bukan, itu produk dalam negeri,
buatan Indonésia asli.

삼촌, 어제 **디마스는** 길가에 설치된
수출 광고판을 봤어요.
**"수출을 함으로써, 우리는 외화를
끌어 올린다!"**라는 글이 있었어요.
수출이 뭐예요, 삼촌?

오 그래, 디마스. 수출은 물건을 해외로
보내거나 파는 것이란다.

그러면, 외화는 무엇이에요, 삼촌?

외환은
대외 결제수단이야.

오, 그래서 그렇게 되는 거군요, 삼촌.

우리는 **시장을 넓히기 위해**
수출을 해야 한단다.
수출 외에, **외국으로부터 우리가**
수입해야 하는 물품들 또한 있어.

오, 그래요.
왜 우리는 수입을 해요?

국내 생산은 아직도 주민들의
모든 필요 물건을 채울 수 없어.
그래서,
우리는 여전히 외국으로부터
여러 가지 물건을 **들여와야 한단다.**

우리나라가 **여전히 수입하는 것은**
어떤 물품들이에요?

수입은 우리가 그 물건을 생산
할 수 없을 때 **행해지거든.**
예를 들면 컴퓨터, 복사기,
자동차 엔진, 비행기 등이야.

제 자전거도 수입품이에요?

아냐, 그것은 국내 제품이고,
순수 인도네시아 생산품이야.

A : Apakah baju batik pemberian
     paman ini **juga barang impor?**

B : Nggak, Dimas.
     Itu juga produksi dalam negeri
     dibuat di Pekalongan.

A : Wah, ternyata **produksi negara kita**
     tidak kalah dengan negeri lain.

B : Betul, kamu harus sekolah yang rajin
     agar pintar dan **terampil.**
     Paman bangga sekali jika kamu dan
     anak-anak yang lain **kelak jadi tenaga ahli**
     yang mampu membuat **barang-barang**
     yang bermutu tinggi.

A : Dimas akan belajar
     dengan sungguh sungguh.

C : Aku juga, paman!

B : **Banyak produk** yang bisa kita hasilkan.
     Lebih bangga lagi
     jika mampu mengékspornya.

C : Aku bangga memakai produk dalam negeri.

B : Ya. Bangsa kita akan lebih bangga
     jika tidak hanya bisa memakai,
     tetapi juga bisa memproduksi sendiri.

A : Ya, paman.
     Jika besar nanti aku akan jadi
     perancang busana yang hébat
     menggunakan bahan dalam negeri.
     Busana busana hasil rancanganku
     akan kupasarkan sampai ke luar negeri.

B : **Dengan begitu** kamu menjadi **ékspotir.**

C : Paman, kelak aku ingin jadi ahli pertanian.

B : Ya, bagus.
     Hasilkan tanaman dan buah buahan **yang**

삼촌의 선물인 바떡 옷 역시
수입품입니까?

아냐, 디마스.

그것 또한 쁘깔룽안에서 만들어진
국산품이야.

와, 사실 **우리나라 생산은**
다른 나라와 비교해서 처지지 않는군요.

그래, 너는 부지런히 학교를 다녀야 해
똑똑하고 유능해지기 위해.

삼촌은 정말 자랑스러울 거야
만일 너와 다른 아이들이
나중에 높은 품질을 가진 물건들을
만들 수 있는 **전문 인력이 된다면.**

디마스는 진지하게
공부할 거예요.

저도요, 삼촌!

많은 제품을 우리가 생산할 수 있어.
그것을 수출할 수 있다면
더욱 자랑스럽지.

저는 국내 제품을 입어서 자랑스러워요.

그래. 우리 나라는 더욱 자랑스러울 거야
만일 오직 사용할 수 있는 것만이 아닌,
스스로 생산할 수 있다면.

네, 삼촌.

만일 나중에 크면 저는 국내 재료를
사용하는 훌륭한
의상 디자이너가 될 거예요.
저의 기획 작품 의상들을
제가 외국에까지 판매할 거예요.

그렇게 하면 너는 **수출업자가** 되는 거야.

삼촌, 나중에 저는 농업 전문가가
되고 싶어요.

그래, 좋아.

질 좋은 농작물과 과일을 생산해라

unggul sehingga tidak perlu impor lagi.

그러면 다시는 수입할 필요가 없어.

A : Ya, paman.

네, 삼촌.

C : Ajak teman-temanmu kembangkan padi, kedelai, buah apel, jeruk dan sebagainya **agar bisa mencukupi** kebutuhan kita.

너의 친구들에게 벼, 콩, 사과, 귤 등을 발전시키도록 권하거라
우리의 생활품을 **충족시킬 수 있도록.**

A : Aku senang dan bangga **jika makanan yang saya makan** hasil produksi Dila.

저는 기쁘고 자랑스러울 거예요
내가 먹는 음식이 딜라의 생산품이라면.

B : Harus, harus bangga.

해야해, 자랑스러워해야 해.

Apalagi jika pakaian yang paman kenakan hasil rancanganmu. Dimas yang manis.

더욱이 삼촌이 입는 옷이
너의 기획품이라면 말야.
귀여운 디마스야.

 mencukupi, memenuhi, melengkapi ~을 채우다

|단어 공부|

punah	없어진, 파괴된, 멸종한
benturan, tabrakan	충격, 충돌
pengacara	변호사
menghambat, merintangi	방해하다, 지연시키다
melanggar	법을 어기다
kebersamaan	연대감
seru	재미있는
meresap	스며들다
sponsor	스폰서
bimbingan	지도
gurauan, candaan	농담
sembahyang	기도하다, 숭배하다
sarung	씌우개, 덮는 천
tahan banting	충돌에 견딤

스포츠, 운동경기, 놀이, 게임

1. 축구교실에 들어간 후

Setelah Ikut Sekolah Sépak Bola

Hobiku bermula dari kesenanganku melihat pertandingan sépak bola di télévisi. **Hampir dapat dipastikan**, tidak ada satu pertandingan pun **yang terléwatkan.** Bahkan, **tengah malam pun** aku pasti menontonnya. Suatu hari, **ayah memasukkanaku** ke sekolah sépak bola. Ayah mengatakan bahwa di sekolah sépak bola aku akan mengenal dengan baik **perhubungan sépak bola.**

내 취미는 TV로 축구 경기를 보는 **나의 즐거움으로부터 시작됐다. 거의 단언 하건대, 지나친** 경기는 하나도 없다. 더욱이, **밤중에도** 나는 확실히 축구 경기를 봤다. 어느 날, **아버지가 나를** 축구교실에 **다니게 하셨다.** 아버지께서는 말씀해 주셨다. 이 축구교실에서 나는 **축구 관계를** 올바르게 알 거라고.

Di sini, aku merasakan latihan sépak bola **yang berbeda.** Dan aku mendapat pengetahuan **tentang aturan bermain yang benar.** Semua **ada caranya yang benar.** Kata pelatihku, **tim harus kompak,** tidak boléh jalan sendiri-sendiri. Bermain sépak bola **tidak sendirian,** tetapi dengan orang banyak. Jadi, **kita harus mengandalkan kerja sama yang baik** dalam bermain sépak bola.

여기서, 나는 **다른 축구 훈련을 경험했다. 그리고 나는 올바른 경기 규칙에 대한** 지식을 얻었다. 모든 것은 올바른 그 방법이 있었다. 나의 코치님 말씀이, **팀은 일치해야 하고,** 혼자서 행동해서는 안 된다고 했다. 축구 경기는 **혼자서 하는 경기가** 아니고, 많은 사람과 하는 것이다. 그래서, **우리는** 축구경기 안에서 좋은 협동심으로 신뢰해야 한다.

|단어 공부|

acara perpisahan	송별회, 환송회
berwajah muda, awet muda	동안이다
berkerumun	들끓다, 운집하다

sarung tangan	장갑
aparat pemerintah	정부기관
daérah resapan	흡수 지역
daérah tertentu	특정지역
aréal(area) gambut	습지
penampungan sementara	임시 수용
jangan dulu	먼저 하지 마라, 일단 하지 마라
gumpalan	덩어리, 뭉치
rékomendasi, penganjuran	추천
mengembun	수증기 방울, 이슬이 되다
penguapan	증발, 기화

2. 축구 경기

Pertandingan Sépak Bola

Saya pernah melihat pertandingan sépak bola **secara langsung** di stadion kota saya. Namun sayang, **kerusuhan (keributan) terjadi** karena ada penonton **yang tidak menerima** kekalahan tim kesayangannya. Penonton pun **melémpari pemain** dan **wasit** dengan batu. **Tidak hanya itu, sesama penonton** juga saling melémpari batu. Banyak penonton yang **berdarah** akibat terkana **lémparan batu**.

나는 우리 도시 경기장에서 **직접** 축구 경기를 본 적이 있다. 그러나 유감스럽게도, 좋아하는 팀의 패배를 **받아들이지 못하는** 관중들이 있었기 때문에 소동이 발생했다. 또한 관중은 **선수와 심판에게 돌을 던졌다. 그뿐만 아니라, 같은 관중들끼리도** 서로 돌을 던졌다. 많은 관중이 **돌 투척**에 맞아서 **피를 흘렸다.**

3. 후보선수

Pemain Cadangan

A : Bésok kita **bertandingan melawan**   내일 우리는 쁠리따 클럽과
Klub Pelita.   **대항하여 시합한다.**
Jaga keséhatan tubuh kalian!   너희들의 몸 건강을 챙겨라!
Pemain yang akan diturunkan   **투입될 선수는**
sama seperti minggu lalu.   지난 주와 같다.
Williy, Doni dan Roni **seperti biasa**   윌리, 도니 그리고 로니는 **보통 때처럼**
di bangku cadangan dulu.   먼저 후보 벤치에 있는 거야.

— Sambung Pak Toni. Willy **meléngos** tidak semangat. —

또니 선생님이 계속해서 말했다. 윌리는 힘없이 **고개를 돌렸다(외면했다).**

A : **Harap semua hadir**   모두들 아침 9시 한 시간 전에
satu jam sebelum pukul 9 pagi.   **참석하길 바란다.**
Terutama kamu, Angga!   특히 너, 앙가!

— Pak Toni **menunjuk Angga pemain andalannya**. —
또니 선생님은 주전 선수인 앙가를 지목했다.

B : Siap, Pak!   알았습니다, 코치님!

Meréka lalu **bubar**. Terdengar bunyi sepatu bola **yang dibanting keras.**

Ibu Willy segera menghampiri anaknya.

그들은 그 후 **흩어졌다.** 축구화를 **심하게 내팽개치는** 소리가 들렸다. 윌리엄마는 서둘러 아이에게 다가갔다.

C : Kamu mengapa?

너 왜 그러니?

D : Willy **tidak mau ikut** latihan bola lagi!

윌리(저)는 다시는 축구 연습에 **참석하지 않을 거에요!**

— Jawabnya ketus **sambil cemberut.** 심술을 부리면서 볼멘 소리로 답했다. —

C : Mémangnya kenapa?

도대체 왜 그래?

kamu senang main bola, kan?

너 축구 경기 좋아했잖아?

D : Main bola, sih, senang!

축구는, 즐겁죠!

Tapi, **kalau cuma jadi pemain cadangan terus,** buat apa, Bu!

그치만, 만일 계속 후보선수로만 있는다면, 무엇을 위해서 합니까, 엄마!

Sudah setahun **aku ikut latihan,**

이미 일 년 동안 저는 훈련에 참여했지만,

tapi selalu jadi pemain cadangan.

항상 후보 선수였잖아요.

Angga saja **yang baru beberapa bulan masuk klub** sudah jadi **pemain inti.**

바로 몇 달 전 클럽에 들어온 앙가는 이미 핵심 선수가 됐어요.

Bagaimana tidak kesal, Bu?

어떻게 열이 안 받겠어요, 엄마?

C : Kamu **sama sekali** tidak pernah ikut bertanding?

너는 **전혀** 함께 시합한 적이 없었니?

D : Pernah, sih, **tapi cuma sekali,** itu pun **karena kaki Doni kram.**

있었죠, 그치만 오직 한 번뿐이였어요, 그것마저 도니의 다리가 쥐가 났기 때문이에요.

C : Waktu menggantikan Dodi, **apakah kamu bermain serius?**

도니를 대신했을 때, (교체 됐을 때) **너는 진지하게 게임을 했어?**

D : Buat apa serius?

무엇을 위하여 진지하게 합니까?

Waktu itu, pertandingannya **tinggal sepuluh menit.**

그때, 그 시합은 **십 분 남았었어요.**

C : Itulah **salahmu.**

그것이 **너의 잘못이야.**

Méstinya waktu diturunkan pada sepuluh menit terakhir, **kamu harus tetap semangat.**

당연히 마지막 십 분에 **투입 됐을 때,** 너는 정말 열심히 했어야 했었어.

D : Ah, ibu, Buat apa **main serius,** **kalau tim kita** sudah kalah.

아, 엄마, 무엇을 위해 **진지하게 경기합니까,** 우리 **팀이** 이미 지고 있다면.

Lagi pula, sepuluh menit itu, **kan**

더욱이, 그 십분은

sebentar sekali, bu. 　매우 잠깐이잖아요, 엄마.

C : Benar, tapi **kamu ingat tidak?** 　옳아, 하지만 너는 기억하니 못하니?

Waktu tim Italia dikalahkan Koréa, 　이탈리아 팀이 한국에게 졌을 때,

golnya terjadi satu menit **menjelang** 　그 골은 경기가 끝날 때쯤

pertandingan berakhir. 　1분을 남겨 놓고 일어났었어.

Pemain Koréa **pantang menyerah** 　한국선수는 마지막 순간까지

sampai detik terakhir. 　**포기하지 않았단다.**

Akhirnya, 　결국,

meréka **bisa menyamakan kedudukan.** 　그들은 상황을 동등하게 만들 수 있었어.

Bahkan, 　더욱이,

bisa menang **saat perpanjangan waktu.** 　연장전 때 승리 할 수 있었어.

Willy terdiam mendengar nasihat ibunya. 　월리는 엄마의 훈계를 듣고 조용해졌다.

Ia **merenungkannya** dalam dalam. 　그는 마음깊이 그것을 **곰곰이** 생각했다.

Cerita di atas berlangsung (melanjutkan, berlanjut) seperti di bawah ini.
위에있는 이야기는 아래에 있는 것과 같이 이어집니다.

Willy merasa bangga dan bahagia **ketika harus menggantikan Angga.**
Selama ini, tak ada peluang **bagi pemain lain** untuk menggantikan Angga
sebagai penyerang di baris depan. **Bagai (seperti) mimpi siang bolong**,
Willy **bangkit** dari kursi cadangan. **Dengan penuh semangat** dan percaya
diri, Willy bisik dalam hati. Kali ini **waktunya membuktikan dirinya.**

월리는 **앙가와 교체해야 했을 때** 자랑스럽고 행복함을 느꼈다. 그동안, 앞선에 있는 **공격수로서** 앙가
를 대체하기엔 **다른 선수에게는** 기회가 없었다. **한낮의 꿈처럼**, 월리는 후보벤치에서 **일어났다**. 용기
있고 자신감 있게, 월리는 마음속으로 속삭였다. 이번이 **자신을 증명해 주기 위한 때라고.**

Dengan sigap(cepat), Willy berlari ke tengah lapangan. Pertandingan pun
dilanjutkan kembali. Willy **tidak akan menyia nyiakan** kesempatan ini.
Begitu mendapat bola, Willy **menggiringnya** ke gawang lawan. Ketika
posisinya **sudah berhadapan** dengan kiper, **dengan cepat** dan **terarah** ia
menendang bola ke arah gawang lawan. **Tendangan kerasnya** tak bisa
dibendung kiper Pelita.

능숙하게,(빠르게) 월리는 운동장 중간으로 달려나갔다. 게임은 또한 다시 계속됐다. 월리는 이 기회
를 **등한시** 하지 않으려했다. 공을 잡자 마자, 월리는 상대의 골문으로 **공을** 몰았다. 그의 위치가 골키
퍼와 **마주쳤을 때**, **빠르고 의도대로** 그는 상대 골문 방향으로 공을 찼다. **강한 숏을** 뻴리따 키퍼가

막을 수 없었다.

Maka···**gawang Pelita** jebol. Sorak dan tepuk tangan **segera membahana.** Teman-teman di lapangan **segera mengerumuni(berdatangan)** dan **menyalami Willy.** Semangat meréka segera **menyala kembali.** Terutama Joni **yang biasa dipasangkan dengan Angga** sebagai penyerang. **Kita tidak menyangka** tim kita menang dalam lomba itu.

그래서··· **쁠리따 골문은** 무너졌다. 함성과 손뼉 소리가 **즉시 우렁차게 울렸다.** 운동장에 있던 친구들은 **바로 몰려들었고, 윌리에게 축하했다.** 그들의 욕망은 즉시 **다시 불타올랐다.** 특히 공격수로서 **보통 앙가와 짝을 이룬** 조니가.. **우리는** 우리팀이 그 대회에서 이길 거라고 **예상하지 않았다.**

|심층 공부|

단어 앞에 anti, non, pasca 가 올 때, anti는 antibiotik 항생제처럼
주로 병이나 약의 이름 앞에 붙여서 **반하다, 저항**의 의미가 있습니다.

non 단어는 영어와 뜻이 같아 nonaktif 처럼 **비활동적인** 의 뜻으로 이해하면 됩니다.

pasca 는 ~ 후라는 뜻으로 가끔 사용합니다.

pascapanén 추수 후

pascabanjir 홍수 후

membayangkan, mengkhayalkan 상상하다

Apa pun bentuknya 모양이 어떻든

03

대회 및 행사에 대하여

1. 고인이 되신 내 아버지 덕분에

Karena Almarhum Ayahku

A : **Bagaimana tidak benci?**
　Ayahku meninggal
　justru karena komputer itu.
　Ayah **sampai merélakan nyawanya**
　karena mempertahankan
　diskét rahasia kantornya.

B : **Almarhum ayahmu,**
　dulu, kan ahli komputer.
　Jika masih hidup, ia **pasti akan**
　menyuruh kamu ikut.
　Bibi **bukannya ikut-ikutan.**
　Akan tetapi, **coba déh kamu pikir.**
　Andai kamu **menang di lomba itu,**
　almarhum ayahmu **pasti senang!**

어떻게 싫어하지 않을 수 있어요?
제 아버지는 오히려 컴퓨터 때문에
돌아가셨어요.
아버지는 사무실 비밀 디스켓을
지키려고 자기의 목숨을
흔쾌히 바치시기까지 하셨어요.
고인이 되신 너의 아버지는,
전에, 컴퓨터 전문가였잖아.
만일 아직 살아계셨다면, 그는 **분명히**
너에게 참가하라고 **명령하셨을 거야.**
숙모는 무턱대고 재촉하는 것은 아니란다.
하지만, **네가 생각을 한번 해 봐라.**
만일 네가 그 대회에서 우승한다면,
고인이 되신 네 아버지는 **확실히 좋아하실 거야!**

Aku merenungkan kata kata Bi Inda. Seharian ini, **entah** berapa oang yang berkata begitu. Hatiku **goyah juga.** Aku lalu masuk **kamar kerja** ayahku. **Perlahan**, kubuka **sarung penutup komputer itu**, lalu **menghidupkannya**. Satu per satu kubuka isinya. Kulihat **salah satunya** yang berisi kegiatanku ketika masih di TK. **Aku sampai tertidur** di ruang kerja ayah.

나는 인다 숙모의 말들을 **곰곰이** 생각했다. 오늘 하루 종일, 몇 명이 그렇게 말했는지 **모르겠다.** 내 마음 **역시 흔들렸다.** 나는 그리고 아버지의 **작업실로** 들어갔다. **천천히,** 나는 그 컴퓨터 덮개 천을 벗 겼다, 그리고 **컴퓨터를 켰다.** 하나하나 나는 그 내용을 열었다. 나는 아직 유치원생이었을 때의 **활동 이 담겨 있는 것들 중의 하나를** 보았다. **나는** 아버지 작업 방에서 **잠들기까지 했다.**

Akhirnya, **aku memutuskan** ikut lomba komputer. Hari yang kutunggu itu **pun tiba.** Aku akan berlomba membuat **film animasi sepanjang 10 menit**. Bagiku **ini tidak sulit.** Dulu, ayah **sempat mengajariku** yang lebih sulit dari ini. Walaupun begitu, **aku tidak boléh merendahkan** lawan-lawanku.

결국 **나는** 컴퓨터 대회에 **참가하기로 했다**. 내가 기다리던 날이 **또한 다가왔다**. 나는 **10분 길이 정도의 만화 영화를** 만들어서 경쟁하려 했다. 나에게 **이것은 어렵지 않았다**. 예전에, 아버지는 이보다 더 어려운 것을 나에게 **가르쳐줄 시간이 있었다**. 비록 그러했지만, **나는** 내 경쟁자들을 **낮추어 봐서는 안된다**.

C : Adik-adik, saya akan mengabsén nama-nama peserta lomba ini.
　　Ani dari SMP A, Ressi SMP Awan, Li dari SD Teman···
　　여러분, 저는 이 대회 참가자 명단들을 출석 부를 것입니다. 아니 A중학교, 레시 구름 중학교,
　　리 Teman초등학교.

Ketika namaku disebut, semua peserta **menengok** ke arahku. Meréka **tak percaya** dan **tersenyum geli.** Aku tidak peduli. **Temanya** cita-cita dan tidak berwarna. Dalam lomba itu, **aku jadikan** ayah sebagai tokoh film animasiku. Aku berhasil menyelesaikan filmku itu **dalam waktu satu setengah jam. Beberapa hari kemudian,** hasil lomba pun **diumumkan. Hatiku berdebar-debar.** Aku menduga, aku tak mungkin menang. **Maka** aku pun bercanda dengan teman-temanku.

내 이름이 호명 됐을 때, 모든 참가자는 내 쪽으로 **고개를 돌렸다**. 그들은 **믿지 않았고 가소롭게 웃었다**. 나는 관심을 두지 않았다. **주제는** 꿈이었고 색상은 없어야 했다. 그 대회에서, **나는** 아버지를 나의 만화 영화의 주인공으로 **결정했다**. 나는 **1시간 반 안에** 나의 그 영화를 만드는데 성공했다. **며칠 후,** 대회 결과 또한 **발표됐다**. 내 심장이 **요동쳤다**. 나는 짐작했다, 내가 우승한다는 것은 불가능하다고. 그래서 나는 친구들과 농담만 했다.

C : Dan **yang terakhir,**　　　　　　　이어서 **마지막으로,**
　　kami bacakan juara pertama.　　우리는 1 등을 발표하겠습니다.
　　Pemenangnya adalah Lili.　　우승자는 릴리입니다.

Aku hampir pingsan saat namaku disebut. **Tepuk dan sorak sorai penonton** tak henti-henti. **Terima kasih Tuhan** dan **semua** yang telah mendukungku **mengikuti lomba ini.**

나는 내 이름이 호명 됐을 때 **거의 기절할 뻔했다.** 관중의 박수와 함성은 멈추지 않았다. **감사합니다 하나님** 그리고 **이 대회에 참가하도록** 이미 나를 응원해주신 **모든 분들.**

 film animasi, film kartun 만화 영화

|단어 공부|

daérah pedalaman	내륙 지역
masa lampau, masa lalu	과거
kemakmuran	번영, 대성황
daya tahan	저항력, 내구력
pasar global	세계 시장
mencampuri	간섭하다, 참여하다
klaim	클레임, 배상
jerawat	여드름
mencampurkan	섞다, 혼합하다
jera	더 이상 용기가 나지 않는, 낙담하는, 꺼려하는

---

2. 자신을 믿어라
PD (Percaya Diri) Saja

Huh, **semua menyebalkan!** Akan tetapi, **aku tak sekesal ini karena bukan aku** yang menjadi wakil kelas untuk acara pentas seni. Nah, tahun ini, Bu Guru memilihku. **Aku kebagian** tugas menyanyi. **Berdiri di atas panggung saja** aku gemetar. Semua orang akan memperhatikan **gerak-gerikku.** Kalau aku salah, pasti ditertawakan.

후, 모두가 **열 받게 하는구나!** 그러나, 나는 **이만큼 짜증 나지는 않았다** 왜냐하면 예술 무대 행사의 학급 대표가 된 것은 **내가 아니었기 때문이다.** 하지만, 올해에는, 선생님께서 나를 택했다. **나는** 노래 부르는 임무를 **배정받았다. 무대 위에 섰을 뿐인데** 나는 떨렸다. 모든 사람이 **내 움직임을** 유심히 볼 것이다. 내가 실수하면, 틀림없이 비웃음을 받을 것이다.

A : **PD saja. (Mas Bayu mengolok)**   자신감을 가져. (바유 형은 조롱했다.)

B : Huh, Mas Bayu!   후, 바유 형!

     Bukannya membantu, **malah melédék!**   도와주지는 않고, 오히려 놀리고 있어!

A : Bukannya melédék, Adi.   놀리는 게 아니야, 아디.

Kamu kan paling pintar meniru
gaya Michael Jackson.
Saya saja tidak bisa.

너는 마이클 잭슨 스타일 흉내를
제일 잘하잖아.
나는 할 수도 없어.

Iya, ya. Mengapa aku tidak meniru gaya Michael Jackson. Pasti tak ada **yang bisa menyamaiku**. Sebenarnya, Ibu tadi berkata bahwa nyanyianku sudah bagus dan **gayaku boléh juga**. Akan tetapi, **aku benar-benar takut salah**.

그래, 그래. 왜 나는 마이클 잭슨의 동작(자세, 스타일)을 흉내 내지 않았지. 확실히 **나에게 필적 할 수 있는 사람은** 없다. 사실, 엄마는 조금 전 내 노래가 이미 좋고 **내 동작 또한 됐다고** 말씀하셨다. 그러나, **나는 정말로 실수를 두려워했다.**

B : Bu, bésok Adi tidak mau sekolah.
Takut.
C : Mengapa takut?
B : **Bagaimana jika**
aku nanti lupa gerakannya?
C : Menurut ibu,
kata-kata Mas Bayu benar.
PD saja. (percaya diri saja)

엄마, 내일 아디는 학교 가고 싶지 않아요.
두려워요.
왜 두려워?
만일 제가 나중에 춤 동작을
잊어버리면 **어떻게 해요?**
엄마 생각에는,
바유 형의 말들이 맞아.
자신감을 가져.

─ Aku **merasa sedikit tenang** mendengarnya.─
나는 그 말씀을 듣고 **조금 편안함을 느꼈다.**

D : Wow, bajumu **bagus benar!**
E : Adi, kamu mau nyanyi apa, sih?

와우, 너의 의상은 **정말로 좋다!**
아디, 너 무슨 노래를 할거야?

Makin lama makin banyak **teman yang mengerubungiku(berdatangan, mengerumuni)**. Pasti ini gara-gara **baju yang kukenakan**. Mas Bayu sih, **memaksa** aku memakai baju ini. Belum menyanyi saja, bajuku sudah basah keringat.

시간이 지날수록, **나에게 몰려드는 친구는** 점점 많아졌다. 확실히 이것은 **내가 입은 의상** 때문이야. 바유 형은, 내가 이 의상을 입도록 **강요했잖아.** 아직도 노래를 부르지 않았는데도, 내 옷은 이미 땀으로 젖었다.

F : Sekarang, **kita sambut** penyanyi kita⋯Adi! 지금, **우리는** 우리의 가수를
환영합니다⋯아디!

Pembawa acara berteriak memanggil namaku, diiringi tepuk tangan meriah penonton. Aku melangkah ke panggung **dengan kepala tertunduk**. Aku **tidak berani menatap** orang-orang. Akhirnya, aku berada di atas panggung sendirian. **Musik mulai mengalun.** Hap hap, kiri kanan loncat, dan aku pun mulai menyanyi. Anéh! Tidak ada **penonton yang ketawa**. Meréka **tetap serius menikmati nyanyianku**. Semua memberiku tepukan **seusai dengan irama** aku menyanyi.

사회자가 내 이름을 부르며 **소리쳤고,** 청중의 열렬한 박수소리가 뒤따랐다. 나는 **머리를 숙인 채로** 무대로 걸어 갔다. 나는 사람들을 **마주 볼 용기가 없었다.** 결국, 나는 무대 위에 혼자 있었다. **음악이 흐르기 시작했다.** 합 합, 좌우로 뛰었고, 나는 또한 노래하기 시작했다. 이상했다! **웃음을 터트린 청중은** 없었다. 그들은 내 노래를 **정말 진지하게 만끽했다.** 모두가 내가 노래 부르는 **리듬에 맞춰** 나에게 손뼉을 쳤다.

D : Adi, hébat banget kamu!   아디, 너 정말 대단했어!

E : Iya, tarianmu bagus sekali!   그래, 너의 춤은 정말 좋았어!

   Apakah tidak sakit **menari seperti itu?**   너는 그렇게 춤을 추었는데 아프지 않았어?

D : Diajari aku, ya!   나에게 가르쳐 주라!

   Tahun depan kan, giliranku.   내년엔 내 차례잖아.

|단어 공부|

guncangan	흔들림
beredar	물건이 돌아다닌다, 순회하다
ékstrem	극도의
véndor, penjual	판매자
komunikasi	통신, 소통
kasing	용기, 케이스
format	양식, 형식
sarana, fasilitas	시설
skor	득점, 성적, 점수
memprésentasikan	제시하다
pribumi	원주민
menyimpang	빗나가다, 이탈하다
ulasan, uraian	분석, 해석, 설명
oksigén	산소

3. 보이스카웃 행사 연설

Sambutan Acara Pramuka

Yang terhormat para hadirin. **Yang terhormat** Guru Pembina. **Puji syukur** kita panjatkan **kehadiran** Tuhan Yang Maha Esa. **Atas karunia-Nya,** Kita bisa berkumpul bersama di sini. Untuk itu, saya ucapkan **selamat mengikuti acara ini** hingga selesai. Saya **bangga** melihat anak anak dengan gagahnya **mengenakan seragam pramuka.** Mudah-mudahan, **kalian menjadi tunas tunas muda** yang rajin belajar, bertanggung jawab dan cermat.

존경하는 참석자 여러분. **존경하는** 고위 관계자 여러분. **감사의 칭찬을** 우리는 위대하신 하나님 **면전에** 바칩니다. 그분의 은총으로, 우리는 여기에 함께 모일 수 있습니다. 그것을 위하여, 저는 여러분이 끝날 때까지 **이 행사에 무사히 참석하기를** 말씀드립니다. 저는 **보이스카웃 제복을** 입은 당당한 여러분을 **보고 자랑스럽습니다.** 아무튼, **여러분들이** 부지런히 공부하고, 책임감 있고 현명한 **젊은 새싹이** 되기를 빕니다.

Saya berpesan agar kalian dapat menjadi **orang yang bermanfaat** untuk diri sendiri. Kalian harus menjadi **contoh dan teladan** di mana pun dan kapan pun. Tujuan kegiatan pramuka ini adalah melatih **kalian hidup mandiri** dan mampu mengatasi **segala tantangan** dan **rintangan.** Kebiasaan manja **harus ditinggalkan.** Sekian sambutan dari saya. Terima kasih **atas perhatiannya.**

저는 여러분들이 자기 자신을 위하여 **유용한 사람이** 될 수 있기를 부탁합니다. 여러분은 언제 어디서나 **표본과 모범이** 되어야 합니다. 이 보이스카웃의 목적은 **여러분들이 독립된 삶을 살도록** 가르치는 것이고 **모든 장벽과 어려움을** 극복할 수 있도록 가르치는 것입니다. 못된 습관은 **두고 와야 합니다.** 저의 연설은 여기까지입니다. 모두의 **관심에 대해서** 감사합니다.

연설 문장이 이렇다는 것 정도는 알아 놓으세요. 여러분이 유명인이 되시면 연설할 기회가 있겠죠? 단어 문장 잘 기억하세요. 연설 문장이지만 역시 회화 문장입니다. 본 저자는 인도네시아어 1년 공부하고 대학 졸업식 축사를 위 내용처럼 한 적이 있었고, 아주 소중한 경험이 되었습니다.

|심층 공부|

gemuk, gendut 뚱뚱한   gede, besar 몸이 큰
masak 요리하다 이지만 **익었다**로도 가끔 사용합니다.
bahasa gaul 젊은 사람들이 많이 쓰는 언어, 자카르타에서 많이 쓰는 말을 일컫습니다.
       TV 연속극에서는 **bahasa gaul** 을 많이 씁니다.
       뉴스는 당연히 bahasa indonesia를 사용합니다.
bahasa daerah 사투리, 방언   baku 표준의, 중요한, 정식 자격의

4. 회사 자선 바자회

Bazar Perusahaan

A : Kita **ikut berpartisipasi** pada bazar itu yuk. 우리 그 바자회에 **함께 참여하자.**

B : **Malas ah!** 내키지 않아!

　Aku cuma mau belanja barang-barang. 나는 오직 물건만 쇼핑할 거야.

C : Aku mau. Kita jualan apa ya? 난 할 거야. 우리 무엇을 팔지?

A : **Kita jualan** hasil karya kita saja. **우린** 우리의 작품만 **팔자.**

　Minggu lalu, kita sudah belajar 지난주, 우리는 이미 **쓰레기를**

　cara mendaur ulang sampah. **재활용하는 방법을** 배웠잖아.

　Bagaimana kalau kita membuat itu saja? 우리 그 재활용품만 만들면 **어떠냐?**

　Pasti hasilnya bagus! 그 결과는 확실히 좋을 거야!

B : Aku tidak mau ikut. 난 참여하지 않을 거야.

　Uangku bisa habis **나중에 사업 자금을 위한 것인데**

　nanti buat modal usaha. 내 돈이 없어질 수 있잖아.

C : Kalau mau dagang, kita harus mau 만일 장사를 하려면, 우리는 **자금을 위해**

　mengeluarkan uang **buat modal.** 돈을 지출해야 해.

　Kalau barang yang kita jual laku, **uang** **만일 우리가 파는 물건이** 잘 팔리면,

　modal pun akan kembali kepada kita. **자본금은 역시** 우리에게 돌아올 거야.

B : Aku tidak percaya! Pasti, **barang yang** 나는 믿지 않아! 분명히, **너희들이 파는**

　kalian jual tidak laku dan uang **물건은** 안 팔릴 것이고 내 적금은

　tabunganku **akan habis begitu saja.** **그저 그렇게 없어질 거야.**

A : **Kalau begitu, terserah saja.** **만일 그렇다면, 마음대로 해라.**

　Dina, **kita mulai mengumpulkan** 디나, **우리** 재활용하도록

　kertas-kertas sisa untuk didaur ulang. **남는(헌) 종이들을 모으기 시작하자.**

C : **Kalau tidak salah**, papaku punya **만일 틀리지 않는다면**, 우리 아버지는

　banyak sekali **kertas sisa (bekas).** **헌 종이를** 매우 많이 갖고 계실 거야.

　Aku akan minta pada beliau. 나는 그분(아버지)께 부탁할 거야.

A : Ya, ibuku juga punya banyak plastik-plastik 그래, 우리 엄마 또한 헌 플라스틱과

　sisa **dan koran-koran bekas.** **헌 신문들을** 많이 갖고 계실 거다.

　Kalau sudah terkumpul, aku akan 만일 모아지면, 나는 그것을

　ke rumahmu untuk membuatnya. 만들기 위해 네 집으로 갈 거야.

Seminggu kemudian, **bazar** pun dimulai. Anis dan Dina **membuka stan** dengan nama "Pojok Daur Ulang." Meréka menjual notes, tempat pensil, bingkai foto dan masih banyak lagi. **Tidak diduga**, tempat meréka menjadi **tempat favorit pengunjung.**

일주일 후, **바자회가** 또 시작됐다. 아니스와 디나는 "재활용의 모퉁이" 라는 이름으로 **가게 진열대를** 열었다. 그들은 노트, 필통, 액자와 아직 많은 것들을 팔았다. **상상도 못 했지만,** 그들의 장소는 **방문 객의 인기 장소가** 됐다.

C : Wah, **barang yang kita buat** ternyata banyak yang menyukai dan membelinya.

와, **우리가 만든 물건은** 사실 좋아하고 그것을 사는 사람이 많았어. (사실 많은 사람이 좋아하고 그것을 샀어.)

A : Ya. Ternyata usaha kita **berhasil.**

그래. 분명히 우리의 사업은 **성공한 거야.**

B : Aku jadi menyesal **tidak ikut bergabung dengan kalian.**

나는 **너희들과 같이 합류하지 않은 것을** 후회하게 됐어.

C : Kalau mau dagang, **jangan takut menggunakan uang sendiri** buat modal. **Dalam dunia dagang**, kita harus kréatif **agar dapat memperoléh keuntungan.** Kamu sih, **belum apa apa** sudah tidak mau bantu.

만일 장사를 하려면, 자금을 위하여 **자신의 돈을 사용하는 것을 두려워 말아야 해.** **장사 세계에선,** 우리는 **이윤을 얻을 수 있도록** 창조적이어야 해. 너는 말이야, **아직 아무것도 하지 않고** 벌써 도와주기 싫어하잖아.

A : Ya Don, sekarang aku dan Dina mau keliling bazar, soalnya semua barang kita **sudah habis** terjual semua.

애, 돈, 지금 나와 디나는 바자회를 돌아 다닐 거야, 아무튼 우리의 모든 물건이 모두 팔려서 **이미 없다는 거야.**

|심층 공부|

grogi 주눅 들다
wasit (운동경기에서) 심판, 레퍼리, 중재자
moral 도덕적인
mengimbangi ~필적하다, 균형을 이루다, 맞먹다
jangan-jangan, mungkin, kalau-kalau 아마도

juri (공연, 법정에서) 심사위원, 심판, 배심원
amoral 비도덕적인

paling paling 기껏해야

---

5. 이임 행사

Acara Perpisahan

Saya mengucapkan terima kasih **yang tiada terhingga(tertbatas)** kepada Anda sekalian. Jika ada perjumpaan, **pasti ada perpisahan**. Saya telah bertemu dengan Anda sekalian, akhirnya saya harus berpisah. Selama enam tahun, tentunya **pertemanan kita** tidak selalu **berjalan mulus.** Mungkin banyak perilaku saya **yang kurang berkenan** di hati kamu. Untuk itu, **saya mohon maaf** yang sebesar-besarnya. **Saya berpesan kepada Anda sekalian** agar bekerja keras dan sungguh-sungguh. Dengan bekerja tekun, Anda sekalian akan dapat mencapai cita-cita **yang Anda sekalian inginkan.** Semoga perusahaan kita **bertambah maju.**

여러분들에게 저는 **무한한** 감사함을 표합니다. 만남이 있다면, **틀림없이 이별이 있습니다.** 저는 이미 여러분들을 만났고, 결국 저는 헤어져야 합니다. 6년 동안, 당연히 **우리의 우정이** 항상 **순조로운** 건 아니었습니다. 아마도 여러분들 마음에 **들지 않은** 저의 행동이 많이 있었을 것입니다. 그것에 대하여, **저는** 최대한 **용서를 구합니다.** 저는 진실하고 열심히 일하기를 **여러분에게 부탁합니다.** 부지런히 일을 하면, 여러분들은 **여러분들이 원하는** 꿈을 이룰 수 있을 것입니다. 우리 회사가 **더 발전하기를** 기원합니다.

 | **mulus** 순수한, 성실한, 진실의, 깨끗한, 부드러운 (halus), 원활한 (lancar)

|심층 공부|

memprosés, menangani 처리하다, 조치하다   main hakim sendiri, tawuran 패싸움
padang, ladang 들판, 벌판, 밭   termangu 슬픔, 실망, 놀람 등으로 멍해 있다
sinis 빈정대다
menuntut ilmu, mencari ilmu, mengejar ilmu, mengikuti ilmu
학문을 추구하다, 학문을 찾다

선물, 건강, 음식에 대하여

1. 아버지의 선물

Hadiah Ayah

A : Oléh-oléh apa **yang kamu inginkan?**

네가 바라는 **선물이** 무엇이니?
(네가 바라는 것은 무슨 선물이니?)

B : Saya hanya ingin
   ayah kembali dengan selamat.

저는 오직 **아버지가 안녕히**
돌아오시길 바랄 뿐이에요.

A : Kubawakan **hadiah yang bagus** buatmu.
   Tapi saya tak mampu memberi apa-apa
   selain hadiah kecil ini.

나는 너를 위해 좋은 **선물을** 가지고 왔단다.
하지만 나는 이 작은 선물 외에
아무것도 줄 능력이 없구나.

B : Ayah, tak apa-apa.
   Hadiah ini pun cantik!
   Lihat, **serasi(sesuai) sekali** dengan bajuku.

아버지, 괜찮아요.
이 선물도 예뻐요!
보세요, 제 옷과 **정말 어울려요.**

|단어 공부|

kesucian	청결, 순결
préséntasi	발표, 소개
berdetak, berdebar	심장이 뛰다
deg degan	
lambung	배가 더부룩한, 배가 튀어나오다
mengunyah	음식을 씹다
menyerap	흡수하다
komisi	수수료, 커미션, 위원회
berdampak, berpengaruh	영향을 미치다
luapan sungai, meluap	범람하다
keraton, istana	왕궁

---

struktur	구조, 체계, 조직
mewujudkan	구체화하다, 실현하다
menaklukkan	정복하다, 복종시키다
filsafat	철학
filsuf	철학자

2. 선물을 주는 표

Tikét Berhadiah

Kami ucapkan terima kasih **atas kunjungan Anda semua**. Oléh karena itu, kami akan mengadakan **undian berhadiah.** Jangan buang tikét Anda. **Kumpulkan sobékan tikét**, lalu masukkan **ke dalam kotak undian**. Anda masih punya **waktu sepuluh hari. Batas pengumpulan tikét** adalah tanggal 5 Mei. Undian akan diadakan tanggal 6 Méi **di tempat ini juga**. Kami **menyediakan sepéda motor** untuk hadiah pertama. Hadiah kedua adalah dua televisi 21 inch. Adapun hadiah hiburan **berupa lima buah jakét.**

우리는 **여러분들의 방문에** 고맙다는 말씀을 드립니다. 그래서, 우리는 **선물 추첨을** 개최할 것입니다. 당신의 표를 버리지 마세요. **티켓의 찢은 조각을 모으세요,** 그리고 **추첨함 속에 넣으세요.** 당신은 **10 일의 시간이** 아직 남았습니다. **티켓 모금 마감은** 5월 5일입니다. 추첨은 **또한 이 장소에서** 9월 6일에 개최할 것입니다. 우리는 1등 상으로 **오토바이를** 준비했습니다. 2등 선물은 두 대의 21인치 TV입니다. 장려상에는 **다섯 벌의 재킷으로 이루어졌습니다**(다섯 벌로 된 선물도 있습니다).

|단어 공부|	
inti sari	핵심
unjuk rasa, protés, démo, démonstrasi	데모
unjuk	팔을 올리다, 팔을 뻗다, 통지하다
menyurutkan	진정시키다, 후퇴시키다
télékomunikasi	전기 통신
hukum pidana	형법
hukum perdata	민법
tenaga kerja	인력
paspor singular	단수여권
paspor multipel	복수여권

paspor resmi	공용여권
tidak harus selalu	항상 해야 하는 것은 아니다
kadar koléstérol	콜레스테롤 수치

3. 특별한 선물
Hadiah Istiméwa

A : **Kamu ngapain pagi-pagi ke sini?**   당신(이모)은 아침 일찍 여기 와서 뭐하는 거에요?
Mengganggu saja!   방해만 하고 있어요!
B : Maaf.   미안해.
Tadi ayah ibumu pesan kepada Bibi..   조금 전 네 엄마 아빠가 이모(나)에게 부탁했어.
Hari ini,   오늘,
meréka pergi sampai larut malam.   부모님은 밤늦게까지 간다고 하셨어.
Tetapi,   하지만,
ke mana perginya tidak dikatakan!   어디로 가신다고는 말씀 안 하셨어!
A : Sudah, **sana pulang**.   알았어요, **저리 돌아가세요.**
Aku sudah tahu **meréka pergi.**   나는 **부모님이 가신 걸** 이미 알고 있었어요.
Jangan ganggu aku!   나를 방해하지 마세요!

Pembantu rumah tangga sebelah itu terkejut. Satu jam kemudian, ada yang mengetuk pintu. Sambil marah marah Vina membuka pintu.

옆집 가정부는 깜짝 놀랐다. 한 시간 후, 문을 두드리는 사람이 있었다. 화를 내면서 비나는 문을 열었다.

A : Bibi lagi! Kenapa, sih. Bibi mengganggu saja.   이모 또! 왜, 이모는 방해만 해요.
Eh..Ma..maaf, Pak.   아.. 미.. 미안해요, 아저씨.
Saya kira Bibi tadi!   **저는** 방금 이모라고 **생각했어요!**
C : **Maaf, Vina, kalau saya mengganggu!**   **미안해, 비나, 만일 내가 방해했다면!**
A : Tidak, Pak. **Saya yang mohon maaf!**   아녀요, 아저씨. **제가 사과해야죠!**
Saya tidak sengaja telah memaki Pak.   제가 본의 아니게 아저씨를 막 대했어요.
Vina meminta maaf.   제(비나)가 죄송해요.

Orang yang datang itu **ternyata petugas pengantar barang. Ia mengantarkan sepéda mini warna mérah** yang bagus untuk Vina. Sepéda itu dihiasi **pita warna warni** bertuliskan "selamat ulang tahun, sayang! Tidak ada kejutan **yang dapat ayah dan ibu berikan** di ulang tahunmu ke 11 **kecuali ini.** Ayah-Ibu-Kak Rita". Vina senang sekali.

온 그 사람은 **사실 택배 기사였다.** 그는 비나를 위한 좋은 붉은색의 조그만 자전거를 배달해 주었다. 색색의 리본이 장식된 자전거에는 "생일 축하해, 사랑해! 너의 11번째 생일에 **엄마 아빠가 줄 수 있는** 이벤트는 **이것밖에 없구나.** 아빠-엄마-형 리따가"라고 쓰여 있었다. 비나는 정말 기뻤다.

|심층 공부|

bawa saja 가져오도록 하자   terjamin, terbukti 증명된

gapapa, nggak apa-apa 괜찮아

dimajukan 날짜 등을 앞당기다, 제시하다, 향상시키다

akad nikah 결혼 서약식   malang 불쌍한

---

4. 좋은 선물

Hadiah yang Bagus

Jangan terlalu dipikirkan dengan sulit. Bentuk hadiah **tidak harus besar** dan **méwah.** Dalam ukuran kecil **juga tak apa-apa. Belum tentu** bentuk besar itu **berkenan di hati** penerimanya. **Mungkin penerima hadiah** lebih menyukai benda mungil **sehingga mudah disimpan. Sesuaikan dengan kemampuanmu. Jangan memaksakan diri** membeli hadiah yang mahal.

너무 어렵게 생각하지 마라. 선물 형태는 **크거나 화려해야 하는 게 아니다.** 작은 사이즈라도 **괜찮다.** 그 큰 모양이 받는 사람의 마음에 들지는 아직 확실하지 않다. 아마도 선물을 받는 사람은 작고 예쁜 물건을 더 좋아할 것이다. 그러면 보관하기도 쉽다. 너의 능력에 맞게끔 해라. 비싼 선물을 살려고 자신을 강요하지 마라.

Barang mahal belum tentu **nilainya juga mahal.** Sebaliknya, yang murah **bisa jadi hadiah yang indah.** Tergantung **pengolahan** dan **cara memberikannya.** Untuk hadiah **tak harus membeli.** Kalian dapat membuat sendiri **sehingga lebih berkesan.** Dengan begitu, kalian bisa mengatur **bentuk dan ukurannya. Mungkin butuh bantuan** kakak atau mama. Tapi yakin déh, **itu akan lebih berarti.**

비싼 물건이 그 가치가 또한 값지다고 확정할 수 없다. 반대로, 싼 것이 **아름다운 선물**이 될 수 있다. **선물 포장과 선물을 주는 방법에** 달려있다. 선물을 꼭 사야만 하는 것은 아니다. 너희들은 혼자 만들 수도 있고 그렇게 하면 **더 감동 받는다.** 즉석에서, 너희들은 **모양과 선물 크기를** 조정할 수 있다. 아마도 형이나 엄마의 **도움이 필요할 것이다.** 그리고 확신하건대, 그것이 더 **의미가** 있을 것이다.

\# 상기 문장 잘 기억하세요. 선물을 고르는 친구나 아이들에게 충고하고 싶을 때 많이 사용할 수 있죠? 표현 방식도 너무 좋은 것 같아요.

\# 여러분은 많은 문장을 읽으면서 현지인의 대화 방법을 공부하고 있습니다. 모든 대화는 이런식으로 대화하시면 완벽한 대화가 됩니다.

|심층 공부|

menengok, menjenguk, membesuk 병문안
jiwa, nyawa 생명
parah, berat, gawat 병이 심한, 위중한
almarhumah (여자에게 쓰임) 고인[故人]
mendiang 고인[故人], 망자

licik, curang, culas 간사한, 교활한
antik, kuno 오래된, 옛날의
almarhum (남자에게 쓰임) 고인[故人]

---

5. 나는 몸무게를 줄이고 싶다

Saya Ingin Mengurangi Berat Badan

Saya ingin mengurangi **berat badan**. Lalu, saya **mengurangi** makan dan jajan. Sudah 3 hari, saya makan hanya 2 kali sehari. Dan itu pun **sangat sedikit**. Tetapi, pada hari keempat, saya merasa lemas. **Badanku terasa berat** jika ingin bangun. Aku kehilangan **nafsu makan**. Membuat badan sehat, **tak mudah kena penyakit.**

나는 **몸무게를** 줄이고 싶었다. 그래서, 나는 먹는 것과 군것질을 **줄였다.** 이미 3일이나, 나는 오직 하루에 두 번 먹었다. 그리고 그것도 **매우 적게.** 그러나, 나흘째 날, 나는 힘이 없음을 느꼈다. 내가 일어나려면 **내 몸은 무거움을 느꼈다.** 나는 **입맛을 잃어버렸다.** 건강한 몸을 만들면, **병에 쉽게 안 걸린다.**

Setelah diperiksa, **ternyata saya sakit lambung**. Dokter pun memberi saya **nasihat dan petunjuk**. Jika ingin kurus, **jangan makan terlalu sedikit**. Makan pun **harus yang bergizi**. Saya mendengarkan semua nasihat dokter **dengan**

cermat. Saya berjanji **akan melaksanakannya**.

검사 후, **분명 난 위통이었다**. 의사 또한 내게 **충고와 안내를** 주었다. 만일 마르고 싶다면, 지나치게 적게 먹지는 마라. 영양분이 있는 것을 먹어야 한다. 나는 의사의 모든 충고를 **세심하게** 들었다. 나는 그것을 실행하겠다고 약속했다.

Aku sedang **dalam masa pertumbuhan**. Tumbuh-tumbuhan **menghasilkan** buah-buahan dan sayur-sayuran **yang banyak mengandung vitamin**. Apabila badan kekurangan protéin, **daya tahan tubuh juga berkurang**. Oléh karena **harus makan makanan yang bergizi tinggi** dengan teratur setiap hari..

나는 지금 **성장기에 있다**. 식물들은 **비타민을 많이 함유한** 과일이나 채소를 생산한다. 만일 단백질이 부족하면, 몸의 **면역력도 약해진다**. 그래서, 매일 규칙적으로 높은 영양분을 가진 음식을 먹어야 한다.

|심층 공부|

niat, rencana 계획
memburu, mengejar 추적하다, 쫓다, 사냥하다
bersekongkol, berkomplot 공모하다, 모의하다
tanpa imbalan apa pun 아무런 대가 없이　　　berdebu 먼지 투성이인, 먼지가있는
Itu kegiatan rutin sebulan sekali 그것은 한 달에 한 번 하는 일상의 활동이야

---

6. 딘다는 뚱뚱해지는 것을 두려워한다
Dinda Takut Gemuk

Dinda **anak yang manis dan pintar**. Dinda tidak tertarik **pada pelajaran olahraga**. Pipinya **bulat kemérahan** seperti buah apel.

딘다는 **예쁘고 똑똑한 아이다**. 딘다는 체육 과목에 흥미가 없었다. 그의 볼은 사과처럼 **붉고 둥글었다**.

A : Dinda, mengapa kamu tidak minum susu?　　딘다, 왜 너는 우유를 먹지 않니?

B : Dinda sudah kenyang.　　딘다(저)는 배불러요.

A : kamu baru makan **roti separuh.**　　너는 방금 **빵 반쪽**을 먹었어.
　　Telur rebus pun **tidak kamu sentuh.**　　삶은 계란을 또한 네가 손을 대지 않았어.

B : Dinda **tidak mau menjadi semakin gemuk**.　　딘다(저)는 점점 뚱뚱해지고 싶지 않아요.

A : Siapa yang bilang **kamu gemuk?**　　네가 뚱뚱하다고 누가 말했어?

B : Kemarin Dinda tidak bisa berlari **keliling lapangan baskét.**
Napas Dinda berat.

A : Baik. Mulai hari ini, **kamu diét, ya**.
Ibu akan ganti susumu **dengan yang rendah lemak.**

B : Apa Dinda bisa seperti Tari, ibu?

A : Bisa.
Tetapi kamu masih **harus makan cukup**.
Roti dan nasi **yang mengandung karbohidrat** masih penting untuk tenagamu.
Telur, daging, ikan dan susu adalah **sumber protéin** untuk pertumbuhanmu.
Kamu masih harus memakannya.
Jumlahnya bisa dikurangi sedikit.

B : Kalau Dinda harus makan **serba sedikit**, Dinda bisa lapar.

A : Tentu. Kamu bisa menggantinya **dengan makan banyak buah buahan dan sayuran** yang mengandung banyak vitamin.
Jangan sampai **kamu kekurangan vitamin.**
Vitamin A untuk matamu.
Perbanyaklah minum air putih dan olahraga.
Dinda akan patuh pada ibu.

어제 딘다(저)는 **농구장 주위를** 달릴 수 없었어요.
딘다(저)는 숨이 찼어요.

좋아. 오늘부터, **너 다이어트 해라**.
엄마는 **저지방으로 된** **우유로** 바꿀 거야.

딘다(저)는 따리처럼 될 수 있어요, 엄마?

될 수 있어.
그러나 너는 여전히 **충분히 먹어야 한단다.**
탄수화물을 함유한 빵과 밥은 너의 힘을 위하여 여전히 중요해.
계란, 고기, 생선 그리고 우유는 너의 성장을 위한 **단백질의 원천이야.**
너는 여전히 그것을 먹어야 해.
그 양은 조금 줄일 수 있어.

만일 딘다가 **조금씩 전부** 먹어야 한다면, 딘다는 배가 고플 수 있어요.

당연하지. 너는 비타민을 많이 함유한 **과일이나 채소를 많이 먹음으로써** 그것을 바꿀 수 있어.
너는 비타민이 부족하면 안 된다.
비타민 A는 너의 눈을 위한 것이야.
물을 마시고 운동하는 것을 **늘려라**.
딘다는 엄마 말씀을 따를 거예요.

|단어 공부|

médan, ajang, arena	무대, 장소
area, areal	지역, 구역
skétsa	스케치
mengerubungi	~에 몰려들다
ilmuwan	학자
gelar	학위, 별칭
calo	암표상
membatu	굳어지다
bergumam	중얼거리다, 하품 등을 억누르다
juru, tukang, ahli, spésialis	전문가

7. 계란과 음식의 용도
Manfaat Telur dan makanan

Ternyata, **telur mengandung hampir semua gizi** yang diperlukan oléh tubuh. Telur mengandung vitamin D, E dan **delapan asam amino. Telur juga baik** untuk keséhatan mata. Anak-anak, kita perlu makan **untuk kelangsungan hidup. Apabila kita kurang makan**, tubuh kita menjadi lemas dan lesu **sehingga kita tidak dapat beraktivitas**. Oléh karena itu, makanlah makanan **yang seimbang gizinya**. Untuk mendapatkan gizi yang seimbang, **kita perlu menerapkan** pola makan teratur.

사실, **계란은 몸이 필요로 하는 거의 모든 영양분을 함유하고 있다**. 계란은 비타민 D, E 와 8 개의 아미노산을 보유하고 있다. **계란은** 눈의 건강에도 **역시 좋다**. 얘들아, 우리는 **삶의 지속을 위하여** 먹을 필요가 있다. **만일 우리가 먹지 않으면**, 우리 몸은 힘이 없고, 피곤해지며 **결국 우리는 활동할 수가 없다**. 그렇기 때문에, **영양분이 균형 잡힌** 음식을 먹어라. 균형있는 영양분을 얻기 위하여, **우리는** 규칙적으로 먹는 패턴을 **적용할(응용할) 필요가 있다.**

bertapa	수행하다, 금욕 생활하다
petapa, pertapa	수행자, 고행자
minyak bumi	석유
mengharumkan	향기롭게 하다, 유명하게 만들다
rutin menyiram	일상적으로 물을 주다
membuahkan, menghasilkan	생산하다, 결과를 가져오다
artikel	기사, 논설
tutup botol	병마개
kabar burung, kabar angin	소문
cover (sampul) buku	책 표지

8. 초콜릿의 효능

Fungsi Cokélat

Menurut penelitian Universitas Harvard, cokelat **berkhasiat** membuat umur manusia menjadi lebih panjang. Hal itu disebabkan **cokélat dapat meningkatkan fungsi kekebalan tubuh.** Tetapi, jangan terlalu banyak makan cokelat, ya.

하버드 대학의 연구 조사에 의하면, 초콜릿은 인간의 수명을 더 연장하게 만드는 **효력을 갖고 있다고 했다.** 그 일은 초콜릿이 몸의 면역 기능을 향상시키는 원인이 된다는 것이다. 그러나, 초콜릿을 너무 많이 먹지는 마라.

9. 과일을 좋아하지 않았기 때문에

Gara-Gara Tidak Suka Buah-Buahan

A : Bibir saya sakit,
untuk makan **perih sekali.**

제 입술이 아파요, 먹으려고 하면
매우 쓰려요. (고통스러워요)

Kata Pak Dokter, **saya sakit sariawan**
karena kekurangan vitamin C.

의사 선생님 말씀이 **저는 구강염이래요**
왜냐하면 비타민 C가 부족해서래요.

B : **Sakit kan harus diobati?**
Kamu tidak suka makan buah-buahan
terutama yang berasa asam?
Jeruk **banyak vitamin c,**
baik untuk daya tahan tubuh.
Jika tidak suka makan buah-buahan dan
sayuran, kamu mudah sakit sariawan,
bibir pecah-pecah dan **gusi** mudah berdarah.

아프면 치료받아야 하잖아?
너는 **특히 신맛을 가진 과일을**
먹기 싫어하지 않니?
굴은 **비타민 C가 많고,**
면역력에 좋다.
만약 과일과 야채를 먹기 싫어한다면,
너는 구강염에 쉽게 걸리고, **입술이**
갈라지고 쉽게 잇몸에서 피가 날거야.

— 중략 —

B : Bagus, **itu baru anak cerdas!**

좋아, **그것이 바로 현명한 아이인 거야!**

Tapi, **makanan-makanan lain**
kamu juga harus suka.
Jangan hanya makan buah
dan sayuran tiap hari.
Mémang seperti itu, seseorang
pasti sangat suka **makanan tertentu.**
Boléh-boléh saja.
Akan tetapi bukan berarti makan
yang itu itu saja setiap hari.
A : Makanan apa yang paling Ibu sukai?
B : Nasi ketan Ibu paling suka.
A : Mengapa Ibu suka?
B : Rasanya lezat **dan ada ceritanya,**
bagus lagi?
A : Cerita apa, Bu?
Mohon, ceritakan pada saya!
B : **Lain kali saja. Ibu ceritakan.**
Sekarang ibu senang dan bangga padamu.

Kamu telah paham dan **mau makan**
makanan beranéka ragam
agar gizi yang diperlukan tubuh terpenuh.
Gizi yang beranéka ragam itu ada pada nasi,
sayuran, lauk pauk, buah dan susu.
Makanlah yang banyak dan **bermacam**
macam sesuai kebutuhan karena kamu
masih **dalam masa pertumbuhan.**

그러나, 너는 마찬가지로
다른 음식들도 좋아해야 해.
매일 **과일과**
야채만 먹지는 마라.
물론 그래, 누군가는 분명히
특정 음식만을 아주 좋아해.
그래 괜찮다고 하자.
그러나, 단지 **매일 같은 음식들만**
먹으라는 뜻은 아니야.
무슨 음식을 선생님은 제일 좋아하세요?
찹쌀밥을 선생님은 제일 좋아해.
왜 선생님은 좋아하세요?
맛도 좋고 **그에 대한 일화도 있어,**
더 좋지?
무슨 얘기에요, 선생님?
부탁해요, 저에게 얘기해 주세요!
다음에 하도록 하자. 선생님이 얘기 해 줄게.
지금 선생님은 네가 기쁘고 자랑스러워.

너는 이미 이해했고
여러 가지 음식을 **먹으려** 하잖아
몸이 필요로 하는 영양분이 채워지도록.
여러 가지의 그 영양분은 과일, 반찬,
야채, 밥 그리고 우유에 있단다.
부족한 것에 맞는
다양하고 많은 것(영양분)을 먹어라
여전히 **성장기** 중이니까.

|악기 연주 단어를 잘 외우세요.|

kendangan **dipukul**   북을 **치다**
gitar **dipetik**   기타를 **치다**
biola **digésék**   바이올린을 **켜다**
terompet **ditiup**   트럼펫을 **불다**

05 꿈, 결혼, 봉사 가족에 대하여

1. 어린 소녀의 꿈

Cita Cita Gadis Cilik

A : Mengapa kamu berjualan Koran?

B : Karena saya ingin membantu
meringankan **beban orang tua**.

A : Oh, jadi, kamu berjualan koran ini
disuruh orang tuamu?

B : Tidak, Kak, saya mau sendiri.

A : Lalu, bagaimana cara
kamu membagi waktu **antara sekolah**
dan **berjualan seperti ini?**

B : **Pagi hari seperti ini,** saya jualan Koran.
Siang harinya, saya sekolah sampai soré.

A : Lalu, uang itu **kamu gunakan untuk apa?**

B : Uang itu saya berikan kepada orang tua
untuk keperluan sehari-hari.
Jadi, saya **tidak ingin menyusahkan**
orang tua.

A : Wah, kamu benar benar **anak yang berbakti!**
Nah, kalau sudah besar, **kamu ingin jadi apa?**

B : Saya bercita cita ingin menjadi guru.

A : Oh, **mulia sekali** cita citamu itu!
Apalagi, kamu mémang mempunyai
minat dan **bakat** mengajar.
Saya bangga sekali kepadamu.

왜 너는 신문을 파니?

저는 **부모님의 짐을 덜어드려**
도와드리고 싶기 때문이에요.

오, 그러면, 너는 **부모님이**
시켜서 신문을 파는 거니?

아니에요, 형, 저 혼자 원한 거예요.

그러면, 너는 **학교 시간과**
신문을 파는 시간간의
시간 배정을 어떻게 하니?

이같은 아침에, 제가 신문을 팔아요.
낮엔, 오후까지 학교에서 공부해요.

그럼, 그 돈은 **무엇을 위해 사용하니?**

그 돈을 저는 **생필품을**
위해 부모님께 드려요.
그래서, 저는 부모님을
어렵게 해드리고 싶지 않아요.

와, 너는 정말로 **효자구나!**
그래, 만일 크면, **너는 뭐가 되고 싶니?**

저는 선생님이 되고 싶은 꿈을 갖고
있어요.

오, 너의 꿈은 **정말 훌륭하구나!**
더욱이, 너는 정말로 가르칠 수 있는
성향과 **재능**을 갖고 있구나.
나는 너를 보니 정말 자랑스럽다.

Semoga cita citamu itu tercapai, ya. 너의 꿈들이 이루어지길 바라.

|심층 공부|

seras, cocok, pantas, sesuai	어울리는
tidak hanya sekali sehari	하루에 한 번이 아니다
menjelang	~ 할 때쯤, ~전
bunga	이자
pekikan, jeritan	외침
cemburu 연인 사이의 질투	iri 시기, 질투
cemberut, ngambek 토라지다	melarikan diri, kabur 도망가다
lintah 거머리	lintah darat 고리대금 업자

2. 결혼할 때
Waktu untuk Menikah

A : Usia kamu berapa? 당신 나이가 몇 살이세요?
B : Umurku 20 tahun, teman ini 24 tahun. 제 나이는 20 살, 이 친구는 24살이에요.
A : **Kamu belum waktunya untuk menikah,** 당신은 결혼할 때가 아직 안 된 것 같네요,
  Kalau kamu 당신이라면
  sudah waktunya untuk menikah. 이제 결혼할 때가 됐네요.
B : **Pada waktu kamu muda,** 당신은 젊었을 때,
  mungkin mempunyai banyak pacar 아마 많은 애인이 있었을 것 같아요
  karena kamu tampan. (ganteng) 잘 생겼기 때문에.

결혼할 시기를 표현할 때 사용해 보세요. 유익하죠?

3. 내 친구의 결혼

Pernikahan Temanku

Ali menélépon Réssi. Réssi baru pulang liburan dari Yogja. Ali bertanya bagaimana liburan Réssi.

알리는 레시에게 전화했다. 레시는 바로 족자에서의 휴가를 돌아왔다. 알리는 레시의 휴가가 어떠 했는지 물어보았다.

A : Bagaimana liburan kamu?   너의 휴가는 어땠어?

B : Wah, menyenangkan.   와, 즐거웠어.

  Aku sudah menikah sambil bulan madu.   **나는** 신혼여행 중에 **결혼했어.**

A : Hah? Bulan madu?   하? 신혼여행?

  Kamu sudah menikah sama Tono?   너 벌써 토노와 결혼한 거야?

B : Héhéhe…maaf, ya.   헤 헤 헤…미안해 야.

  Aku enggak memberi tahu kamu.   나는 너에게 알리지 못했어.

  Soalnya kami hanya mengadakan   아무튼 우리는 오직

  akad nikah saja di sana.   거기서 **결혼만 한 거야.**

A : Ah, gapapa. (nggak apa apa)   아, 괜찮아.

  Semoga kalian berbahagia selamanya. **아무튼 너희들 영원히 행복하기를 바라.**

  Semoga sehat dan langgeng!   **건강하고 영원하길!**

  Sekali lagi, selamat ya!   **다시 한번,** 축하해!

  Kapan rencana resépsinya?   피로연 일정은 언제니?

B : Réncananya dua minggu lagi.   그 일정은 2주 후에.

Hari Sabtu. Kamu datang ya.

A : Iya, pasti.

Kenapa pernikahan kalian **dimajukan?**

Réncananya tahun depan kan?

B : Begini… **suamiku akan ditugaskan**
ke luar kota di Papua.

Jadi, **pernikahan kami dimajukan.**

A : Kalian bulan madu **ke mana saja?**

B : Kami keliling Jogja.

A : Wah, pasti senang ya?

Nanti, undangannya jangan lupa ya.

토요일이야. 너 꼭 와야 한다!

그래, 반드시 갈게.

왜 너희들은 **결혼을 앞당긴 거야?**

계획은 내년이었잖아?

사실은…. **내 남편이** 파뿌아에

있는 시외로 **근무 갈 거야.**

그래서, **우리 결혼이 당겨진 거야.**

너희들 신혼여행 **어디 어디 가봤어?**

우리는 족자를 돌아다녔지.

와, 정말 재미있었지?

나중에, 초대하는 거 잊지 마.

|단어 공부|

évaluasi, penilaian	평가
turis, wisatawan	여행객
menganalisis	분석하다
tertera, tercétak	인쇄된
menyalip, mendahului	추월하다
paha ayam	닭다리
wawancara	면접
pewawancara	면접관
terbatas	제한된

4. 한 소녀의 이야기

Cerita Seorang Gadis

Catra sedih dan bingung. Dua adiknya sedang sakit. Akan tetapi, ia tidak punya uang untuk membawa meréka ke dokter. Berobat ke dokter sangat mahal. Karena terdesak, Catra terpaksa mencuri. Catra **berjalan mengendap-endap** membawa kopor curiannya. Tiba-tiba, dua orang **petugas keamanan** datang.

짜뜨라는 슬펐고 혼란스러웠다. 그의 두 동생은 지금 아팠다. 그러나, 그는 동생들을 데리고 병원에 갈 돈이 없었다. 병원으로 가서 치료받는 것은 매우 비쌌다. 하지만, 맡겨졌기 때문에. (주어진 일이기 때문에). 짜뜨라는 어쩔 수 없이 도둑질했다. 짜뜨라는 훔친 가방을 가지고, **엉금엉금 기면서 걸었다.**

갑자기, 두 명의 **경비가** 다가왔다.

A : Hai! **Apa yang kamu bawa?**

안녕! 네가 가지고 있는 게 뭐니?
(**무엇을 너는 가져가니?**)

B : Kamu mencuri, ya?

너 훔쳤지, 그렇지?

C : Oh, tidak Pak. Ini kopor milik saya.

오, 아니에요 아저씨. 이건 제 가방이에요.

A : Jangan bohong!

거짓말하지마!

　　Kopor ini **milik Pak Kikir!**

이 가방은 **끼끄르 씨의 가방이야!**

　　Kami melihat **kamu mencurinya!**

우리는 네가 가방을 훔치는 것을 봤어!

B : Ayo, **ikut kami ke kantor! Borgol dia!**

사무실로 **우리를 따라와라! 그를 수갑 채워라!**

C : Jangan, Pak!

하지 마세요, 아저씨!

Kedua petugas itu **lalu menangkap dan membawa Catra** ke kantor.
Di kantor itu, ada Komandan Keny.

그 두 근무자는 **그런 후, 찌뜨라를 체포하고** 사무실로 **데리고 갔다.** 그 사무실에는 께니 대장이 있었다.

D : Siapa namamu, hai pencuri!

야 도둑놈, 너 이름이 뭐냐!

C : Nama saya Catra, Pak.

제 이름은 짜뜨라예요, 아저씨.

A : Catra, buka kopor itu!

짜뜨라, 그 가방을 열어라!

　　Kamu bilang, itu milikmu.

네가 말했지, 그것은 너의 것이라고.

C : Saya tidak punya kuncinya!

저는 가방 열쇠를 갖고 있지 않아요!

A : Pak, **kopor ini** saya bawa

아저씨, **이 가방을** 제가

　　ke tukang kunci saja.

열쇠상에게 가져갈게요.

　　Agar meréka yang membukanya.

그들이 그 가방을 열도록.

Setelah Pak Ardi pergi, **Catra berbisik** kepada Komandan Keny.
빡 아르디가 간 후에, **짜뜨라는** 케니 책임자에게 **속삭였다.**

C : Pak, kopor itu **penuh uang.**

아저씨, 그 가방은 **돈이 가득 들었어요.**

　　Bagaimana jika Pak Ardi

아르디 씨가 그 돈을

　　membawa kabur uang itu?

가지고 도망가면 어떻게 해요?

D : Oh, iya. Kamu benar.

오, 그래. 네가 옳아.

　　Saya tidak berpikir **sampai ke sana.**

나는 **거기까지** 생각하지 못했다.

　　Pak Banu! **Segera ikuti dan awasi**

바누 씨!! 즉시 **따라가서 감시해라**

　　ke mana Pak Ardi pergi!

아르디 씨가 어디로 가는지!

C : Pak, Bagaimana jika anak buah Bapak tadi **bersekongkol membawa kabur** isi kopor itu?

아저씨, 만일 조금 전 아저씨의 부하가 그 가방 내용물을 **공모하여 가지고 도망가면** 어떻게 하나요?

D : Oh, **lagi-lagi** kamu benar! Mengapa aku tidak pikir-pikir dulu tadi! **(Ia jadi gelisah)** Jika begitu, saya akan mengikuti meréka! **Kamu tetaplah di sini!**

오, **또다시** 네 말이 맞구나! 왜 나는 조금 전 먼저 깊이 생각을 안 했을까! **(그는 불안해졌다).** 만일 그렇다면, 나는 그들을 따라갈 거다! **너는 여기 그대로 있어라!**

C : Baik, Pak. (komandan Keny lalu pergi)

네, 아저씨. (케니 대장은 그런 후 갔다)

Wah, meréka bodoh sekali. Aku ditinggal sendiri. Ini **kesempatan yang baik** untuk kabur. Catra pulang. **Ia bertambah bingung** melihat penyakit adiknya **yang semakin parah.** Kemudian, ia terpaksa mencuri lagi. Ia mencuri **patung antik** milik dokter Anna. Akan tetapi, ia tertangkap lagi.

와, 그들은 정말 바보야. 나는 혼자 남겨졌어. 이것은 **도망갈 좋은 기회다.** 짜뜨라는 돌아갔다. 그는 **점점 심해지는** 동생의 병을 보고 **더 혼란스러웠다.** 그런 후, 그는 어쩔 수 없이 다시 도둑질했다. 그는 안나 의사 소유의 **골동 조각품을** 훔쳤다. 그러나, 그는 다시 체포됐다.

D : Nah, kamu lagi! Kamu mencuri lagi!

자, 너 또! 너 다시 도둑질했구나!

C : Pak, kali ini, saya tidak mencuri. Ini patung murah **yang saya beli di pasar.**

아저씨, 이번에는, 제가 훔치지 않았어요. 이것은 **제가 시장에서 산** 싸구려 조각품이에요.

A : Pak, apakah saya harus mencari **pemilik patung ini?**

아저씨, 제가 **이 조각품 주인을** 찾아야 합니까?

D : Jangan, **Aku tidak akan membiarkan** dua anak buahku **keluar dari sini.** Pencuri ini **akan membohongi kita** dan kabur lagi. **Pikirkan** cara yang lain.

아냐, **나는** 내 두 부하가 **여기서 나가는 것을 그냥 두지 않을 거야.** 이 도둑은 우리에게 **거짓말할 것이고** 다시 도망갈 것이다. 다른 방법을 **생각해 봐라.**

C : Kalau begitu, **komandan Keny saja** yang pergi. Biar kedua anak buah Bapak yang menjaga saya.

그렇다면요, **케니 대장님께서 가도록 하세요.** 아저씨의 두 부하는 나를 지키게 두세요.

D : Oh, ya. Kamu benar.

오, 그래. 네가 옳아.

Biar aku yang mencari pemilik patung antik itu.
Kalian berdua, jagalah pencuri ini!

A : Baik, Pak.

B : Kami akan menjaganya dengan baik!

내가 그 골동품
주인을 찾도록 **할게.**
너희들 둘은, 이 도둑을 지켜라!
네, 대장님.
우리는 똑바로 도둑을 지킬 것입니다!

Setelah komandan pergi, hanya ada 3 orang di ruangan itu.
대장이 간 후, 그 방에는 오직 세 명만 남았다.

C : Kasihan Komandan Keny.
Sebenarnya patung kuno ini
milik seorang dokter.
Ia tak perlu susah payah
mencari pemiliknya.
Sebaiknya **kalian cari dan beritahu dia**
tentang pemilik patung itu.

케니 대장님이 불쌍해요.
사실 이 골동 조각품은
한 의사의 것입니다.
그는 그 주인을 찾느라
수고할 필요가 없어요.
아저씨들이 대장을 찾아서 그 조각품 주인에
대해서 대장에게 **알려 주는 게** 좋잖아요.

A : Aha, aku akan mencari Komandan Keny
dan memberitahukannya!

아하, 나는 케니 대장을 찾아서
그 사실을 알려 주어야겠다!

Sambil berbisik pelan kepada dirinya sendiri, lalu pergi.
자기 자신에게 천천히 속삭였다. 그리고 갔다.

C : Pak Ardi itu pintar sekali, ya!
Ia buru-buru memberitahu tentang
pemilik patung kepada komandan Keny
agar mendapat pujian.
Kasihan, Bapak ditinggal.

B : Oh, kalau begitu,
aku akan lari mendahuluinya
menemui komandan Keny. (lalu pergi.)

아르디 아저씨는 정말 똑똑하잖아요!
그는 청찬을 받으려고
케니 대장에게 그 조각품 주인에 대해
알려 주려 서둘러 갔어요.
아저씨가, 남겨져서 안 됐네요.
그래, 그렇다면,
나는 케니 대장을 만나러
그를 앞질러 달려갈 거야. (그런 후 갔다.)

Semua pergi. Tidak ada orang di kantor. Wah, aku bisa kabur lagi, nih. Catra kemudian **pergi membawa** patung antik itu **sambil setengah berlari.** Akan tetapi, tiba-tiba **ia berhenti menyadari sesuatu.**

모두가 갔다. 사무실에는 사람은 없었다. 와, 나는 다시 도망갈 수 있구나. 짜뜨라는 그 후 **반쯤 달리면서** 그 골동 조각품을 **가지고 갔다.** 그러나, 갑자기 **그는 어떠한 것을 깨닫고 멈춰 섰다.**

C : Sudah dua kali **aku gagal menjadi pencuri.**   이미 두 번이나 **나는 도둑이 되는데 실패했다.**

Jika aku berhasil menjual patung ini,   만일 내가 이 동상을 파는데 성공하면,
maka aku berhasil menjadi pencuri.   그러면 나는 도둑이 되는데 성공하는 것이다.
Oh, tetapi menjadi pencuri   그래, 하지만 도둑이 된다는 것은
bukanlah hal yang menyenangkan.   **기쁜 일이 아니다.**
Aku **akan terus diburu** perasaan bersalah.   나는 잘못된 생각에 **계속 쫓길 것이다.**

Ah, aku akan kembalikan patung ini.   그래, 나는 이 조각품을 돌려줄 거야.
E : Mengapa kamu melakukan ini, anak muda?   왜 너는 이런 행동을 했니, 어린애야?

— Sambil tersenyum karena patung antiknya kembali. —
그는 그의 골동품 동상이 돌아왔기 때문에 웃으면서

C : Adikku sakit parah, tetapi aku tidak   제 동생이 심하게 아프지만,
punya uang untuk membawanya ke dokter.   저는 병원으로 데려갈 돈이 없어요.
E : **Ayo, cepat bawa aku** ke rumahmu!   **나를** 너의 집으로 **빨리 데려가다오!**
Biar aku periksa keadaannya.   내가 그의 상태를 조사**하도록.**

Kemudian, meréka pergi ke rumah Catra untuk memeriksa adiknya.
Dokter merawat kedua adik Catra sampai sembuh.

그런 후, 그들은 그의 동생을 검사하기 위하여 짜뜨라의 집으로 갔다. 의사 선생님은 짜뜨라의 두 동생을 회복될 때까지 보살폈다.

C : Oh, Tuhanku.   오, 나의 하나님.
Aku bersyukur kepada-Mu.   저는 당신에게 감사를 드립니다.
Ternyata, masih ada **dokter**   분명한 것은, **아무런 대가 없이**
berhati mulia yang mau menolong   도우려는 **고귀한 마음을 가진**
tanpa imbalan apa pun.   의사가 여전히 있다는 것입니다.

medan perang	전쟁터
alat persatuan	통일기구
bahasa persatuan	통일 언어
zaman purba	원시시대
cangkir	커피 잔
industri rumah tangga	가내 공업
prosés penyambungan	연결 과정
adat istiadat (kebiasaan)	관습, 풍습
sabuk pengaman	안전띠
rata-rata	평균, 일률적으로
kaléng	캔
barang bawaan	수하물
suara desing	윙윙하는 소리
paduan suara	합창

5. 부모님을 위한 기도

Doa untuk Orang Tua

Sejak kecil **aku diasuh(dijaga)** oleh ayah ibu, mereka tak pernah **mengeluh.** Pesan ibu guru **kuingat selalu**. Doakanlah **orang tua biar masuk surga.** Oh Tuhan, **dengarkanlah doaku. Kasihanilah** ayah ibu dan **ampunilah dosanya.**

어릴 때부터 **나를** 부모님께서 **기르셨고,** 그들은 **불평한** 적도 없으셨다. 선생님의 충고를 **난 항상 기억한다. 부모님께서 천국에 갈 수 있도록** 기도해라. 오 하나님, **내 기도를 들어 주세요.** 아버지 어머니를 **불쌍히 여기시고, 그의 죄를 용서하세요.**

bujangan	총각
ruang tunggu	대합실
anugerah nobel perdamaian	노벨 평화상
jadwal perjalanan	여행 일정표
sebagai ganti	대신으로, 대체품으로
sampingan, sambilan, tambahan.	부업
longgar	느슨한, 헐렁한
tunjangan lembur, gaji (upah) lembur.	잔업 수당
Perang Dunia 2	2차 세계 전쟁
mantan guru	전직 선생
secara alami	자연적으로

6. 나의 어머니

Bundaku

Saat aku sedih kamu yang menghiburku. Saat aku senang **kamu berada di dekatku**. Kamu sahabat **yang paling sejati**. Kamu orang **yang paling mencintaiku. Dari aku bayi** sampai sekarang. Meskipun kamu merasa sakit karena aku, sembilan bulan **kamu merawatku** di dalam perutmu.

내가 슬플 때 당신이 나를 위로해 준다. 내가 기쁠 때 **당신은 내 가까이에 있었다.** 당신은 **가장 진실 한** 친구이다. 당신은 **나를 가장 사랑하는** 사람이다. **내가 아기 때부터** 지금까지, 비록 당신은 나 때문에 아픔을 느끼셨지만, 아홉 달을 **당신은** 당신의 뱃속에 있는 **나를 보호하였다.**

7. 할머니께서 지금 아프시다

Nénék sedang Sakit

A : Pak, tadi aku menerima surat.　　　　　여보, 조금 전 나는 편지를 받았어요.
　　Surat itu dari Iman.　　　　　　　　그 편지는 이만에게서 왔어요.
　　Ia mengabarkan bahwa ibunya sakit.　그는 엄마가 아프다고 **소식을 전해** 왔어요.
B : Lalu, maksud ibu?　　　　　　　　　그래서, 당신의 의도는 뭡니까?
A : Kalau bisa, kita segera ke sana.　　　만일 가능하다면, 우리 서둘러 거기로 갑시다.
A : Bagaimana **dengan sekolah anak anak?**　**아이들의 학교는** 어떡하죠?
B : Bagaimana, ya?　　　　　　　　　어떻게 해야 하나요?

　　— Pak Abas dan Bu Abas diam sebentar. — 아바스 씨와 부인은 잠시 침묵했다.

A : Begini saja, bu.　　　　　　　　　이렇게 합시다, 여보.
　　Kita saja **yang pergi ke sana.**　　　우리만 **거기로 갑시다.**
　　Anak-anak **biar di rumah.**　　　　아이들은 **집에 둡시다.**
　　Kalau mémang **tidak gawat keadaannya,**　만일 정말로 **그 상태가 심하지 않으면,**
　　nanti kita segera pulang.　　　　　나중에 우리는 바로 돌아옵시다.
B : Baiklah! Kalau begitu,　　　　　　좋아요! 만일 그렇다면,
　　anak-anak **kita tinggalkan beras**　　아이들에게 **우리가 쌀과**
　　dan **uang secukupnya.**　　　　　**충분한 돈을** 남겨 둡시다.

　　— **Aris yang duduk di kela**s 4 pulang dari sekolah. —
　　　　4학년에 다니는 아리스는 학교에서 돌아왔다.

B : Kok, sudah pulang, Ris? 왜, 벌써 돌아왔어, 리스?

C : Sudah, bu. **Jam terakhir** kosong. 이미 끝났어요, 엄마. **마지막 교시가** 비어서요.
　　Mau ke mana ayah ibu? 어디 가시려고요, 아빠 엄마?

A : Ke rumah nénékmu, 너희 할머니 댁으로 간단다,
　　beliau sedang sakit. 할머니께서 지금 아프셔.

B : Begini Ris, sebentar lagi ibu dan 사실은 말이야 리스, 잠시 후
　　ayah akan pergi ke rumah nénék. 엄마 아빠는 할머니 댁에 갈 거야.
　　Jaga adikmu baik-baik. 네 동생을 잘 돌보거라.
　　Ini uang untuk keperluan **selama ibu pergi**, 이건 **엄마가 가** 있는 동안 필요한 돈이고,
　　beras di ruang tengah cukup **가운데 방에 있는 쌀은**
　　untuk kalian berdua. 너희 둘에게 충분할거야.

— Tiba-tiba Andi datang. — 갑자기 안디가 왔다.

D : **Akan ke mana, bu?** 어디 갈려고요, 엄마?

A : Ibu dan Ayah akan ke rumah nénék. 엄마 아빠는 할머니 집으로 갈거야.
　　Andi **tinggal di rumah** dengan Aris. 안디는 아리스와 **집에 남을 거란다.**

D : Andi ikut, Bu! 안디는 따라갈래요, 엄마!

A : Jangan! Andi, kan tidak libur. 안돼! 안디는 휴일이 아니잖아.

D : Mengapa bésok tidak Minggu saja, bu? 왜 내일은 일요일이 아니에요, 엄마?

Sementara itu, Pak Abas telah selesai **mengemasi barang barangnya**. Bu Abas juga sudah siap. **Setelah selesai mempersiapkan semuanya,** meréka berangkat.

그동안, 아바스 씨는 그의 **짐을 싸는** 것을 이미 마쳤다. 아바스 씨 부인 역시 이미 준비를 마쳤다. **그 모든 준비를 마친 후,** 그들은 출발했다.

A : Aris, Andi, ibu berangkat! 아리스, 안디, 엄마 출발한다!

B : Hati-hati di rumah! 집에서 조심해라!

Pak Abas dan Bu Abas pun berangkat. Aris dan Andi **mengantarkan** kedua orang tua **sampai batas halaman rumah**. Soré itu Aris sibuk **membéréskan semua pekerjaan rumah** dan **mempersiapkan** makan malam. Setelah semua selesai, ia memanggil adiknya.

아바스 씨 부부는 또한 출발했다. 아리스와 안디는 부모님을 **집 정원 경계까지 배웅했다.** 그날 오후 아리스는 **모든 집안일을 정리하고** 저녁을 **준비하느라** 바빴다. 모든 게 끝난 후, 그는 동생을 불렀다.

C : Andi!
D : Ya Kak!
C : Cepat mandi!
Bak mandi sudah **kakak isi penuh.**
Kalau sudah selesai,
nanti gantian(bergantian) sama kakak!

안디!
왜 형!
빨리 목욕해라!
물통은 이미 **형이 가득 채웠어.**
만일 끝나면,
나중에 형과 교대한다!

|단어 공부|

bermutu, berkualitas	품질이 좋은
berharga	값진
kantuk	졸음
ringkas, singkat	간결한, 짧은, 간단한
lulus, tamat, selesai, habis	끝난, 종료하다
menambal	이빨 때우다
lingkaran, bundaran, putaran, keliling	원, 원둘레
nyenyak, lelap	푹 자는

06 사람의 특징, 성격

1. 한 성인 남자의 특징

Ciri-Ciri Seorang Laki Laki Déwasa

Dia seorang laki-laki déwasa. Rambutnya hitam lurus **dengan sisiran ke arah kiri**. Matanya **agak sipit,** kulitnya putih. Hidungnya **cukup mancung**. Ia tidak berkumis. Dagunya pun bersih **tanpa jenggot**.

그는 성인 남자이다. 머리카락은 **왼쪽으로 빗**은 검은색 직모이다. 그의 눈은 **조금 가늘고**, 피부는 희다. 그의 **코는 매우 크다**. 그는 콧수염이 없다. 그의 턱은 또한 **수염이 없이** 깨끗하다.

|단어 공부|

hilang, musnah, lenyap	없어진
berlari keluar	도망 나오다
watak aktif	활동적인 성격
kipas angin	선풍기
kian kemari	이리저리
memanjat pohon	나무에 오르다
ucapan salam	인사말
dibuat datar, dibuat rata	평평하게 만들어진

---

2. 편애하는 사람

Orang yang Pilih Kasih

A : Ali itu **pilih kasih ya**.
B : Iya, mémang. Dia galak dan tidak adil.
    Tapi kepada Nina,
    dia baik sekali dan suka ngobrol.

알리 그 사람은 **편애하는** 사람이야.
그래, 정말이야. 그는 사납고 정직하지 않아.
하지만 나나에게는,
그는 정말 상냥하고 얘기하기를 좋아해.

Sering membelikan makanan énak juga. 자주 맛있는 음식도 사줘.

Béda sekali dengan kita. 우리와는 정말 달라.

A : Ya, mémang. 정말 그래.

Dia hanya suka Nina. 그는 나나만 좋아할 뿐이야.

Tapi Nina kan cantik ya. 하지만 니나는 이쁘잖아.

B : Walaupun dia cantik, 비록 그녀가 예쁘지만,

tapi Ali itu **terlalu berlebihan, kan?** 알리 걔는 **너무 심하잖아, 그렇지?**

|단어 공부|

ucapan penutup	끝인사
tidak tentu, belum tentu	확실치 않은
belum ditentukan	아직 정해지지 않은
ke berbagai penjuru	여러 방향으로
berkali kali	여러 번
liburan nanti	다음 휴가

3. 그는 돕기를 좋아하는 사람이다

Dia Orang Yang Ringan Tangan

A : Ali mémang **teman yang baik dan ikhlas.** 알리는 정말로 착하고 진지한 친구야.

Dia **teman yang ringan tangan.** 그는 도와주기를 좋아하는 친구야.

Dia selalu membantu **orang yang kesusahan.** 그는 항상 **어려운 사람을 돕는다고.**

B : Betul, Dia selalu senang membantu 맞아, 그는 항상 도움을 필요로 하는

siapa saja yang memerlukan bantuan. 사람이 누구든 돕는 것을 좋아해.

ringan tangan은 도와주기를 좋아하다, 때리기를 좋아한다는 두 가지 뜻이 있다는 것을 잘 기억하세요.

sigap	민첩한, 능숙한
faktual	사실의, 현실의
positif	확실한, 긍정적인
wacana, pidato	연설, 담화
mengarahkan	방향을 제시하다
tergolong	분류된다
mengigau	잠꼬대하다
donatur, dermawan	기증자
mustahil, tidak mungkin	불가능한
masa puber, pubertas	사춘기
wawasan, informasi	정보

4. 두 명의 쌀 장수

Dua Orang Pedagang Beras

Pak Ali seorang pedagang beras. Beliau selalu **menimbang beras** dengan baik **sesuai yang diminta pembeli.** Timbangannya pun **selalu ditera ulang** secara berkala **agar selalu akurat.** Pak Lala juga berjualan beras. Untuk menghémat beras yang dijualnya, beliau **mengakali** alat timbangannya. Alat timbangan itu **dibuatnya** menjadi lebih berat. Beliau pun sering **mengurangi timbangan.** Akibatnya, **beras yang diperoléh pembeli** menjadi lebih sedikit.

알리 씨는 쌀장수이다. 그분은 항상 **손님이 바라는 대로** 올바르게 **쌀을 저울질한다.** 그의 저울 또한 **정확하도록** 주기적으로 **항상 재차 봉인한다.** 랄라 씨 역시 쌀을 판매한다. 그는 판매할 쌀을 줄이기 위하여, 그분은 그의 저울을 **속인다.** 그 저울은 더 무거워지게 **만들어졌다.** 그분은 또한 자주 **저울을 줄였다.** 그 결과, **구매자가 받는 쌀은** 더 적어졌다.

rutin	습관적, 일상의
tamu undangan	초대 손님
sebagai acara tahunan	연례행사로써
SPK (Surat Perintah Kerja)	작업 명령서
pengantin baru	신혼부부
saksi mata	목격자
tindakan fisik	신체 활동
organisasi nétral	중립기구
turun tangan	남의 일에 끼어들다, 조치를 취하다, 손을 내리다

5. 고집 센 사람

Orang yang Keras Kepala

A : Saya dengar **Lili bercerai** dengan istrinya.

나는 **릴리가** 그의 부인과 **헤어졌다고** 들었어.

B : Ya, betul. Dia sudah bercerai.
Jika dia tidak **keras kepala** dulu,
mungkin tidak akan menikah.

그래, 맞아. 그는 이미 이혼했어.
만약 예전에 **고집이** 없었다면,
아마도 결혼하지 않았을 거야.

A : Mémang kenapa?

정말 왜 그래?

B : Dulu orang tuanya tidak setuju
Lili menikah dengan Widi.
Widi itu mempunyai **sifat kasar** dan
suka mencampuri urusan orang lain.
Tapi Lili tak mau mendengar
nasihat orang lain.
Dia tetap menikah dengan Widi.

전에 그의 부모는 릴리가 위디와
결혼하는 걸 반대하셨어.
위디는 **거친 성격과 다른 사람의 일에
관여하는 걸 좋아했어.**
하지만 릴리는 다른 사람의
충고를 들으려 하지 않았어.
그는 여전히 위디와 결혼했지.

A : Kasihan, ya.
Makanya, orang tidak boléh menjadi
orang yang keras kepala.

안됐다 야.
그래서, 사람은 **고집스러운 사람이**
되어서는 안되는 거야.

bersedia	~ 할 각오가 되어 있는, ~ 할 준비가 되어 있는
bentuk setengah lingkaran	반원 모양
dus(kardus), kotak	상자
paha	허벅지
alun alun	광장
kebagian	몫을 받다
mengangkat	~을 들다
oléng, goyang	흔들리다
sekeliling, sekitar, seputar	~ 주변에, 주위에
menghalang, menghadang, menghambat	방해하다

6. 정직하지 않은 사람

Orang yang Curang

A : Tolonglah aku!
Biarkan aku bersembunyi
di dalam pondokmu.
Aku takut **pemburu itu akan membunuhku.**

저를 도와주세요!
당신의 오두막집
속에 제가 숨도록 해 주세요.
저는 그 사냥꾼이 저를 죽이려 해서
두려워요.

B : Namun, **diamlah!** Jangan bersuara!
Itu akan membahayakanmu.

그러니, 조용히 해라! 소리 내지 마라!
그건 너를 위험하게 만들거야.

— 중략 —

C : Hai, aku mencari seseorang
yang lari ke atas bukit ini.
Apakah kamu melihatnya?

이보시오, 나는 이 언덕으로 달려온
어떤 사람을 찾고 있어요.
당신은 그 사람을 보았습니까?

B : Tidak, barangkali ia turun lagi ke
bawah **melalui jalan di ujung sana.**

아뇨, 아마 그는 저 끝에 있는 길을 통하여
아래로 다시 내려간 것 같아요.

C : Mungkin aku harus mencarinya
ke tempat lain.

아마도 난 다른 장소로 가서
찾아야 할 것 같군요.

— 중략 —

B : **Aku telah menyelamatkan nyawamu.**

난 너의 생명을 이미 구해 줬잖아.

A : **Kata katamu begitu manis.**

당신 말은 정말로 달콤하군요.

Kamu bilang akan menolongku.
Tapi, sebenarnya
kamu ingin berbuat jahat.
Janganlah kamu kira aku tidak tahu
apa yang telah kamu lakukan.
Aku sudah melihatnya
melalui celah di dinding kamar.
Untunglah **aku masih bisa selamat,**
tapi untuk apa aku berterima kasih
kepada teman seperti kamu?

당신은 나를 도와주겠다고 **말했잖아요.**
근데, 사실 당신은
나쁜 짓을 하려 했잖아요.
당신은 당신이 한 짓이 무엇인지
내가 모른다고 **생각하지 마세요.**
나는 이미 집 벽에 있는 **틈을**
통하여 그것을 보았어요.
다행히 **나는 여전히 안전할 수** 있었지만,
난 무엇을 위하여 **당신 같은 친구에게**
고맙다고 인사하겠어요?

Tukang kayu tidak dapat **berkata apa apa lagi.**
나무꾼은 **한마디도 더** 할 수 없었다.

|심층 공부|

menggiurkan 매료시키다
serasi, sesuai, cocok 어울리다
keterlaluan, berlebihan 과한, 너무 심한
antréan 줄
dérétan 나열

terampil, mahir 능숙한
kuping, telinga 귀
urutan, susunan 순서
barisan 열
menguruskan, mengurangi 줄이다

---

menguruskan, mengurangi 줄이다, 몸무게를 줄이다
kurus, kurang 이 단어의 원형입니다.
menguruskan, mengurus 처리하다
urus가 단어의 원형임을 참조하세요. 같은 단어지만 뜻이 두 가지입니다.

7. 그는 선입견을 가졌다

Dia Berprasangka

A : Nggak baik **menaruh prasangka** 친구에게 **선입견을 갖는 것은**
  kepada teman. 좋지 않아.
  Jangan begitu. 그러지 마라.
B : Bukan begitu. 그런 게 아냐.
  Terus terang, aku **curiga** kepada Lili. 솔직히 말해서, 나는 릴리를 **의심해.**
A : **Prasangka saja** tak akan **선입견만**으로는
  menyelesaikan masalah. 문제가 끝나지 않을 거야.
  Malah **akan menimbulkan** masalah baru. 오히려 새로운 문제를 **일으킬 거야.**
  Jika ada buktinya, boléh saja. 만일 증거가 있다면, 그래도 좋아.
C : Itulah masalahnya. 그것이 문제야.
  kita belum punya bukti. 우리는 아직도 증거를 갖고 있지 않아.
B : **Bukan begitu** maksud saya. 내 뜻은 **그런 게 아니야.**
A : Ah, sudah sudah! 아, 됐어 됐어!
  kok, kalian malah bertengkar. 와, 너희들 오히려 싸우고 있네.

|심층 공부|

menderita 고통받다　　　　　　　　　　mengalami ~을 겪다, 경험하다
menyela 가로막다, 말을 끼어들다　　　　dimuat 잡지에 실리다
disiarkan 라디오에 방송되다　　　　　　ditayangkan TV에 방영되다
pendapat, tanggapan, usul 의견, 제안　berlanjut, berlangsung 지속하다, 이어지다
mementingkan, mengutamakan 우선시하다, 중요시여기다
harum, wangi, aroma 향기　　　　　　mengingatkan 경고하다, 주의를 주다
mendatangkan 외부에서 들여오다

8. 어떤 사람이 훔쳤다고 선입관을 갖다

Berprasangka Seseorang Telah Mencuri

A : **Aku jangan dibawa** ke kantor polisi.   나를 경찰서로 **데리고 가지 마세요.**
Sudah tidak mencuri, Pak.   훔치지 않았어요, 선생님.

B : Kata Pak guru, kamu tidak pernah **kapok**.   선생님 말씀이, 너는 **교화**된 적이 없다고 하셨어.
Kamu harus dibawa ke kantor polisi.   **너를** 경찰서로 **데려가야해.**

A : Aku sudah **kapok**, pak.   저는 이미 교화했어요, 선생님.

B : **Lantas** siapa yang mencuri uang Samon?   **그러면** 사몬의 돈을 훔친 사람이 누구냐?

C : Maaf Pak, ternyata uangku tidak hilang.   미안해요, 사실 제 돈은 없어지지 않았어요.
Hanya **terselip (tersisip)** di tas saja.   그냥 가방에 **끼워져 있었어요.**

D : Maaf, Pak. Kami yang terburu-buru   죄송해요, 선생님. 우리는 서둘러
membawa Pandu ke kantor polisi.   빤두를 경찰서로 데려왔어요.
Semestinya kami pastikan dulu,   **당연히 우리는 먼저 확인 해야 했어요,**
uang itu benar-benar hilang atau tidak.   그 돈을 정말로 잃어버렸는지 아닌지를.
Maklum, kami sudah kesal   **알다시피,** 우리는 그 일로
dengan hal itu.   이미 유감스럽습니다.

B : Baiklah, **bermaaf-maafanlah kalian.**   좋아요, **당신들 서로 용서하세요.**

lantas, langsung, terus 즉시, 곧바로, 그 다음에
terselip, tersisip 끼워져 있는   **kapok** 교화

|심층 공부|

mati matian 죽은 척하다, 죽을힘을 다하여   sepanjang hari 하루 종일
sepanjang waktu 시간 내내   bersiul 휘파람 불다
habis 는 없어지다라는 뜻이지만 ~한 후 뜻으로도 자주 사용합니다.
meneruskan 부모님의 사업을 이어받다, 계속하다라는 뜻도 있습니다.
suplai 공급   kesal 짜증 난, 언짢은
terkini 가장 최근   tabib 주술사, 전통의사
giur 매혹적인   tergiur 매료된
berfoya-foya 향락으로 낭비하다

9. 너는 호색한이다

Kamu mata Keranjang

A : Aku mau **kita putus.**
　　나는 우리가 헤어지기를 바래.

B : Kenapa? **Ada masalah apa?**
　　왜 그래? 무슨 문제 있어?
　　Apa salah aku?
　　내가 뭘 잘못했니?

A : Kamu pikir **aku tidak tahu**
　　너는 그동안 네가 다른 애인을 두고
　　selama ini kamu punya pacar lain.
　　있다는 걸 내가 모르고 있다고 생각하지.
　　Kamu **juga suka genit**
　　너는 다른 많은 여자들과
　　sama banyak perempuan lain.
　　교태 부리는 것을 또한 좋아하잖아.
　　Kamu **mata keranjang**.
　　너는 호색한이야.
　　Jangan berbuat begitu.
　　그렇게 행동하지 마라.
　　Kamu **akan bisa mendapat**
　　너는 다른 사람으로부터
　　balasan berat dari orang lain.
　　무거운 대가를 **받을 수 있을 거야.**

|심층 공부|

tengkulak 중개상, 중간상인

tetap 고정된, 여전한, 정착된

tepat 정확한, 바른, 정각

per hari, setiap hari 하루에

kerasan, betah 적응하다

langkah selanjutnya 다음 조치는

distributor, pemasok 배급업자, 도매업자

pasti 명확한, 확실한

rélative 비교적

rata-rata keuntungan 평균 이윤

bisa-bisa ~할 수도 있겠다

---

10. 그는 미소를 잘 짓는 사람이다

Dia Orang yang Murah Senyum

A : Saya sangat suka Ali. 나는 알리를 정말 좋아해.
Dia tampan dan baik hati. 그는 잘 생기고 착하거든.
Siapa pun orang itu pasti suka dia. **그 사람이 누구이든** 필히 그를 좋아해.
B : Betul. Dia juga **murah senyum** dan ramah. 맞아. 그는 또한 **미소를 잘 짓고** 부드러워.
Dia selalu tersenyum **pada orang** 그는 항상 **그가 만나는**
yang ditemuinya, bahkan **사람에게 미소지어**, 더욱이
kepada siapa pun **yang belum dikenal.** **아직 일면식이 없는** 누구에게나.
A : Ya, betul. Lalu, **itu kan sifat baik ya.** 그래, 맞아. 그리고, **그것은 좋은 성격이잖아.**
Kita harus menirunya. 우리는 그를 본받아야 해.

|단어 공부|

sambal	매운 양념
bumbu	양념
genting	기와
bintang jatuh	유성
penyakit gula, diabétés	
kencing manis	당뇨병
kambuh	재발하다
étika	에티켓
popular, terkenal	인기 있는
mengayuh, menggowés	페달을 밟다
menghayati	인지하다
batu	돌

11. 그는 때리는 것을 좋아하는 사람이다

Dia Orang Yang Ringan Tangan

A : Ali, tadi soré **terjadi keributan lagi** 알리, 오늘 오후 토노 집에서 **다시**
di rumah Tono. **소동이 일어났어.**
B : Keributan apa? 무슨 소동?

A : Tono memukul lagi.

Lagi-lagi Tono memukuli adiknya sampai pingsan.

B : Mémang Tono itu **ringan tangan, ya?**

A : Ya. Dia suka memukuli **orang yang tidak berdaya.**

Seperti anak-anak, cewek.

B : Oh, gitu. Dia **orang yang jahat.**

Nanti dia pasti akan bertemu **orang yang lebih séhat** dan **jahat.**

Dia bisa dipukuli lebih banyak **dibandingkan yang dia pukul.**

토노가 또 때렸어.

더욱이 토노는 동생을 기절할 때까지 마구 때렸어.

정말로 토노는 **때리는 것을** 좋아하니?

그래. 그는 **힘없는 사람을** 때리는 것을 즐겨.

아이들과 여자처럼.

오, 그래. 그는 **나쁜 사람이야.**

나중에 그는 분명히 **더 강하고 더 나쁜 사람을** 만날 거야.

그는 **자기가 때린 것보다** 더 많이 맞을 수도 있어.

|단어 공부|

bergurau, bercanda	농담하다
informasi, wawasan	정보
menghancurkan	파괴하다
bagaimana sebaiknya	어떻게 하면 좋은지
lari terbirit-birit	허둥지둥 뛰어가다
gambar rancangan	설계도
gerak jalan	도로 행진
Wali kelas	담임 선생
setiap ada	있을 때마다
média cétak	미디어 매체
semaunya, sesuka hati	마음대로
tentu saja bisa	당연히 할 수 있다

12. 그는 두 얼굴을 가졌다(이중 인격자다)

Dia Bermuka Dua

A : Jon, kenapa kamu **tidak mau**　　　 존, 왜 너는 알리를 **다시는**
　　bertemu lagi dengan Ali?　　　　 **만나지 않으려** 하느냐?

B : Ali itu **bermuka dua.**　　　　　　 알리 걔는 두 얼굴을 가졌어.
　　Kamu harus berhati-hati dengannya. 너는 그를 조심해야 한다.

A : Maksudmu apa?　　　　　　　　　　 무슨 뜻이니?

B : Kalau dia di depanku, dia baik sekali.　 만일 그가 내 앞에 있으면, 그는 정말 좋아.
　　Dia selalu memuji aku.　　　　　　 그는 항상 나를 칭찬해줘.
　　Katanya, aku ganteng, baik,　　　　 그가 말하길, 내가 잘생기고, 상냥하고,
　　jujur dan lain lain.　　　　　　　　 정직하고 그리고 기타 등.
　　Tapi di belakangku　　　　　　　　 하지만 내 뒤에서
　　dia berkata **hal-hal yang jelék**.　　 그는 **나쁜 것들을** 이야기해.
　　Dia bicara　　　　　　　　　　　　 그는 내가 건방지고
　　aku sombong dan **sok** tampan.　　　 잘 생긴 **척**한다고 얘기해.

 sok 단어는 ~인 척하다라는 뜻입니다. 기억하시고 한번 사용해 보세요.

|심층 공부|

terkini	가장 최근
menanggapi	~에 반응하다, 응답하다, 주목하다.
tertumbuk, terbentur, terlanggar, tertabrak	부딪히다, 충돌되다
tersentuh	눈시울이 뜨거워지다, 접촉되다, 감개무량하다, 인정에 끌리다
lelap, nyenyak, pulas	푹 잠들다, 숙면하는
memedulikan, memperhatikan, menghiraukan	~에 유의하다, 관심을 가지다
tumpah	쏟다, 흘리다

---

13. 건방진 사람

Orang yang Besar Kepala

A : Sejak Ali menjadi kaya, dia berubah ya.　 알리는 부자가 된 후로, 그는 변했어.
　　Dia tidak mau bermain dengan kita lagi. 그는 우리와 다시는 **놀지 않으려고** 해.

B : Iya. Sekarang **dia jadi besar kepala.** 그래. 지금 **그는 건방져졌어.**

Dia merasa paling kaya sedunia. 그는 세상에서 가장 부자라고 생각하나봐.

Dia **sombong ya.** 그는 **건방져.**

A : Ya, benar. Kalau dia **terus berbuat begitu,** 그래 맞아. 만일 그가 **계속 그렇게 행동하면,**

nanti pasti akan sengsara. 나중에 정말로 고통을 받을거야.

|심층 공부|

tumbang 나무가 넘어지다   girang, gembira 기쁜

berkhayal, membayangkan 상상하다   menggantikan ~ 대신하다, ~으로 바꾸다

berantakan, berserakan 널브러져 있다, 난장판 되다

berkesan, berbekas 인상을 받다, 인상을 느끼다, 흔적을 남기다

termenung, melamun 멍하게 있는   berkenan 기꺼이~하다, 즐거운 마음으로

berkenan di hati 마음에 들다

07

사랑, 삶, 운명

1. 그는 내 아버지가 아니다

Dia Bukan Ayahku

A : Ayolah, temui ayahmu!
　　Kasihan **dia menunggu di luar!**
B : Tidak mau. Dia bukan ayahku.
A : Lho, kenapa begitu. Tidak apa apa.
　　Coba kamu temui dahulu.
　　Barangkali
　　ia akan menyampaikan sesuatu!
B : Tidak mau.
A : Ayahmu sudah lama menunggumu.
B : Ibu belum tahu, sih.
　　Ibu tanya saja sendiri!
　　Dia itu badut.
A : Kenapa kamu malu **ayahmu bekerja**
　　sebagai badut?
　　Badut kan menghibur orang
　　agar senang.
　　Itu pekerjaan mulia.
B : Tapi, aku tidak suka punya
　　ayah badut!
A : Kenapa bisa begitu.
B : Aku malu **diolok-olok** teman-teman.
A : Ibu kira tidak ada temanmu
　　yang akan berbuat begitu.
　　Tadi, ibu sudah menemuinya.

어서 네 아버지를 만나라!
그가 밖에서 기다리는 게 안타까워!
싫어요. 그는 내 아버지가 아니에요.
아, 왜 그러냐. 괜찮아.
너가 먼저 만나 보도록 해라.
아마도 그는 어떤 것을
전해 주려고 그러는 것 같애!
싫어요.
네 아버지는 이미 오래 너를 기다렸어.
선생님은 아직도 모르잖아요.
선생님 자신께 물어보세요!
그는 광대예요.
왜 너는 **네 아버지가 광대로**
일하는 게 부끄럽니?
광대는 **즐겁게 하기 위하여**
사람들을 위안하잖아.
그것은 고귀한 직업이야.
그러나, 저는 **광대 아버지를**
둔 것을 좋아하지 않아요!
왜 그러니…
저는 친구들이 **놀려서** 부끄러워요.
선생님은 **그렇게 행동할**
네 친구는 없다고 생각한다.
조금 전, 선생님은 이미 네 아버지를 만났다.

Dia datang ke sini **ingin mengantar** pakaian olahraga **yang tertinggal** dan uang jajan.

그는 두고 온 체육복과 용돈을 전해 주고 싶어서 여기로 오셨단다.

B : Benarkah itu, Bu?

그것이 정말이에요, 선생님?

A : **Méstinya kamu bersyukur punya ayah** yang sangat sayang dan perhatian kepadamu.

당연히 너는 너를 정말 사랑하고 너에게 관심을 가지는 **아버지를** **둔 것을 감사해야 한단다.**

B : Baiklah, aku akan menerimanya. Ibu benar, **aku tak boléh malu lagi** ayahku seorang badut, **yang penting** ia sayang kepadaku.

좋아요, 저는 아버지를 받아들이겠어요.. 선생님이 옳아요, **저는** 제 아버지가 한 사람의 광대인 것을 **다시는 부끄러워하지 않겠습니다,** **중요한 것은** 아버지가 저를 사랑한다는 거에요.

 mengolok-olok, mengéjék-éjék 놀리다, 괴롭히다

|심층 공부|

mengaku는 인정하다, 자인하다라는 뜻이지만 **주장하다**라는 뜻도 있습니다. 중요한 단어입니다.

menuduh 고소하다, 덮어씌우다, 전가하다

apa-apaan, ngapain 뭐하니

mencuplik, mengutip 인용하다

énak saja 웃기고 있네

adu tinju 격투, 권투, 격투하다

retak 흠이 있는, 금이 간

merebut, merampas 탈취하다, 빼앗다

berebut, merebut 빼앗으려 싸우다

menyerbu, menyerang 공격하다, 달려들다

2. 시골에서 오신 선생님

Guru dari Kampung

A : Bapak Guru ini **sangat berjasa** bagi ayah. Tanpa jasa beliau, ayah **tak mungkin** menjadi pemimpin perusahaan **seperti saat ini**.

이 선생님은 아버지에게 **많은 기여를 하셨어.** 그분의 공이 없었다면, 아버진 **지금처럼** 회사 경영자가 되는 것은 **불가능하셨어.**

B : Ah, semua itu **biasa saja.** Ayah saja **yang melebihkan ceritanya**.

아, 그 모두가 그저 그런 거야. 아버지가 그 이야기를 너무 과장하는 거야.

A : Setiap hari, guru **berperahu menghampiri** 매일, 선생님은 주민들 집으로
rumah rumah penduduk. **배를 타고 찾아갔어.**
Pak Guru berkeliling 선생님은 주민들을 설득하려
untuk membujuk warga 돌아다녔어 그들의
agar mau menyekolahkan anak meréka. 아이들을 학교 보내도록.
Dulu, masalah pendidikan **bukan hal** 옛날엔, 교육 문제는 주민에게
yang penting bagi warga. **중요한 일이 아니었어.**
Usai sekolah, anak-anak harus membantu 학교를 끝나면, 아이들은
orang tua meréka **menjala ikan** 가족의 생활비를 보태기 위하여
atau **memetik kangkung** di rawa 그들의 부모님이 **고기를 그물로 잡고**
untuk menambah nafkah keluaraga. 늪에서 **깡꿍을 따는 것을** 도와야 했단다.
Hal ini **terpaksa dilakukan** 이 일은 주민이 매우 가난했기 때문에
karena penduduk sangat miskin. **어쩔 수 없이 행해졌어.**
Untuk menyadarkan warga, guru **주민을 깨우치기 위하여**, 선생님은 그들을
berusaha keras meyakinkan meréka. 확신시키려고 최선을 다하셨단다.
Guru **menyisihkan sebagian gajinya** 선생님은 그 학생들의 책을 사주려고
untuk membelikan buku murid-muridnya. **그의 봉급 일부를 떼어 주셨어.**
Bahkan, guru **mengantar meréka** dengan 더욱이, 선생님은 **건너 편 시골로**
perahu sendiri **ke kampung seberang**. 자신의 배를 이용하여 **그들을 데리고 갔어.**

"Awas". Tiba-tiba ayah berteriak kepada dua sepéda motor **yang menyalip mobil kami dengan kecepatan tinggi**. Sepéda motor itu **berhenti** dan **menghadang** perjalanan kami. **Meréka minta** ayah membuka kaca jendéla mobil **dengan paksa**.

"조심해". 갑자기 아버지가 **과속으로 우리 차를 추월하는** 두 대의 오토바이를 향해 소리쳤다. 그 오토바이는 **멈춰 서서는** 우리의 여정을 **방해했다.** 그들은 아버지에게 **강제로** 차의 창문을 열라고 **요구했다.**

C : **Cepat semua keluar dari mobil!** **빨리 모두 차에서 나와!**
Jika tidak keluar, 만일 나오지 않으면,
bapak tua itu **akan celaka!** 이 늙은이는 **사고 날거야!**
B : Aduh … Jantungku sakit! 아아.. 내 심장이 아퍼!

Guru teriak **sambil menekan dada.** Kemudian, guru **berjalan sempoyongan** keluar dari mobil. Kejadian itu **menarik perhatian beberapa orang** yang

sedang léwat. Pengemudi dan penumpangnya **berduyun-duyun** ingin menolong guru. **Melihat orang orang berdatangan**, penjahat pun **melarikan diri (kabur)**. Setelah penjahat itu pergi, ayah mengangkat Guru.

선생님은 **가슴을 누르면서 소리질렀다**. 그 후, 선생님은 차에서 나와 **비틀거리며 걸었다**. 그 사건은 **지나가는 여러 사람의 관심을 끌었다**. 운전사와 손님은 선생님을 도우려고 **몰려들었다**. 몰려 들어오는 사람들을 보고, 그 악당 역시 **도망갔다**. 그 악당이 간 후에, 아버지는 선생님을 일으켜 세웠다.

B : Jangan cemas (khawatir).   걱정하지 마라.

     Bapak baik-baik saja.   선생님은 괜찮아.

     Maaf, saya terpaksa pura pura **kena**   미안해, 나는 어쩔 수 없이 **심근 경색에**

     serangan jantung untuk menarik   **걸린 것**처럼 했어 지나가는

     perhatian pengendara mobil yang léwat.   운전사의 관심을 끌기위해.

     Ternyata saya berhasil.   분명히 나는 성공했단다.

     Penjahat itu kabur   그 **악당들은** 몰려오는

     melihat orang orang berdatangan.   사람들을 보고 **도망갔어**.

A : Terima kasih, Pak!   고마워요, 선생님!

     Tanpa keberanian dan **kecerdikan Bapak**, 선생님의 용기와 기지가 없었다면,

     bagaimana nasib kami selanjutnya.   차후의 우리 운명은 어떻게 되었겠어요.

     Jasa Bapak **akan kuingat selalu**.   선생님의 은덕을 저는 **항상 기억할 것입니다**.

|단어 공부|

api unggun	모닥불
sambutan	환영, 영접
lingkungan	환경, 주변
lampiran	첨부, 동봉물
selaku, sebagai	~로서, 자격으로
adapun	~에 대하여, 있다 하더라도, ~도 있다
terancam punah	멸종 위기에 처하다
dermawan, donatur	기부자, 돕는사람
curah	물의 양, 비가 퍼붓다
karier	경력, 이력
wajar, biasa, normal	정상의, 보통의

3. 고기의 운명

Nasib Ikan

Kalian mendengar percakapan para pemancing tadi? **Kita harus segera meninggalkan kolam ini.** Para pemancing itu akan datang bésok dan **membunuh kita semua.** Ikan termuda hanya tertawa. **Kalian terlalu khawatir.** Kita sudah hidup di kolam ini **seumur hidup.** Tidak pernah ada pemancing **yang datang ke sini.** Aku tidak akan pergi ke mana-mana. **Aku yakin** akan tetap selamat. Para pemancing pun tiba. **Meréka menangkap semua ikan** yang ada di kolam, termasuk ikan termuda. **Begitulah nasib ikan termuda.**

너희들 조금 전 낚시꾼들의 대화를 들었지? **우리는 즉시 이 연못을 두고 떠나야 한다.** 그 낚시꾼들은 내일 올 것이고 **우리 모두를 죽일거야.** 가장 젊은 고기만 오직 웃었다. **너희들 너무 걱정한다.** 우리는 이미 **평생 동안** 이 연못에 살았어. **여기로 온** 적이 있는 낚시꾼은 없었어. 나는 어디로든 가지 않을 거야. **나는** 확실히 안전할 거라고 **확신한다.** 낚시꾼 무리는 역시 돌아왔다. 그들은 연못에 있는 **모든 고기를 잡았다,** 가장 젊은 고기를 포함하여. **가장 젊은 고기의 운명은 그러했다.**

|단어 공부|

teriak	고함
kehilangan	잊어버리다
orang asing	외국인
baku	표준
guna	용도, 사용
celana	바지
ingin menerapkan	응용하고 싶은
rantai makanan	먹이사슬
dengan rapat	빽빽하게
pemborong	청부 업자
konferénsi, rapat	회의, 협의
menertawakan	비웃다

4. 탐욕스런 사람의 최후

Akibat Orang Tamak (Serakah)

Pada suatu soré, **ketika aku sedang mengajar,** dua orang tamu datang. Pertama, **seorang wanita tua penjual minuman** dan **yang satunya** seorang pemuda Acéh. Kedua tamu itu **mengadu** kepadaku. **Setelah mendengar pengaduan itu,** aku **menyuruh pulang** murid-murid.

어느 날 오후, 내가 가르치고 있을 때, 두 명의 손님이 왔다. 첫번째는, 음료 판마매상 할머녀였고 나머지 한 명은 아쩨 젊은이였다. 그 두 손님은 나에게 **하소연 했다.** (고자질 하다) 그 하소연을 들은 후, 나는 학생들을 돌아가라고 **지시했다.**

A : Sekarang kalian pulanglah.　　　　　　지금 너희들은 돌아가거라.

　　Nanti malam,　　　　　　　　　　　　오늘 밤에,

　　kalian **datang membawa** alat pertanian.　너희들은 농기구를 **갖고 와라.**

Malam harinya, seluruh murid berkumpul. Malam ini, kalian **pergilah menuju** rumah Kadi. Lalu hancurkan rumahnya. Lalu **ratakan** dengan tanah. Murid muridnya segera menuju rumah Kadi. Sesampai di sana, **dihancurkannya** rumah itu **sampai rata**. Ketika meréka ditanya **siapa yang menyuruh**, meréka **langsung menjawab** gurunya. Pagi harinya, Kadi melaporkan kejadian itu kepada Raja. Aku pun **dipanggil**.

그날 밤에, 모든 학생들이 모였다. 오늘 밤, 너희들은 까디 씨 집을 **향해서 가라.** 그 후에, 그의 집을 부숴 버려라. 그리고 흙으로 **평평하게 해라.** 그의 학생들은 즉시 까디 씨 집으로 향했다. 거기에 도착 하자마자, **평평할 때까지** 그들은 그 집을 **부숴 버렸다.** 그들은 **명령한 사람이 누구냐**고 질문 받았을 때, 그들은 그들의 선생님이라고 **바로 답했다.** 그날 아침, 까디 씨는 왕에게 그 사건을 신고했다. 나(선생님) 역시 **호출받았다.**

B : Hai, mengapa kamu hancurkan rumah Kadi? 그대여, 왜 너는 까디의 집을 부수어 버렸느냐?

A : Sebab, **pada suatu malam hamba bermimpi.** 이유는, 어느날 밤 저는 꿈을 꾸었습니다.

　　Kadi menyuruh **hamba** 까디 씨가 명령했어요.

　　merusak rumahnya. 저에게 자기 집을 부수라고.

　　Rumah itu **tidak cocok lagi** dan 그 집은 다시는 어울리지도 않고,

　　ia menginginkan **rumah yang lebih bagus.** 그는 더 좋은 집을 바란다고 했어요.

B : Hai, **apakah boléh sebuah perintah** 그대여, 오직 꿈 때문에

　　dilakukan hanya karena mimpi? 하나의 명령을 실행해도 되느냐?

Yang kamu pakai **hukum dari negeri mana?**	너가 따른 법은 **어느 나라의 법이냐?**
A : Hamba memakai hukum Kadi.	저는 까디 씨의 법을 따랐습니다.
B : Hai Kadi! Benarkah **kamu mempunyai hukum seperti itu?**	야 까디! 너가 그와 같은 법을 갖고 있다는 게 사실이냐?

－ Wajahnya pucat dan tubuhnya **gemetar** karena takut. －
그의 얼굴은 창백했고 그의 몸은 두려워서 **떨었다.**

B : Jelaskan, **mengapa ada peristiwa seperti itu.**	설명 해봐라, 왜 그 같은 일이 있었는지를.
A : Beberapa hari yang lalu,	며칠전,
ada seorang pemuda Aceh **datang ke sini**	장사하기 위해 **여기로 온**
untuk berdagang.(berjualan)	아쩨 젊은 청년이 있었습니다.
Ia membawa harta yang sangat banyak.	그는 매우 많은 재물을 가지고 왔습니다.
Pada suatu malam,	어느날 밤, 그는 까디의 자식과
ia bermimpi menikah dengan anak Kadi.	결혼하는 꿈을 꾸었어요.
Mas kawinnya sangat banyak.	결혼 예물 (지참금) 은 매우 많았습니다.
Ini hanya mimpi.	이것은 오직 꿈이었습니다.
Rupanya Kadi mendengar **kabar mimpi itu.**	까디 씨는 그 꿈 이야기를 들은 것 같아요.
Ia langsung mendatangi pemuda Acéh	그는 바로 아쩨 청년에게 갔고
dan meminta mas kawin anaknya.	**자식의 결혼 지참금을 요구했습니다.**
Tentu saja, pemuda itu menolak.	당연히 그 청년은 **거절했습니다.**
Akan tetapi,	그러나,
Kadi tetap memaksa pemuda itu	까디는 여전히 **그의 모든 재물을**
untuk memberikan semua harta bendanya.	바치도록 그 청년에게 강요했습니다.
Akhirnya, pemuda itu **jadi gelandangan.**	결국 그 청년은 **노숙자가 됐습니다.**
Untunglah, **ia ditolong** oléh wanita tua	다행히 **그는** 음료 판매상
penjual minuman.	할머니에 의해 **도움을 받았습니다.**

Sultan terkejut mendengar ceritaku. Beliau lalu memanggil pemuda. Setelah tiba, ia pun berbicara. Ternyata, cerita pemuda itu **sama dengan cerita aku.** Sultan sangat marah kepada Kadi. **Kadi langsung dipecat** dari jabatannya. **Seluruh harta benda Kadi pun** diberikan kepada pemuda itu.

왕은 내 이야기를 듣고 깜짝 놀랐다. 그분은 그리고 청년을 불렀다. 도착한 후, 그는 역시 이야기했다. 사실, 그 젊은이의 이야기는 **나의 이야기와 같았다.** 왕은 까디에게 매우 화를 냈다. **까디는 곧바로 그의 직위에서 해제됐다.** 모든 까디의 재산 또한 그 젊은이에게 주어졌다.

|단어 공부|

utuh	진실의, 본래의
pegal, kaku	뻐근함
konstruksi, bangunan	건설, 건축물, 건축, 축조
alarm	알람시계
prasmanan, bufét	뷔페 음식
kerokan	감기몸살을 치료하는 민간요법(동전으로 등을 긁음)
kerucut	원추형
peregangan, pemanasan	스트레칭
begadang	밤새우다
undi	추첨

 repot 단어는 **sibuk** 뜻으로 사용할 때가 종종 있습니다. 참고하세요.

환경에 대하여

1. 연못에 있는 고기가 죽었다
Ikan di Kolam Mati

B: Ikan di kolam kita **banyak yang mati.**

A: **Wah, mengapa begini?**
Mungkin **ada yang meracuni.**

B: Aku kira **bukan diracun.**
Mungkin ikan itu mati **karena terkena limbah** kamar mandi umum.

우리 연못에 있는 고기가 **많이 죽었어.**
와, 왜 이렇게 됐어요?
아마도 독을 퍼뜨린 사람이 있는가 봐요.
나는 독살을 당하지 않았다고 생각한다.
아마도 그 고기는 공중 화장실 **폐수에 당했기 때문에** 죽었을 거야.

Limbah itu masuk ke tambak kita. Setelah diperiksa, ternyata benar. **Saluran pembuangan** dari kamar mandi umum **mémang bocor.** Air limbah itu **mencemari (mengotori) kolam.** Untuk menutup kamar mandi umum itu, **jelas tidak mungkin. Banyak warga** yang membutuhkannya karena meréka belum mempunyai **WC sendiri.**

그 폐수는 우리 옹벽으로 들어왔다. 조사가 끝나고, 아니나 다를까. 공중화장실에서 **배수로가 정말로 새었다.** 그 폐수는 **연못을 더럽혔다.** 그 공중 화장실을 폐쇄한다는 것은, **분명 불가능했다.** 공중 화장실을 필요로 하는 **주민은 많았다** 왜냐하면 그들은 아직도 **개인 화장실을** 아직도 갖고 있지 않았기 때문이다.

ceramah, pidato, sambutan	연설
melintas, meléwati, melalui	지나가다
wibawa	권한, 세력
jala	그물
menghasut	선동, 자극하다
gaib	은밀한
kontan, tunai	현금
duit, uang	돈, 화폐
menyinggung	감정을 건드리다
pemuka	지도자
membeku	얼다
longgar	느슨한
bergelar	직함을 가진

2. 제 장소에 쓰레기를 버려라

Buanglah Sampah Pada Tempatnya

Sampah sampah itu berserakan **mengganggu keindahan kota**. Banyak lalat dan ulat **(yang) menyebarkan penyakit.** Selain itu, bau sampah yang busuk **sangat menyengat menimbulkan polusi udara.** Karena itu, sebaiknya kita bisa menjaga kebersihan **agar wabah penyakit tidak menyebar.** Banyak lalat dan ulat **(yang) menyebarkan penyakit.**

그 쓰레기들은 **도시의 아름다움을 방해하면서** 흩어져 있다. 많은 파리와 벌레가 **병을 퍼뜨렸다.** 그 외에, 썩은 쓰레기 냄새가 **공기 오염을 일으키면서 심하게 코를 쏜다.** 그래서, 우리는 **전염병이 퍼지지 않도록** 청결을 지킬 수 있는 게 좋다. 많은 파리와 벌레가 **병을 퍼뜨렸다.**

이 문장처럼 yang을 생략해도 좋고 사용해도 좋은 문장은 매우 많습니다. 문장상황에 맞추어서 본인이 판단하세요. 인도네시아인들은 yang을 사용하는 습관을 갖고 있다는 것을 아셔야 합니다. 그러나 yang을 무조건 생략하는 것은 아닙니다.

cacat, tuna daksa	흠, 신체 불구, 결점
gaduh, ribut	소음, 소란
langka, unik	희귀한
digarisbawahi	밑줄 쳐진
pesangon	퇴직금
hening	조용한, 맑은, 투명한
pénsiun	연금, 퇴직하다
mengawétkan	오래 보존하다, ~을 절이다
menyalahgunakan	잘못 사용하다
terdampar, kandas	좌초되다
kepedulian, perhatian, ketertarikan	관심
invéstasi	투자
invéstor	투자자
melanjutkan, meneruskan, berlangsung	계속하다, 지속하다

meneruskan 단어는 **이어받다, 전수하다, 대를 잇다** 라는 뜻도 있으니 잘 기억 하세요.
bakal 단어는 bahan 재료, 자재 calon **후보자, 미래, 전망, ~을 위한**의 뜻이 있지만 **~가 될 것이다** (akan)라는 표현이 있습니다.

3. 쓰레기를 아무렇게나 버리지 마라

Jangan Membuang Sampah Sembarangan

Pada waktu istirahat, Jin dan Leni duduk di bangku taman. Meréka membuka **bekal yang dibawa** dari rumah masing-masing. Setelah selesai, Jin merapikan **bungkus bekas bekalnya** dan membuangnya di tempat sampah, sedangkan Leni **membiarkan begitu saja** sampah bungkus makanannya. Leni membiarkan sampah itu **tergeletak** di sekitar bangku taman. **Tindakan Leni** membuang sampah di sembarang tempat **tidak baik**. Tindakan Leni merugikan orang lain. **Membuang sampah sembarangan** dapat mengganggu kebersihan lingkungan. **Seharusnya** Leni membuang sampah pada tempatnya **seperti yang dilakukan Jin.**

휴식 시간 때, 진과 레니는 공원 벤치에 앉았다. 그들은 각자의 집에서 **가져온 도시락을** 열었다. 밥을 먹은 후, 진은 자기의 **도시락 헌 봉투를** 정리해서 쓰레기통에 버렸고, 반면에 레니는 음식 봉지 쓰레기를 **아무렇게나 두었다.** 레니는 공원 벤치 주변에 **흩어진 채로** 쓰레기를 놓아두었다. 아무 곳에나 쓰레기를 버리는 **레니의 행동은 좋지 않다.** 레니의 행동은 다른 사람에게 피해를 입힌다. **마음대로 쓰레기를 버리는 것은** 주변의 청결에 방해가 된다. **당연히** 레니는 **진이 한 것처럼** 합당한 장소에 쓰레기를 버려야 **한다.**

|단어 공부|

UGD (unit gawat darurat)	응급실
urbanisasi	도시 집중화
uang muka	선금
murka	분노한
jebakan	올가미
mengincar	탐내다
ulat	벌레
menjodohkan	짝을 맞추다
selisih	차이, 격차, 분쟁, 불화
berselisih	견해 차이가 있는
pemasokan, penyediaan	물류, 조달, 수매, 비축, 조달
menyembuhkan	낫게 하다
tergiur, tertarik	마음이 끌리는
jamuan, hidangan	접대
ramuan, jamu	약재
memberkati	은총을 주다
serap	흡수, 저장
administrasi	경영, 관리
diabetés	당뇨병
cacar	천연두
radang	염증
anus	항문

4. 숲의 중요성
Kepentingan Hutan

Pohon-pohon **menghijau,** kicau burung dan **udara yang segar.** Alam yang menyegarkan **dapat terwujud** bila kamu meléstarikannya. Meléstarikan alam **bisa kamu mulai** dari lingkungan sekitarmu. Misalnya, kamu tidak membuang sampah di sungai. **Sampah yang kamu buang di sungai** bisa menyebabkan banjir. Itulah sebabnya, kamu harus memelihara lingkungan dari sekarang. Mulailah **dari hal hal kecil** di sekitarmu.

나무들은 **푸르고,** 새가 지저귀고 **시원한 공기.** 시원함을 주는 자연은 당신이 그것을 보존 하였을 때 **실현될 수 있다.** 자연을 보존한다는 것은 당신의 주변 환경으로부터 **당신이 시작할 수 있다.** 예를 들어, 당신이 강에 쓰레기를 버리지 않는 것이다. **당신이 강에 버리는 쓰레기는** 홍수의 원인이 될 수 있다. 그것이 지금부터 당신이 환경을 보호해야 하는 그 이유이다. 당신 주변에 있는 **작은 일부터** 시작해라.

Di dalam hutan, selain terdapat **bermacam macam** pohon, juga ada **berbagai macam** héwan. Héwan yang ada di hutan **digolongkan ke dalam jenis héwan liar.** Hutan sangat berguna bagi manusia. **Dengan adanya hutan** yang masih lebat dan subur, manusia dapat terhindar **dari bencana banjir** dan **tanah longsor.**

숲 속에는, **여러 가지의** 나무가 있는 것 외에, **여러 종류의** 동물도 있다. 숲에 있는 동물은 **사나운 동물 종류 속에 분류된다.** 숲은 인간에게 매우 유익하다. 울창하고 비옥한 **숲의 존재로,** 인간은 홍수 재**해나 산사태로부터** 피할 수 있다.

|심층 공부|

tidak seperti yang biasa 보통처럼은 아니다   gegabah, nekat 무모한, 음탕한, 급한
hampir dapat dipastikan 거의 단언할 수 있는 것은
mengaduh, mengeluh 신음하다   kekebalan 면역력, 면역 상태
berkhasiat 특효를 갖다, 효력을 갖다   khasiat, mujarab 특효, 효험
imunisasi, pengebalan 면역, 예방   tengah malam pun 밤중에도

---

5. 청소할 시간이다

Waktunya Bersih Bersih

A : **Sudah waktunya** bersih bersih.　　　　　벌써 청소할 시간이야.

B : Aku telah **menyelesaikan** pekerjaannya.　나는 이미 그 일을 **끝냈어요**.

　　Apa tugas selanjutnya, bu?　　　　　　　다음 일은 무엇이에요, 엄마?

　　Pekerjaan apa lagi　　　　　　　　　또 무슨 일을

　　yang harus aku lakukan?　　　　　　　제가 해야 할까요?

A : Bagaimana kalau **kita menyiapkan makanan?**　그러면 우리 음식준비 하는게 어떠니?

B : Setuju, **masak apa hari ini?**　　　　　찬성입니다, 오늘은 무슨 요리를 해요?

　　Ajari cara memasak, ya!　　　　　　요리하는 방법을 **가르쳐 주세요**.

|심층 공부|

aparat, petugas 정부 기관, 정부 관료　　　　masa pertumbuhan 성장기

itu-itu saja 항상 같은, 마찬가지인

ada-ada saja 어련하시겠소, 기가 막히다, 별일 다 보겠네, 그럼 그렇지

Lain kali saja, Ibu ceritakan 다음에 하도록 하자, 엄마가 얘기 해 줄게

membawakan, melaporkan, menyampaikan, memberitahukan,
memberitakan, mengabarkan, menginformasikan
전달하다 뉴스를 전달할 때, 상기 단어를 거의 사용하니 잘 파악하세요.

memblokir 봉쇄하다, 은행 계좌를 동결시키다, 차를 멈춰 세우다(memberhentikan)

---

6. 자와 코뿔소

Badak Jawa

Dulu, badak Jawa **dapat ditemukan** di Jawa dan Sumatera. Setelah ratusan tahun diburu secara liar **untuk diambil culanya**, badak Jawa **terancam punah.** Kini, héwan berkulit tebal ini hanya ada di Taman Nasional Ujung Kulon. **Menurut data,** pada tahun 2010, telah ditemukan 3 badak Jawa yang mati. Namun, **dari beberapa vidéo kaméra tersembunyi** yang dipasang, juga diketahui 2 induk badak Jawa **sedang mengasuh anaknya**

예전에, 자와 코뿔소는 자와와 수마트라에서 **발견될 수 있었다.** 수백 년을 그 뿔을 **습득하기 위하여** 난폭하게 사냥된 후, 자와 코뿔소는 **멸종 위기에 처했다.** 최근, 두꺼운 가죽을 가진 동물은 오직 우중

쿨론 국립 공원에만 있다. **통계에 따르면,** 2010년에 죽은 3 마리의 자와 코뿔소가 이미 발견됐다. 그러나, 설치된 **몇 대의 감시 카메라로부터** 또한 2 마리의 자와 어미 코뿔소가 **새끼들을 돌보고 있는 것이** 알려 졌다.

Meskipun terjadi banyak kelahiran, jumlah badak Jawa **dalam sepuluh tahun terakhir** tidak bertambah. Jumlah badak Jawa **diperkirakan tinggal 50 ékor.** Waduh, tinggal sedikit sekali, ya! Semoga **tempat studi** dan **konsérvasi** badak Jawa yang sedang dibangun di Ujung Kulon **bisa menyelamatkan** héwan ini.

비록 많은 탄생이 일어났지만, 자와 코뿔소의 수는 **최근 십 년 동안** 늘어나지 않았다. 자와 코뿔소의 수는 **50마리가 남은 것으로 사료된다(추정된다).** 아이쿠, 정말 적게 남았구나! 아무쪼록 우중쿨론에 건설중인 자와 코뿔소의 **연구 장소와 보존 장소가** 이 동물을 **구할 수 있기를 바란다.**

|단어 공부|

menghantam	강타하다
survéy	관찰, 검사, 측량, 조사
minta ampun	용서를 빌다
pemerhati, pengamat	관찰자, 조사자
wabah	전염, 전염병
jasa, sérvis	봉사, 서비스
timbul bercak (bintik)	반점이 나타나다
ciri-ciri fisik	신체 특징
ciri-ciri sifat	성격 특징
seperti yang telah dikatakan	이미 이야기한 것처럼
tanpa berkata apapun	아무런 말도 없이
terumbu karang	산호초
terbawa arus, terbawa hanyut	조류에 휩쓸림
rawat inap	입원 치료
berpengaruh	영향을 끼치다, 영향을 갖다
pembatas	경계, 제한
ketagihan	중독된, 요구, 청구
tagihan	청구, 고지서
menambal	타이어를 때우다

7. 운동합시다

Ayo, Kita Berolahraga

Hari Minggu, seperti biasa, keluarga Pak Bani **berlari pagi** meléwati Taman Hijau yang indah. Sambil berlari lari, meréka berbincang bincang. **Masalah yang meréka bicarakan** biasanya tentang ékonomi, keséhatan, hubungan keluarga, masalah keluaraga dan **hal perusahaan.**

일요일 날, 여느 때와 같이, 바니씨 가족은 아름다운 푸른 공원을 지나면서 **아침 조깅**하고 있었다. 계속 달리면서, 그들은 담소했다. **그들이 토론하는 문제는** 보통 경제, 건강, 가족관계, 가족문제 그리고 **회사 일**에 대한 것이었다.

A : Dimas, **coba kamu perhatikan!**
디마스, 유심히 한번 봐봐!

　　Betapa indahnya taman taman kota ini?
이 도시의 공원들은 **얼마나 아름답니?**

　　Bunga **berwarna warni,** rumput **tertata rapi,**
꽃은 **여러 가지 색**이고, 풀은

　　pohon-pohon **yang rindang.**
잘 정리됐고, 나무들은 우거졌어.

B : Rasanya énak menghirup udara
이 같은 자연에서 공기를

　　di alam seperti ini.
마시는 것은 기분이 좋은 것 같아요.

C : **Sok tahu!**
아는 체 하네!

B : **Mémang** aku tahu sebabnya.
정말로 나는 그 이유를 알고 있어.

　　Tumbuhan yang hujau
푸른 식물

　　itulah yang menyebabkannya.
그것이 그 이유인 거야..

　　Itu dapat membersihkan **udara yang kotor.**
그것은 오염된 공기를 청소 할 수 있어.

　　Oléh karena itu, taman taman seperti itu
그렇기 때문에, 이 같은 공원들을

　　sering disebut **sebagai paru paru kota**
도시의 허파라고 자주 불러.

 sok ~척하다, 마치 ~인 듯이(자카르타 방언) 잘 기억하세요.

|심층 공부|

tentu saja, pantas saja 당연히　　otomatis 자동으로

liburan 방학, 휴가　　libur 휴일

mogok 파업하다, 고장 나서 멈추다　　gesit, cekatan, sigap 민첩한, 빠른

sedap 맛좋은, 향긋한, 편안한, 즐거운, 좋은　　cétakan 틀, 모형, 인쇄물, 발행물

menerapkan 적용하다, 응용하다, 조절하다　　mengamalkan, melaksanakan 실행하다

mengandalkan ~을 믿고 맡기다, 위임하다, ~을 보증하다(mempercayakan, menjaminkan)

daya tahan 인내력, 지구력　　bergizi 영양이 있는

siswa, murid 학생

8. 환경 수호자
Penyelamat Lingkungan

A : Tahun ini Bapak menerima penghargaan
dari présidén **sebagai penyelamat lingkungan?**

올해 선생님은 **환경 수호자로서**
대통령으로부터 상장을 받으셨죠?

B : Betul. Saya menerimanya sebulan lalu.

그래. 나는 한 달 전에 상패를 받았지.

A : Bagaimana bisa memperoléh penghargaan itu?

어떻게 그 상을 받을 수 있었습니까?

B : Tadinya, saya tidak bekerja
untuk memperoléh penghargaan.
Sebagai petani, **saya merasa wajib**
menyelamatkan lingkungan.

처음엔, 나는 상을 받으려고
일을 하지 않았단다.
농부로서, **나는** 환경을
지켜야겠다는 **의무감을 느꼈어.**

A : Jadi, apa yang Bapak lakukan?

그래서, 선생님은 무엇을 하셨나요?

B : Tanah di sekitar daérah ini, **kan tandus.**
Akibatnya, **sumber air bersih** sulit diperoléh.
Ternyata, penyebabnya adalah
bukit-bukit yang sudah gundul.
Akhirnya, saya mengajak warga sekitar
untuk menanami kembali bukit yang gundul.

이 지역 주변에 있는 땅이, **황폐했었잖아.**
그 결과, **깨끗한 우물을** 얻기 어려웠어.
분명히, 그 원인은
이미 황폐해진 산들이었어.
결국, 나는 주변 주민들에게 그 황폐한
산에다 **다시 나무를 심자고** 권했지.

A : Bagaimana **tanggapan (pendapat)** warga?

주민의 **의견은** 어떠했어요?

B : **Awalnya meréka tidak peduli.**
Karena meréka menganggap
itu pekerjaan sia-sia.

처음에 그들은 관심을 가지지 않았어.
그들은 그 일이 쓸데없는 일이라고
생각했기 때문이었어.

Jadi, saya **terus bekerja sendiri** menanami tanah gundul itu.

A : Dari mana Bapak memperoléh **bibit tananam?**

B : **Sebagian** saya peroléh **dari hutan désa tetangga, sebagian lagi** saya beli sendiri.

A : Berapa lama Bapak melakukan kegiatan itu?

B : **Kegiatan yang dilakukan sendiri** kira-kira 5 tahun.

Setelah hasilnya terlihat, barulah para tetangga dan warga **membantu**.

A : Apa manfaat **bagi warga sekitar?**

B : Sekarang tanah tidak **gersang lagi**. **Sumber air bersih** menjadi banyak.

그래서, 나는 그 황폐한 땅에 심으면서 **혼자서 계속 일했지.**

어디서 선생님은 **나무 묘목을** 구했습니까?

일부분은 내가 **이웃 마을 숲에서** 구했고, **다른 일부분은** 내가 스스로 샀지.

얼마나 오래 선생님은 그 일을 하셨어요?

혼자서 이 일을 약 5년 했지.

그 결과가 나타난 후에, 바로 이웃들과 주민들이 **도와주었어.**

주변 주민들에게 이득인 것은 무엇이었어요?

지금 땅은 **다시 황폐해지지** 않았고. 깨끗한 **우물물은** 많아졌단다.

 tandus, gersang, gundul 황폐함

|심층 공부|

tenggang waktu 시간의 말미(여유)　　　dalam waktu singkat 짧은 시간 안에
pengadaan, pemasokan, penyediaan, logistik, penyiapan 물류, 조달, 비축
bayangkan apa jadinya 된 것이 무엇인지 상상해 봐라
menentang 마주보다, 반대하다, 배척하다　　istirahat 일한 후에, 공부 후, 피곤해서 쉴 때 사용
santai 놀면서, 구경하면서 쉴 때 사용　　　lega 어떤 사건이나 일을 끝내고, 마음 놓으며 쉴 때 사용

---

9. 숲의 기능

Fungsi Hutan

Hutan berfungsi untuk menyimpan air tanah, tempat hidup héwan, **penyedia oksigén, juga sebagai paru paru dunia.** Penebangan hutan secara sembarangan **mengakibatkan rusaknya (kerusakan) lingkungan.** Pada musim kemarau, **terjadi kekeringan**. Pada musim hujan, terjadi banjir dan tanah longsor. Selain itu, héwan-héwan **yang hidup di hutan** menjadi kehilangan tempat tinggal. Akibatnya, héwan-héwan dapat masuk dan menyerang Désa. Meréka dapat merusak **tanaman pertanian,** bahkan memangsa manusia.

숲은 땅의 물을 보관하고, 동물의 거주지, **산소 제공 그리고 세계의 허파로서의** 기능을 갖고 있다. 함부로 숲을 벌목하면 **환경 파괴의 원인이 된다.** 건기에는 가뭄이 발생하고, 우기에는 홍수와 산사태가 발생한다. 그 외에는 **숲에 사는** 동물들은 살 곳을 잃어버리게 된다. 그 결과, 동물들은 마을에 들어와서 공격할 수 있다. 그들은 **농작물을** 파괴시키고, 더욱이 인간을 잡아 먹을수도 있다.

|단어 공부|

puas makan	충분히 먹다
taman bermain, taman hiburan	놀이공원
ikan hias	관상용 고기
terkena terik matahari	따가운 햇빛을 받다
daya tahan	인내력
satu dengan lainnya	
satu sama lain	서로
kapur tulis	분필
muara sungai	강어귀
gua	굴
erat	단단한, 꼭 끼는, 까다로운
balai rakyat, aula rakyat	주민 회관
mengundurkan diri	퇴직하다, 물러나다
saat mekar sempurna	(꽃) 만발 시기
pegawai kontrak	계약 직원
umat islam	이슬람 신자
situs terkait	관련 사이트
kondisi cuaca	기후 상황
peralatan medis	의료기구
organ tubuh	신체 기관
menatap tajam	날카롭게 바라보다

Pelajaran

09

충고와 교훈

1. 한 노인의 충고

Nasihat Seorang Tua

Aku **mengamati** orang tua. Meskipun sudah terlihat tua, dia masih tampak kuat. Dia **melepas lelah** di bawah pohon lebat.

나는 노인을 **유심히 관찰했다.** 비록 늙어 보이지만, 그는 여전히 강해 보였다. 그는 울창한 나무 아래에서 **피로를 풀고 있었다.**

A : Kenapa bapak makan **dengan lahap?** 왜 어르신은 **급하게** 식사하세요?
Padahal hanya makan **dengan lauk témpé.** 반면에 오로지 **뗌뻬 반찬과** 먹으시면서.

B : **Lauk apa saja** aku suka. **어떤 반찬이든** 나는 좋아해.
Aku selalu makan **saat kelaparan.** 나는 항상 **정말 배고플 때만** 먹는단다.
Kalau sakit, **makanan seénak apa pun** 만일 아프면, **어떠한 맛있는 음식도**
tak akan terasa nikmat. 맛을 못 느낄거야.

A : Lalu, mengapa bapak masih bekerja? 그리고, 왜 어르신은 아직도 일하세요?

B : Banyak alasannya, nak. 이유가 많구나, 얘야.
Selama aku masih kuat bekerja, 내가 아직 열심히 일할 수 있는데,
kenapa harus berdiam diri? **왜 가만히 있어야만 하니?**

A : Bapak tidak bosan? 할아버지는 지겹지 않으세요?

B : Tidak, aku **justru** sangat menikmati hidup. 아니, 나는 **오히려** 인생을 매우 즐기고 있어.
Kita, kan, tidak pernah tahu 우리는 말이야, 알 수 없잖아
sampai berapa lama kita hidup nanti. 나중에 우리가 **얼마나 오래까지** 살지를.
Jadi, untuk apa **susah memikirkan** 그러한데, 무엇을 위해 쓸데없는
hal-hal yang tidak berguna? 것들을 **어렵게 생각하는 거니?**
Padahal kalau sakit, 반면에 아프기라도 하면,
biayanya tidak sedikit. 그 비용이 적지 않단다.

berbedak	분을 바르다
berpangku	무릎에 앉다
végétarian	채식주의자
hibernasi	동면
hangus	그을리다, 태우다, 없어지다
noda	때, 오점, 불명예, 치욕
klasik	고전의, 고품격의
liang	작은 구멍
lemak	지방, 비계
ditunjuk	지명되다
singkat, ringkas	짧은, 간단한, 간결한
jas	상의, 외투
kenangan	추억
sistematis	체계적인
jenaka, lucu	재미있는, 웃기는, 해학적인
erang	신음하는
bergelantungan	여럿이 매달려 있는

2. 옛날 상사의 충고

Nasihat mantan atasan

A : Saya Ali, Pak. Anak buah Ibu Ressi **yang bekerja di bidang sebelah perusahaan.**
저 알리예요. 이사님. **회사 옆 부서에서** 일했던 이부 레시의 부하직원이에요.

B : Ali yang botak dan gemuk itu?
대머리에 뚱뚱한 그 알리 말이니?

A : Betul, Pak. **Saya banyak berubah ya.**
그래요, 이사님. **저 많이 변했죠.**

B : Kamu **kok** sekarang kurus sekali?
Kenapa kamu menjadi begini?
너 지금 **왜** 그렇게 말랐어?
왜 너는 이렇게 됐니?

A : Saya **tidak sempat** olahraga lagi.
Bapak masih kerja
di perusahaan yang sama?
저는 더 운동할 **여유가** 없었어요.
이사님은 여전히
같은 회사에서 근무하세요?

B : Saya masih bekerja.
Tak ada jalan lain karena aku sudah tua.
나는 아직도 근무하지.
다른 길이 없어 나는 이미 늙었잖아.

A : Bapak masih ingat Lilih?
이사님은 아직도 릴리 씨를 기억 하시나요?

B : Lilih, yang mana, ya? 릴리, 어떤 릴리를 말하니?

A : Dia tubuhnya péndék, rambutnya lurus, 그는 키가 작고, 머리는 직모이며,
berkacamata dan kulitnya putih. 안경을 끼고 피부가 하얗죠..

B : Em… dia **punya tahi lalat** di bawah bibir ya? 음… 그는 입술 밑에 **점이 있지?**

A : Iya, Pak. **Setelah dipecat** dari perusahaan 네, 이사님. 그는 회사로부터 **해고된 후**
itu dia bekerja di Koréa. 그는 한국에서 일해요.

B : Kamu masih bekerja? 너는 아직도 근무하니?

A : Tidak. Saya masuk kuliah lagi. 아뇨. 저는 다시 대학에 들어갔어요.

B : **Itu hal yang lebih bagus** 그것은 미래를 위해
untuk masa depan. **더 좋은 일이야.**
Belajarlah dengan keras ya, 열심히 공부해라,
agar tidak menyesal. **후회 하지 않도록.**

|단어 공부|

keserakahan, ketamakan	탐욕, 욕심
mengorbankan	희생시키다, 희생을 바치다
sumur, sumber air	우물
selang	사이, 간격
setia, sejati	충실한, 진실한
membaur	섞다, 혼합하다
makmur	번영하는, 부유한
sejahtera, sentosa	안녕한, 번영하는
ahli gizi	영양사
ékosistem	생태계
ginjal	신장, 콩팥
berlian	다이아몬드
sirkulasi	순환, 유통
berpusat, berfokus	집중하다, 중심으로 하다
pencernaan	소화
siklus	주기, 사이클
peredaran darah	혈액 순환
poténsi	잠재력, 권위
poliklinik	종합 진료소
pembalut	붕대, 포장, 생리대
perban	붕대
tindakan, prilaku	행동
menjanjikan	약속하다

3. 엄마의 충고
Nasihat Mama

A : Aku sebal, déh, Ma,   저 열 받아요, 엄마.
    adikku bertanya terus.   **동생이 계속 질문하잖아요.**
    Kenapa, sih, tidak mau berpikir sendiri?   왜 혼자 생각하려고 하지 않는 거죠?
    Buka kamus, dong!   사전을 펴보면 될 거 아니에요!
    Jadi, tidak tanya-tanya terus.   그러면, 자꾸 묻지 않을 텐데.
B : Ali, Jawablah! Kalau adikmu bertanya.   알리야, 답해주렴! 만일 네 동생이 묻는다면.
    Adikmu, kan, masih kecil.   **너 동생은 아직도 어리잖아..**
    Dia masih ingin tahu **segala(seluluh) hal.**   그는 아직 모든 일을 알고 싶어 하는 거야.
    Kamu juga dulu begitu, kok.   **너 또한 전에 그랬단다 야.**
A : Ali mau cepat-cepat menonton TV.   알리(저)는 빨리 TV를 보고 싶단 말이에요.
C : Mas Ali **suka begitu,** Ma!   알리 형은 그렇게 TV보는게 좋나봐요, 엄마!
A : Ya, sudah, **adikku yang bawél(ceréwét)!**   야, 됐어. **내 동생(주제에) 잔소리가 심해!**
    Cepat! **Mau tanya apa lagi?**   빨리 말해! **또 무엇을 물어보고 싶어?**
C : Mas Ali, apakah soal ini benar?   알리 형, 이 문제는 정답이야?
A : Tidak, **tidak begitu,** bodoh!   **아냐. 그렇지 않아.** 바보야!

Mama sudah melarangku mengatakan kata itu. Katanya, anak yang baik tidak boléh berkata kasar.

엄마는 이미 그런 말을 하는 나를 금지 시키셨다. 엄마 말씀은, 착한 아이는 거친 말을 해서는 안 된다고 하셨다.

B : Réssi tidak bodoh.   레시는 바보가 아냐.
    Dia cuma ingin pintar seperti kamu.   **그는 오직 너처럼 똑똑하고 싶은 거야.**
C : Mas, kok jadi diam, sih!   형이 조용해졌네!
    Mas, **apa Jawabannya yang tadi aku tanya?**   형, 조금 전 내가 질문한 거 정답이 뭐야?
A : Tidak tahu, déh. Sana tanya sama Mama!   모른다니까. 저기 엄마에게 물어 봐라!

위의 문장들을 유심히 보세요. 이런 표현들은 정말 중요합니다. 문장 하나하나 집중해서 보세요. 문장은 짧지만 대화 시에 많이 적용할 수 있습니다.

4. 집단폭행

Main Hakim Sendiri

A : **Apa harapan Bapak**
terhadap masyarakat?

주민들에 대한 선생님(경찰)의
바람은 무엇입니까?

B : **Karena saya juga anggota masyarakat,**
saya mengharapkan **kerja sama**
yang baik di antara kita.
Karena polisi tak dapat bekerja sendiri
tanpa bantuan masyarakat.

나 또한 주민의 일원이기 때문에,
나는 우리 사이에
좋은 협력을 바랍니다.
경찰은 주민의 도움 없이는
혼자 처리할 수 없기 때문입니다.

A : Bagaimana tanggapan Bapak **terhadap**
sekelompok masyarakat
yang suka main hakim sendiri?

집단 폭행을 즐기는
주민 단체에 대한 선생님의
의견은 어떻습니까?

B : Saya sungguh prihatin dan sangat
mengecéwakan **tindakan main hakim sendiri.**
Serahkan pada kami **dan**
kami akan memprosés secara hukum.

나는 **집단 폭행 행동에** 대해 정말
고통스럽고 매우 실망스럽습니다..
우리에게 넘겨주세요 **그리고**
우리는 법대로 처리할 것입니다.

A : **Bagaimana sikap polisi** terhadap orang
yang suka main hakim sendiri?

집단 폭행을 즐기는 사람에 대한
경찰의 태도는 어떠합니까?

B : **Kami selaku polisi** akan **menindak tégas**
terhadap orang yang main hakim sendiri.
Orang tersebut **akan kami usut** dan
prosés untuk diajukan ke pengadilan.

우리는 경찰로서 집단 폭행하는 사람에게
엄중한 조치를 할 것입니다.
그 사람을 우리가 기소할 것이고
법원으로 보내도록 **처리할 것입니다.**

A : Terima kasih **atas keterangan** Bapak.

선생님(경찰) 설명에 대해서 감사합니다.

Semoga jasa Bapak dapat membuat
hidup kami aman, tenteram, dan damai.

B : Terima kasih, nak. Semoga anak-anak
    pun **tidak melakukan tawuran,**
    tetapi dapat belajar dengan tekun.
A : Terima kasih, Pak. Selamat bertugas.

아무튼 선생님의 봉사가 우리의 삶을
평온, 안전 그리고 평화롭게
만들 수 있기를 바랍니다.
고마워요. 여러분들 또한
패 싸움을 하지 않기를 바라고,
열심히 공부할 수 있기를 바랍니다.
고마워요, 선생님. 근무 잘하세요.

경찰관과의 인터뷰 잘 들으셨죠? 유용한 단어가 제법 있네요.

|단어 공부|

kepenatan	지침, 피곤함
mekar	꽃이 피다
bersistem	체계를 갖추다
métode	(연구 등) 방법, 방식
mengait	~를 고리로 걸다
tertegun	갑자기 멈추다
panutan, teladan	모범
préstasi, suksés	성취, 성공
penjelajahan	탐험, 원정, 답사
biografi	일대기, 전기
merenungkan	~을 깊이 생각하다, 명상하다
ban	타이어
menjaring pelanggan	손님을 끌다(그물로 잡다)
peluang, kesempatan	기회

---

5. TV에서 오락 프로를 즐기려면 주의해야 한다
Menikmati Hiburan di TV Harus Hati-Hati

Menikmati hiburan di télévisi harus hati-hati. **Film dan drama untuk orang déwasa** tidak boléh ditonton anak-anak. **Begitu pula** film dan drama yang bertéma kekerasan, misteri, **percintaan remaja** dan **drama perselingkuhan keluarga. Waktu menonton** juga harus diperhatikan. Jika kalian menonton **lebih dari** pukul 22.00, **dapat dipastikan** kalian bangun kesiangan. Bahkan, kalian pasti akan mengantuk.

TV에서 오락을 즐기는 것은 조심해야 한다. **성인을 위한 영화나 드라마는** 아이들이 봐서는 안 된다. 폭력, 미스터리, **청년들의 애정** 그리고 **가족 부정 드라마의** 주제를 가진 영화나 드라마 **또한 그렇다.** **시청하는 시간을** 또한 주의하여야 한다. 만일 너희들이 22시가 **넘어서** 시청을 한다면, 너희들이 늦게 일어날 것이라고 **단언할 수 있다.** 더욱이, 확실히 너희는 졸 것이다.

|단어 공부|

rangka, kerangka	골조, 뼈대
karunia	(신의)선물
memaparkan	길게 설명하다
masa lampau, zaman kuno, zaman dahulu	과거, 옛날
formulir	서식, 신청서
terkait	관련된
saji	음식, 차려 놓은 음식
gésér, gésék	문지르다
berantonim, berlawanan	반대하다
instruksi	교육, 훈육
sékretariat	사무처
mengikutsertakan	참석하다
awak	선원
bersin	재채기
modérator	사회자, 중재자
organ pernapasan	호흡 기관
organ	신체 기관

---

6. 우디의 거짓말

Kebohongan Udi

Pada suatu hari, Udi ikut Bapaknya menggembala kambing **di padang rumput.** Kambing-kambing itu makan dengan lahap. Udi berjalan di samping Bapaknya **sambil menghalau** kambing. Kambing-kambing pun **memperoléh rumput yang segar.**

어느 날, 우디는 **초원에서** 염소를 방목하는 아버지를 따라갔다. 그 염소들은 마구 먹었다. 우디는 **염소를 쫓으면서** 아버지 옆에서 걸었다. 염소들 또한 **신선한 풀을 먹었다.**

A : Pak, kemarin aku melihat seékor kelinci
아버지, 어제 저는

berwarna hijau sedang terbang.
녹색의 토끼 한 마리가 날고 있는 것을 보았어요.

Kelinci itu besar sekali.
그 토끼는 정말 큽니다.

Kira-kira sebesar gajah..
대충 코끼리만큼 큽니다.

B : Benarkah **yang kamu lihat?**
너가 본 것이 맞느냐?

A : Benar, sungguh! Aku tidak berbohong!
정말이에요, 진짜예요! 저는 거짓말 안해요!

B : Syukurlah, kalau kamu tidak berbohong.
너가 거짓말한 게 아니면 다행이구나.

Soalnya, sebentar lagi kita akan
왜냐하면, 잠시 후 우리는

menyeberangi **sebuah jembatan yang anéh.** **이상한 하나의 다리를** 건널 거야.

Jembatan itu akan patah menjadi dua
그 다리는 **만일 거짓말쟁이가**

jika dilalui seorang pembohong.
지나가면은 두 개로 쪼개어 질 거야.

— Udi diam saja. **Ia jadi merasa takut** karena sebenarnya ia telah berbohong. —
우디는 조용히 있기만 했다. 그는 사실 이미 거짓말을 했기 때문에 **두려움을 느끼게 됐다.**

A : Pak, tahu tidak…Hmm…
아버지, 아시나요, 모르시나요. 음…

kelinci yang kulihat kemarin
어제 제가 본 토끼는

ternyata tidak terbang.
사실 날지 않았어요.

Besarnya juga tidak sebesar gajah,
크기 또한 코끼리 만큼은 크지 않고,

hanya sebesar anak kuda.
오직 망아지만큼 큽니다.

B : Sebesar anak kuda?
망아지만큼 크다고?

Sementara itu, meréka sudah berada di dekat jembatan. Udi jadi semakin takut.
한편, 그들은 다리 가까이에 있었다. 우디는 점점 두려워졌다.

A : Pak, kelinci hijau yang kulihat kemarin
아버지, 어제 제가 본 푸른 토끼는

kayaknya tidak sebesar anak kuda.
아마도 망아지만큼은 크지 않은 것 같아요.

Ia sebesar kelinci biasa,
그는 보통 토끼만큼 크고,

tetapi berwarna hijau.
녹색을 띠고 있어요.

Benar-benar hijau.
정말 녹색이에요.

Pak Udi tidak berkata apa-apa. Ia berjalan menyeberangi jembatan. **Udi berdiri termangu** di ujung jembatan. Ia tak berani menyeberangi jembatan itu, padahal Bapaknya sudah sampai **di seberang sungai.**

우디의 아버지는 아무 말도 하지 않았다. 그는 나무 다리를 걸어서 건너갔다. 우디는 다리 끝에서 **멍하게 서 있었다**. 그는 **다리를 건널 용기가 없었고, 반면에** 아버지는 **강 건너에** 이미 도착했다.

 | **termenung, merenung, termangu** 멍하게 있는

A : Pak, Pak! Kelinci yang kulihat kemarin   아버지, 아버지! 어제 제가 본 토끼는
    tidak berwarna hijau, tetapi berwarna putih.   녹색이 아니었고, 흰색이었어요.

Setelah berkata begitu, Udi merasa tenang. **Dengan langkah yang ringan,**

ia menuju jembatan.

그렇게 말을 한 후, 우디는 편안함을 느꼈다. **가벼운 걸음으로**, 그는 다리로 향했다.

|단어 공부|

petualangan	방랑
lugu	꾸밈없는
darurat	위기의, 비상사태
béasiswa	장학금
menonjol	현저하다, 돌출하다
penadah, tukang tadah	장물아비
keunggulan	우세, 우위, 장점
memberontak	모반하다
meréalisasikan, mewujudkan	실현하다
terkilir	접질리다, 삐다
kiamat	부활, 멸망의 날
menyidang	심의 조사하다, 회의하다
sidang	회의, 회합
évakuasi	철수, 대피
prosés seléksi	선택과정, 선발과정
mengurangi risiko	위험을 줄이다

이주와 인구, 공문

1. 자와 섬의 인구 밀도

Kepadatan Penduduk Pulau Jawa

Penduduk di Pulau Jawa **sudah sangat padat.** Untuk mendapatkan tanah pertanian semakin sulit. **Oléh karena banyak yang membutuhkan tanah** untuk tempat tinggal, harga tanah menjadi mahal. Lapangan pekerjaan juga **semakin sulit didapat.** Pemerintah mengatasi kepadatan penduduk di Pulau Jawa dengan mengadakan program transmigrasi. Daérah tujuan transmigrasi **yang terbuka lébar** yaitu di Kalimantan.

자와 섬에 있는 인구는 이미 **매우 복잡하다.** 농지를 구하는 것은 점점 힘들다. 거주지를 위한 **땅을 필요로 하는 사람이 많기 때문에**, 땅값은 비싸졌다. 직장 또한 **구하기가 점점 어려워졌다.** 정부는 이민 프로그램을 개최함으로써 자와 섬의 인구 밀집을 **극복했다. 폭넓게 개방된** 이주 목적지는 예를 들면 깔리만딴에서이다.

|단어 공부|

gandum, terigu	밀
kentang	감자
ubi	고구마
konsumén	소비자
faktor	요인, 요소
produsen. produser	영화제작자, 생산자
promosi	촉진, 선전, 상품소개
mengimbau	부르다, 요청하다, 신호하다
memugar	복구하다, 원상태로 회복시키다
bantah	논쟁, 다툼
sekujur tubuh	온몸, 전신

---

2. 삶의 질을 높여라

Meningkatkan Taraf Hidup

A : Saya datang ke sini **ingin mengajak Bapak.** 나는 **어르신에게 권유드리고 싶어** 여기에 왔어요.
Itu pun **kalau Bapak mau.** 그것 또한 **어르신이 원하신다면.**
Tadi, saya ikut rapat **di balai désa.** 조금 전, 저는 **마을 회관에서** 회의에 참석했어요.

Kepala désa **menawarkan** kepada warga 읍장님께서 수마트라로 이주하도록
untuk bertransmigrasi ke Sumatera. 주민에게 **제안했어요.**
Saya dan keluarga **memutuskan untuk ikut.** 나와 가족은 **따르기로 결정했어요.**
Saya sudah bosan begini terus. **나는 이미** 계속 이러는 게 **지겨워요.**

Mudah-mudahan di sana 아무쪼록 거기서 **저는 삶의 수준을**
saya dapat meningkatkan taraf hidup. **높일 수 있기를 바랍니다.**

— Pak Tano mendengar cerita Pak Bani **dengan perasaan bingung**. —
따노씨는 **혼란스러운 마음으로** 바니씨의 얘기를 들었다.

B : Transmigrasi ke Sumatera **pasti** 수마트라로 이주하는 것은
membutuhkan biaya yang banyak. **정말로 많은 비용이 필요합니다.**
Saya harus menyiapkan biaya 나는 매일 먹어야 하는
untuk makan sehari-hari. **비용을 준비하여야 합니다.**
Selain itu, saya juga khawatir **jika lahan** 그 외에, 저는 또한 걱정입니다.
yang diperoléh ternyata tidak subur. **만일 받은 땅이** 실제 비옥하지 않을지.

A : Pak Tano tak usah **pusing-pusing** 따노 씨는 그 비용을 골치 아프게
memikirkan biayanya. **생각할** 필요가 없습니다.
Menurut penjelasan kepala désa, 읍장의 설명에 의하면,
kita akan memperoléh rumah sederhana 우리는 거주를 위하여
untuk tempat tinggal. 일반 주택을 받을 것입니다.
Kita juga akan mendapat lahan pertanian 우리는 또한 **2헥타르 넓이만큼의**
seluas dua héktar dan alat-alat pertanian. 농지와 농기구들을 받을 것입니다.

Ayolah, Pak. 자, 어르신.
Ikutilah transmigrasi bersama kami. 우리와 함께 **이주합시다.**
Jika masih seperti ini, bagaimana **만일 여전히 지금처럼이라면, 어떻게**

kita **bisa menyekolahkan** anak? 우리는 아이들을 학교에 보낼 수 있겠습니까?

Kapan kita **bisa sejahtera** 언제 우리는 다른 사람처럼

seperti orang lain? **부유할 수 있습니까?**

Tidak semua orang **memperoléh** 모든 사람이 **이 같은**

kesempatan seperti ini. **기회를 받는 게** 아닙니다.

Saya ingin mengajak bapak 나는 어르신을 초대하고 싶어요 **왜냐하면**

karena Bapak memiliki banyak keahlian. 어르신은 많은 전문성을 갖고 있기 때문이에요.

Akan tetapi, **kalau Bapak masih ragu,** 그러나, **만일 어르신이** 아직도 의심되시면,

bapak bisa menemui kepala désa. 어르신은 읍장을 만날 수 있어요.

Di sana, Bapak bisa mendapat penjelasan 거기서 어르신은 **아주 상세한**

panjang lébar. 설명을 들을 수 있어요.

|심층 공부|

mengirim orang 사람을 보내다   membubuhkan 두다, 더하다, 써넣다, 서명하다

mengesahkan 합법화하다, 공식화하다, 인준하다   pengantar surat 편지 전달자

surat pengantar 송장, 인보이스, 청구서   dambaan 숙망, 열망

macam 종류, 유형

berhamburan, berserakan, berantakan 어지럽게 흩어진, 널브러진

menyesatkan, membingungkan 잘못된 길로 인도하다, 혼돈하게 하다, 오도하다

menaksir, memperkirakan, menyangka, mengira, menduga 추측하다, 짐작하다, 대충 평가하다,

narasumber, informan 취재원, 정보제공자, 정보원

mengontrol 통제하다   mengawasi 감독하다

---

3. 이주의 목적

Tujuan Transmigrasi

Tujuan transmigrasi adalah **untuk mengurangi kemiskinan** dan **kepadatan penduduk** di Pulau Jawa dan memberikan kesempatan kerja. **Dan memenuhi kebutuhan tenaga kerja** untuk mengolah sumber daya di pulau pulau lain. Selain itu, tujuan transmigrasi **untuk meratakan kepadatan penduduk.** Transmigran juga **harus pandai menyesuaikan diri** dengan **penduduk asli.**

이주의 목적은 자와 섬에 있는 주민의 **가난과 인구 밀도를 줄이기** 위한 것이고, 직업의 기회를 준다. 그리고 다른 섬들에 있는 자원을 가공하기 위한 **인력의 수요를 채우는 것이다.** 그 외에, 이주의 목적 은 **인구 밀도를 균등하게 하려는 것이다.** 이주자는 또한 원주민과 잘 적응해야 한다.

|심층 공부|

slogan, semboyan 표어, 슬로건

pemisahan 분리, 구별, 차별

perceraian 이혼

meringis 이를 드러내고 웃다, 찡그리다

membandingkan 비교하다

menyalakan, menghidupkan 켜다

keran(kran) 수도꼭지

asistén apotéker 약사 보조

membengkak 붓다, 부풀다, 부어오르다

berpasangan 짝을 짓다

perpisahan 이별, 헤어짐

bercampur aduk, bercampur baur 뒤섞다, 혼합하다

dibandingkan, dibanding 비교되다

mematikan 전등 끄다, 수도꼭지 잠그다, TV 끄다

keran air 수돗물

tahap, tarap, taraf, tingkat, mutu 수준, 질

lumbung, gudang 창고

---

4. 인도네시아 인구

Penduduk Indonésia

Negara Indonésia adalah negara **yang jumlah penduduknya** terbesar nomor 3 di dunia. Penduduk Indonésia **berjumlah lebih dari** 250 juta jiwa. Penduduk Indonésia bertambah banyak **karena angka kelahiran penduduk** sangat tinggi, sedangkan **angka kematiannya** rendah. Penduduk Indonésia **tersebar** dari Sabang sampai Merauke. Meréka **terdiri atas** berbagai suku bangsa, bahasa dan agama.

인도네시아는 **인구의 수가** 세계에서 세 번째로 가장 큰 나라이다. 인도네시아 인구는 2억 5천만이 **넘 는다.** 인도네시아의 인구는 많이 늘어난다. 왜냐하면 **인구 출산율은** 매우 높고, 반면에 **인구 사망률** 은 낮기 때문이다. 인도네시아의 인구는 사방에서 머라우께까지 **분포되어 있다.** 그들은 여러 가지의 종족, 언어, 종교로 **구성되어 있다.**

Selain kelahiran dan kematian, **jumlah penduduk juga ditentukan** oléh perpindahan penduduk. **Contoh perpindahan penduduk,** misalnya penduduk dari désa ke kota **(urbanisasi),** pindah ke luar negeri, **(émigrasi)** atau dari luar negeri masuk ke dalam negeri. **(imigrasi)** Lalu, **ada 34 provinsi** termasuk Jakarta dan Yogyakarta.

출생과 사망 외에, **인구 수는 또한** 인구의 이동에 의해서 **결정된다. 인구 이동의 예는,** 인구가 시골에서 도시로**(도시화),** 국외로**(해외 이민)** 또는 국외에서 국내로의**(국내 이주)** 이동이다. 그리고, 자카르타와 족자를 포함하여 34개의 주가 있다.

|단어 공부|

bulan purnama	보름달
bulan sabit	초승달
gerhana total	개기 일식
gerhana bulan	월식
gerhana matahari	일식
harmonis	화합한, 조화된
menjadi jadi	강해지다, 심해지다
pembina upacara	행사 총책임자
dunia mistis	신비의 세계
berwujud. berbentuk	~형태를 가진

---

5. 역에서 길을 잃다

Tersesat di Stasiun

Meréka berangkat dari Semarang **naik bus patas AC. Setelah seminggu** tinggal di Jakarta, meréka pulang ke Semarang. Ketika sebagian penumpang turun, Ali **langsung menyusup** naik keréta.

그들은 스마랑에서 **에어컨이 있는 직행 좌석 버스를 타고** 출발했다. 자카르타에서 생활한 지 **일주일 뒤,** 그들은 스마랑으로 돌아갔다. 일부 손님이 내렸을 때, 알리는 **곧바로 기어 들어가서** 기차를 탔다.

— 중략 —

Akhirnya, **kondektur menyuruh** Ali turun. Ali menyadari **kalau ia tidak bersama orang tuanya.** Ia semakin panik dan takut kehilangan meréka. **Dengan tersedu-sedu,** Ali mengatakan **bahwa ia telah berpisah dengan orang tuanya. Melalui pengeras suara,** petugas tersebut **mengumumkan** bahwa telah ditemukan seorang anak laki-laki berusia 10 tahun bernama Ali. Orang tua Ali mendengar pengumuman itu. Meréka pun **mengingatkan** kepada anaknya agar **menuruti nasihat** dan tidak mengulangi perbuatannya.

결국, **차장은** 알리에게 내리라고 **명령했다.** 알리는 **자기가 부모님과 함께 있지 않다는** 것을 깨달았다. 그는 부모님을 잃어버려서 점점 불안하고 두려웠다. **훌쩍거리면서,** 알리는 **자기가 부모님과 헤어졌다**

고 말했다. **확성기를 통하여**, 그 근무자는 알리라는 이름의 10살 된 남자아이를 이미 찾았다고 방송했다. 알리의 부모는 그 방송을 들었다. 그들은 또한 아이에게 **충고를 따르고**, 그 행동을 반복하지 **않도록 주의를 주었다.**

|단어 공부|

lemas	몸에 힘이 없는
laju	속력, 빠른
menunjukkan, menampakkan, memperlihatkan	보여주다
kotor, jorok	더러운
bendéra	국기, 깃발
daérah, wilayah, kawasan	지역, 지방
ompong	이빨이없는, 이가 빠진
pelantikan	임관, 취임
melepas	놓아주다
berburu	사냥하다
KDRT (Kekerasan Dalam RumahTangga)	가정 폭력
babak belur	얻어맞다, 맞아 멍든
matahari terbenam	해가 지다
pemimpin upacara	사회자
saudara kembar	쌍둥이
saudara kandung	친형제
biru lebam	멍, 검푸른 멍

---

6. 땀 목욕
Mandi Keringat

A : La, tadi **aku membaca pengumuman** tentang drum band.
라, 조금 전 나는 드럼 밴드에 대한 **공문을 읽었어.**

B : Apa isinya, Win?
그 내용이 뭐였냐, 윈?

A : Sekarang, kita harus latihan dua kali seminggu, Yun.
지금, 우리는 일주일에 두 번 연습을 해야 해, 윤.

C : Aduh **bakal (akan)** mandi keringat lagi, nih!
아우, 다시 땀으로 목욕을 할 것 같구먼!
(다시 땀을 흘리겠구먼.)

D : Lho, itu sudah kewajiban kita sebagai anggota.
그래, 그것은 이미 회원으로서 우리의 임무야.

A : Betul!

Kita harus mematuhi **aturan mainnya!**

B : Ya, sih!

Tapi, awalnya, kan seminggu sekali.
Kenapa berubah?

C : Aku rasa, **perubahan itu**
pasti ada maksud dan tujuannya.

D : Ya, **aku pikir juga begitu!**

Jika kamu malas latihan,
sebaiknya mengundurkan diri saja.

B : Hei, sudah sudah!

Lalu, apa lagi **isi pengumuman tadi?**

A : Oh, aku hampir lupa meneruskannya.

Jadi, latihan dua kali seminggu itu
untuk menghadapi kejuaraan drum band
antara-SD se-Jawa Timur.
Lalu, **setiap latihan** kita harus menyiapkan
sendiri alat alatnya **sesuai dengan
kelompok alat musik masing-masing.
Begitu pengumumannya,** teman-teman.

D : Bagaimana pendapat kalian?

C : Berarti kita harus latihan seminggu
dua kali dengan serius
supaya bisa menang!
Bagaimana, setuju?

D : Setuju..!

B : Hm. kecuali⋯.

C : **Kecuali aku** masudmu?

Jika untuk kejuaraan, **aku mau latihan**
seminggu dua kali
tiga kali juga boléh.
Lihat, nanti **aku akan paling duluan datang.**

맞아!

우리는 그 게임 규칙을 따라야 한다!

알았어!

그러나, 처음엔, 일주일에 한 번이었잖아.

왜 바뀐 거야?

내 생각엔, **그 변화는** 확실히
의미와 목적이 있을 거야.

그래, **나 또한 그렇다고 생각해!**

만일 네가 게을리 연습한다면,
스스로 빠지는 게 좋아.

야, 됐어. 그만해라!

그러면, **조금 전 공문 내용은** 또 뭐가 있어?

내가 그 얘기를 계속하는 것을 거의
잊을 뻔했네.

그래서, 일주일에 두 번의 연습은 **동부
자와 전체의 초등학교 간의 드럼 밴드**
선수권 대회를 준비하기 위한 것이야.

그리고, **연습 때마다** 우리가
그 기구들을 **각자의 악기 그룹과 맞게**
혼자 준비해야 해.

그 공문에서 그랬어, 친구들.

너희들 의견은 어때?

우리는 **승리할 수 있도록** 진지하게
일주일에 두 번
연습해야 한다는 뜻이구나!

어때, 찬성하는 거야?

찬성이야!

음. 제외하고⋯

네 뜻은 **나를 제외한다** 는 거지?

만일 선수권 대회를 위해서라면,
난 일주일에 두 번 **연습할 거야.**

세 번도 좋아.

봐라, 나중에 **내가 제일 먼저 올 거야.**

D : Yang kutahu,   내가 알기론,

kamu yang paling duluan minta istirahat! 너 가 가장 먼저 쉬자고 할거야!

|심층 공부|

merélakan 기꺼이 허락한다   berobat, mengobati 약을 복용하다, 치료하다

인도네시아에서는 길거리에서 담배나 물건을 홍보하면서 파는 여성을 자주 볼 수 있습니다. 그런 여성을
SPG (Sales Promotion Girl) 이라 합니다.

disuguhi, dijamu, dihidangkan, disajikan 대접받다

berkat, gara gara (sebab, karena) 이유, ~때문에   aktif 능동적인

pasif 수동적인   mengoreksi 정정하다, 교정하다

mengoleksi 수집하다   sepenuhnya 전적으로, 완전히

harta benda 재물   akomodasi 숙박시설

positif 긍정적인   negatif 부정적인

bercécéran 엎질러져 있는, 뿌려져 있는   jatuh terjengkang 뒤로 넘어졌다

dengan muka masam 언짢은 얼굴로   mengisap, menghirup, menyerap 흡입하다

karena penasaran ingin tahu 알고 싶은 궁금증 때문에

seperti kamu ketahui. 네가 알다시피   patok 막대기, 말뚝

Saya yakin dia akan kewalahan 나는 그가 감당할 수 없을 거라고 확신한다

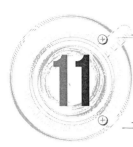

분실, 실종에 대하여

1. 내 모자가 없어지다

Topi Saya Hilang

A : **Topi saya** ada di mana?   내 모자는 어디 있지?

Topiku hilang.   내 모자가 없어졌어.

B : Topimu **ada di atas méja.**   네 모자는 **책상 위에 있어.**

A : Tasku di mana?   내 가방은 어딨니?

B : Aku tidak tahu.   난 모르겠는데.

Ada apa saja **di dalam tasmu?**   **네 가방 속에는 무엇무엇이 있어?**

A : Di dalam tasku ada dompét,   내 가방 속에는 지갑,

kartu krédit dan kunci.   카드, 열쇠가 있어.

B : Tasmu ada **di bawah méja.**   네 가방은 **책상 아래 있어.**

A : **Di samping kiri kamu,** ada apa?   **네 왼쪽 옆에는,** 무엇이 있니?

B : **Lemari** dan **kipas angin.**   **책장**과 **선풍기**가 있지.

A : **Di sebelah kanan kamu,** ada siapa?   **네 오른쪽 옆에는,** 누가 있니?

|단어 공부|

menyaksikan	목격하다, 증언하다, 보다
bertunangan	약혼하다, 약혼자가 있다
athéis	무신론자
berkonsultasi	상의하다, 상담하다
bermusyawarah	협의하다, 토의하다
kesengsaran	고통
tipu daya	술책, 속임수
rintangan	방해, 장애
mengarahkan	겨누다
kayak	~처럼
memaksimalkan	최대화 시키다
berjasa, mengabdi	헌신하다
mengais, mengorék, menggaruk	땅을 파다, 먹기 위해 일하다
akbar	위대한, 대단한
melantunkan	튀게 하다, 반동시키다
ancaman	위협

2. 카드를 분실하다

Kehilangan ATM

A : Selamat siang. Ada yang bisa dibantu?   안녕하세요. 뭘 도와드릴까요?

B : **Saya mau memblokir kartu saya**   저는 카드 분실로
karena hilang.   **카드를 정지하려고해요.**

A : Dengan siapa saya bicara?   누구십니까?

B : Nama saya Lee Min Ho.   제 이름은 이민호예요.

A : Baik, Bapak Lee,   네, 이 선생님,
bisa sebutkan nomor rékeningnya?   **계좌 번호를 말씀해 주실 수 있죠?**

B : Hmm…sebentar.   잠시만요.
Nomor rékeningnya 12 3456 7890.   계좌번호는 12 3456 7890.

A : Bapak ingat **transaksi terakhir?**   **마지막 거래를 기억하십니까?**

B : Ya, **kemarin saya pakai di restoran**   네, **어제 식당에서 저는**
sekitar 400.000 rupiah.   약 400.000 루피아를 **사용했어요.**

A : Baik Bapak, terima kasih atas informasinya.   좋아요, 정보 주서서 고마워요.
Saya coba cocokkan datanya.   **데이터를 맞추어 볼게요.**

Kartu Bapak **sudah kami blokir** mulai kini. 선생님 카드를 지금부터 **정지시켰어요.**
Untuk pengambilan atm baru, bisa dilakukan 새로운 카드 취득을 위하여 주민증이나
dengan membawa KTP atau **paspor**. 여권을 가져오면 바로 처리될 수
있습니다.

Dan juga **surat keterangan hilang** dari polisi 그리고 **또한** 경찰로부터 받은
분실 증명서로

di bank Mandiri cabang mana saja. 만디리 은행 지점 어디서나 처리할 수
있습니다.

B : Kalau **surat keterangan hilang** dari polisi 만일 경찰로부터의 **분실 증명서**라면
bagaimana cara mengurusnya? **어떻게 그것을 처리하나요?**

A : Bpak pergi ke kantor polisi terdekat 선생님은 제일 가까운 경찰서로 가서서
dan **minta dibuatkan** 그리고 카드 분실 증명서를 **만들어 달**
surat keterangan hilang kartu. **라고 부탁하세요.**

|단어 공부|

mengasingkan	고립시키다, 격리하다
menancapkan	~을 박아 넣다
sabuk keamanan	안전띠
macét total	완전히 막히다
selaku, sebagai	~로서
patungan membeli	공동 구매하다
kian lama kian kaya	갈수록 부자가 되다
selamatan rumah baru	집들이하다
gerombolan, kelompok	단체, 무리
bunuh	죽이다, 살해하다
lembut, lemah, lembék, lunak	부드러운, 연한
spésiés, jenis, macam	종류
asap	연기
perangai	성격, 태도
mulus	정직한, 순수한
kacau	혼미한, 어수선한, 당황하는
raksasa	거인, 큰
membesarkan	키우다

3. 비나의 지갑이 없어지다

Dompét Vina Hilang

A : Don, apakah kamu melihat dompétku?   돈, 내 지갑 보았냐?

B : Aku tidak melihat dompétmu.   난 네 지갑을 못 봤어.

    Mémangnya kenapa, Vina?   정말 왜 이러니, 비나?

A : Dompétku hilang.   내 지갑이 없어졌어.

    Tadi, aku menaruh dompét itu   조금 전, 나는 **내 치마 주머니에**

    di saku rokku.   지갑을 놓아두었어.

B : Mungkin dompétmu jatuh.   아마도 네 지갑이 떨어졌나봐.

A : Dompét itu pasti terjatuh di halaman.   그 지갑은 확실히 운동장에 떨어졌을 거야.

B : Apakah kamu tidak sadar   **지갑이 떨어질 때,**

    ketika dompétmu jatuh?   너는 깨닫지 못했어?

A : Tadi aku **tergesa-gesa** masuk kantor.   조금 전 나는 **서둘러** 사무실로 들어왔어.

    Aku menyesal   **나는** 가방에 지갑을 두지 않은 걸

    tidak menaruh dompét di tas.   **후회해.**

B : **Apakah kamu menaruh banyak uang**   너는 그 지갑 속에

    dalam dompét itu?   **돈을 많이 놓아둔 거니?**

A : Iya, Aku menaruh **uang SPP-ku** di situ.   그래, 나는 거기에 **내 학비를** 놓아두었어.

B : **Semoga ada orang yang menemukannya,** 그것을 찾은 사람이 있기를 바라,

    lalu mengembalikannya padamu.   그리고 너에게 그것을 돌려주기를.

A : Mudah mudahan **dompét itu**   아무쪼록 **그 지갑을** 내가

    dapat aku temukan.   찾을 수 있기를 바라.

 | SPP(**Surat Persetujuan Pembayaran**) 학비, 지불 동의서

위의 대화를 보시면 **수동태 문장에서** 주어 뒤에 오는 동사는 모두가 **동사 원형이** 오는 걸 알 수 있습니다. 잘 숙지하세요. temukan은 menemukan에서 **me** 접두어를 생략한 것이죠?

hidup makmur	풍요롭게 살다
seperti semula	처음처럼
sekali kali, kadang kadang	가끔
berkembang biak	번식하다
gerak jalan	도로행진
balai désa	마을 회관
format baku	표준 양식
meraih, menarik	끌다, 잡아당기다
berkeliaran	빈둥거리다 (서성거리면서)
bermalas-malasan	앉아서 빈둥거리다
berebut	무엇을 뺏으려고 싸우다

4. 레시의 지갑이 없어졌다

Dompét Réssi hilang

A : **Di sekitar sini** ada kantor polisi?　　이 주변에 경찰서가 있어요?

B : Ada, **tapi agak jauh** dari sini.　　있지, 그러나 여기서 **조금 멀어.**

A : Di mana, Bu?　　어디 있어요, 아줌마?

B : **Dari sini** kamu naik angkot nomor 35,　　**여기서** 너는 35번 앙꼿을 타라,

　　terus **turun di lampu mérah.**　　그리고 **신호등에서** 내리거라.

　　Dari situ, bélok kiri.　　거기서부터, 왼쪽으로 돌아라.

　　Di sebelah kanan jalan ada kantor polisi.　　길 오른편에 경찰서가 있어.

A : Em… dari lampu mérah **jauh tidak, Bu?**　　음…신호등에서 **멀리 있나요, 아닌가요, 아줌마?**

B : Dekat, Jalan kaki saja.　　가까워, 그냥 걸어가라.

A : Baiklah, Terima kasih, Bu.　　알았어요, 고마워요, 아줌마.

B : Hai, kenapa cari kantor polisi?　　헤이, 왜 경찰서를 찾느냐?

A : Saya kecopétan, Bu.　　저는 소매치기당했어요, 아줌마.

　　Jadi, saya mau melapor.　　그래서, 전 신고하려고요.

B : Oh. **Apa saja** yang hilang?　　오… 없어진 것이 **무엇무엇이니?**

A : Uang, kartu krédit, KTP dan KTM.　　돈, 신용카드, KTP (신분증) 그리고 KTM (학생증).

5. 돛단배 모형

Miniatur kapal Layar

Telah ditemukan **sebuah miniatur kapal layar tradisional.** Miniatur tersebut **mirip dengan kapal** Phinisi Nusantara. Miniatur itu **terbuat dari bahan kuningan asli.** Bagi siapa saja **yang merasa kehilangan benda itu** dapat menghubungi Studio Rama. Jangan lupa, **bawalah bukti bukti kepemilikan** benda itu.

하나의 전통 모형 돛단배가 이미 발견됐다. 그 모형은 피니쉬 누산따라 **배와 닮았다.** 그 모형은 **원석 황동 재료로 만들어졌다.** 그 물건을 **분실했다고 생각하는** 사람은 누구나 라마 방송국과 통화할 수 있습니다. 잊지 마세요, 그 물건의 **소유권 증명들을 가져오세요.**

Telah juga ditemukan sebuah pulpén **warna mérah** di halaman sekolah. **Bagi yang merasa kehilangan**, silakan mengambilnya di pos keamanan sekolah

학교 운동장에서 **붉은색** 볼펜하나를 **또한 찾았다. 분실했다고 생각하는 분들은,** 학교 안전 초소에서 그것을 가져가세요.

dunia kerja	직업 세계
zat besi	철분
perhatian semua!	모두 주목
mengawétkan mayat	시체를 보존하다, 오래 유지시키다
tamu agung	귀빈
jaksa agung	검찰총장
kecanduan, candu	몰입, 몰두, 아편
pengaléngan	통조림
dahan, ranting	나뭇가지
ingin tahu	알고 싶은
kasih sayang	사랑

6. 회비가 없어지다

Uang Iuran hilang

Icaa! Teriakan itu **mengejutkan** seluruh penghuni kelas V.

이짜! 그의 고함 소리는 5학년 교실 모든 거주자를 **깜짝 놀라게 했다**.

A : **Uang iuran kita** hilang, Ca! 　　　　　우리 회비가 없어졌어, 짜!

　　　Aduh, **ke mana, sih?** 　　　　　　　아이고, **어디 간 거야?**

Ria berseru(berteriak) **sambil mengeluarkan** seluruh isi tasnya. Dia adalah **bendahara** kelasku. Ia memegang uang iuran.

리아는 그의 가방의 모든 내용물을 **끄집어 내면서** 소리쳤다. 그는 학급의 **회계원이다**. 그는 회비를 갖고 있었다.

B : Sebentar, kupanggil détéktif kita. 　　　잠깐, 나는 우리의 비밀 탐정을 부를게.

　　　Coba ceritakan kejadiannya! 　　　　　그 일을 얘기해 봐라!

A : Uang itu **kusimpan** dalam amplop putih. 　그 돈을 흰 봉투 안에 **내가 보관해 두었어.**

　　　Lalu, **kuselipkan** dalam buku matématika, 그런 후, 수학 책 속에 **나는 끼워 두었어.**

　　　di antara halaman 63 dan 64. 　　　　63페이지와 64페이지 **사이에.**

　　　Tapi, sekarang tidak ada. 　　　　　　그러나, 지금 없어.

B : **Wah, gawat!** 　　　　　　　　　　　**와, 위험하구나!**

A : Bagaimana, Ali?

Sudah ketemu pelakunya?

Tolong cepat, ya, Ali.

Bésok lusa uang itu **harus aku serahkan Pak Guru.**

C : Aduh, **kasus ini** bagaimana, sih?

B : **Aku baru memecahkan** satu kasus.

Aku sampai sulit tidur malam itu.

Aku menyerah, déh.

Kasus ini **tak bisa kupecahkan.**

D : Kasus ini sangat mudah jika kamu

meneliti **pada petunjuk satu-satunya itu.**

Dengan satu petunjuk (isyarat) itu,

harusnya kamu tahu jawabannya.

Di setiap lembaran buku,

halaman ganjil selalu di depan

dan **halaman genap** di belakangnya.

E : Iya. Ali!

Jadi, tak mungkin **Ria menyisipkan uang**

di antara halaman 63 dan 64

atau halaman ganjil dan genap.

A : O iya, ya! **Tertipu aku.**

Kalian, kok téga menjahili aku?

Jangan merépotkan aku.

어떻게 하냐, 알리?

그 훔친 자를 만났니?

빨리 서둘러라, 알리.

내일 모레 그 돈을

내가 선생님께 드려야 해.

아이고, **이 사건을** 어떻게 하냐?

나는 방금 하나의 사건을 **해결했어.**

나는 그날 밤잠을 설치기까지 했어.

나는 항복했다(포기했다), 야.

이 문제를 **나는 해결할 수 가 없어.**

이 사건은 매우 쉬워 만일 **그 유일한**

단서에서 네가 세밀히 조사한다면.

그 하나의 힌트로,

너는 당연히 그 답을 알아야 해.

각각의 책 한 장에는,

홀수 페이지가 항상 앞에 있고

짝수 페이지는 그 뒤에 있어.

맞아. 알리!

그래서, **리아가** 63페이지와 64페이지에

아니면 홀수와 짝수 페이지 사이에

돈을 끼워 넣었다는 것은 불가능해.

오 그래! **나를 속였구나.**

너희들, 어떻게 나를 괴롭힐 수 있는 거야?

나를 힘들게 하지 마라.

melubangi	구멍 내다
sela sela	~사이에
kempes	구멍 난, 바람이 빠진
harian	일간지
penyelam	잠수부
doyan, suka	좋아하다
masinis	기관사
ilégal	불법의
mesin penghalus	정제기
kendaraan pribadi	자가용
kutub utara	북극
lantai atas	위층

7. 이것은 누구의 자전거니

Ini Sepéda Siapa

Adi datang **naik sepédanya.** Melihat **Adi dengan sepéda**, meréka langsung **mencegat Adi**. Meréka **menghentikan** Adi.

아디가 **자전거를 타고 왔다.** 자전거를 탄 **아디를** 보고, 그들은 **아디를** 바로 **가로막아 섰다.** 그들은 아디를 **멈춰 세웠다.**

A : Hai. sepédamu baru, ya! Wah. ⋯ 　　　　야. 너 자전거 새것이네! 와. ⋯

　— Sambil memperhatikan sepéda **dari kemudi sampai roda belakang** —
　　　　운전대로부터 뒷바퀴까지 자전거를 유심히 보면서

B : Iya, bagus, tidak? 　　　　　　　　　그래, 좋아, 안 좋아?

A : Wah, bagus sekali. Kapan belinya? 　와, 정말 좋아. 언제 자전거를 샀니?

B : Baru saja! 　　　　　　　　　　　　새로 산거야!

A : Siapa yang membelikannya? 　　　　누가 사줬니?

B : Pokoknya, ada déh! 　　　　　　　아무튼, 있다는 거지!

A : Pinjam dong! Boléh, kan? 　　　　빌리자! 되는 거지?

　　Kan kemarin **kamu juga kupinjami** 　어제 **너에게 나 역시**
　　(kupinjamkan) sepédaku! 　　　　내 자전거를 빌려 주었잖아!

B : Oh. boléh! Tapi, hati-hati. ya!   오, 되지! 하지만, 조심해줘!

Jangan sampai menabrak!   충돌하지는 마라!

Kalau nanti **ada yang lécét,** harus ganti!   만일 나중에 **흠난 게** 있으면, 교환해야 해!

A : Baik! **Aku kan** sudah bisa naik sepéda.   좋아! **나는** 이미 자전거를 탈 수 **있잖아.**

Masa menabrak! Tidak mungkinlah!   **설마 충돌하겠어!** 불가능 한 일이지!

Ali naik sepéda **yang dipinjam dari Adi. Ia tak kalah gaya** dengan Adi. Sambil berkata ngeng… ngeng.. **dia menirukan (meniru) sepéda motor.** Dia mengebut, berhenti, zig-zag, memutar balik arah dan berbélok-bélok. **Robi dan Kama keluar** dari warung bubur ayam.

알리는 **아디에게서** 빌린 자전거를 탔다. 그는 아디와 함께 **자세가 무너지지 않았다.** 응앵 응앵 말을 하면서 **그는 오토바이 흉내를 냈다.** 그는 과속을 하고, 멈췄고, 지그재그로 방향을 거꾸로 돌았고, 계속 꺾었다. **로비와 까마는** 닭죽 가게로부터 **나왔다.**

Meréka membawa bungkusan bubur ayam. Meréka lalu **mencari-cari sesuatu** sambil memeriksa sekitar warung. Tak jauh dari warung tersebut, meréka melihat **Ali naik sepéda di perempatan. Kama memperhatikan sepéda** yang dinaiki Ali. Kama lalu membisiki Robi. Meréka lalu mendekati Ali.

그들은 닭죽 봉지를 가져왔다. 그들은 그리고 가게 주위를 살펴보면서 **무엇을 계속** 찾고 있었다. 그 가게로부터 멀지 않은 곳에서, 그들은 **알리가 사거리에서 자전거를 타는 것을** 보았다. 까마는 알리가 탄 자전거를 **유심히 보았다.** 까마는 그 후 로비에게 속삭였다. 그들은 그리고 나서 알리에게 다가갔다.

C : **Kelihatannya** itu sepédamu!   보기에 그건 네 자전거 같은데!

D : Betul! Hey, berhenti, kamu.   맞아! 야, 너, 멈춰라!

Ini sepédaku. Mengapa kamu ambil?   이건 내 자전거야. 왜 네가 가지고 있니?

A : Apa? **Jangan sembarangan menuduh!**   뭐라고? **함부로 덮어 씌우지 마라!**

Aku tidak mengambil sepédamu!   나는 네 자전거를 가지지 않았어!

D : Tapi, ini sepédaku!   그러나, 이건 내 자전거야!

A : **Énak saja! Jangan mengaku-aku!**   **웃기고 있네! 계속 우기지 마!**

D : Tanya saja Kama!   까마에게 물어봐!

C : Betul, ini mémang sepéda Robi!   맞아, 이건 정말 로비의 자전거야!

A : Eh, **jangan ikut ikutan, ya!**   **야, 경솔하게 굴지 마, 야!**

Aku **tonjok (pukul)** kamu!   내가 널 **때릴 수 있어!**

Jika tidak tahu urusannya   **만일 그걸 모른다면**

lebih baik diam saja!   조용히 있는 게 좋아!

D : Kamu mau apa? 너 뭘 원하냐?

C : Jangan! Jangan! 그러지마! 그러지마!

Sambil mempertahankan sepédanya, Ali dan Robi saling **berebut** sepéda. Hampir saja **meréka adu tinju.** Akan tetapi, peristiwa itu lalu **diketahui Uni,** kakak Kama. Uni lalu **melerai** keduanya.

그의 자전거를 고수하면서 알리와 로비는 자전거를 서로 **뺏으려 했다.** 거의 그들은 **싸울** 뻔했다. 그러나, 그 일은 그런 후에 까마 형인 **우니에게 알려졌다.** 우니는 그 후 그 둘을 **떼어 놓았다(말렸다).**

E : Eh, apa-apaan ini! 에이, 이거 뭐 하는 거야!

D : Dia mengambil sepédaku, kak! 그가 내 자전거를 가졌어요, 형!

A : Saya tidak mengambil sepéda Robi! 저는 로비의 자전거를 가지지 않았어요!
　　Ini aku pinjam dari Adi! **이 자전거를** 제가 아디에게 빌렸어요!

E : Oh··· **ini** sebuah salah paham! 오··· **이것은** 하나의 오해구나!
　　Sabar, sabar! 참아라, 참아라!
　　Robi, Ali tenang dulu, ya! 로비, 알리 먼저 침착해!
　　Sekarang, 지금,
　　kita cari Adi bersama sama ya! 우리는 아디를 같이 찾아보자!
　　Sini, sepédanya **여기, 자전거를**
　　biar Kak Uni yang pegang 우니 형이 잡고 있을게.

Sejenak kemudian, datang rombongan Ali, Kama, Robi dan Uni. **Uni yang menuntun sepéda, sementara yang lain** mengikutinya dari belakang. **Meréka berdiri** menyambut kedatangan Uni dan rombongan.

잠시 후, 알리, 까마, 로비와 우니의 무리가 왔다. **우니가 자전거를 몰고, 그동안 다른 사람들은** 뒤에서 그를 따랐다. 그들은 우니와 일행들이 오는 것을 맞이하면서 **서 있었다.**

E : Adi, ini sepéda siapa? 아디, 이것은 누구 자전거냐?

B : Tidak tahu, Kak! 몰라요, 형!

E : Loh, ini sepédamu, bukan? 그래, 이거 네 자전거냐, 아니냐?

B : Bukan! (Menggéléngkan kepala) 아니에요! (머리를 흔들면서)

E : Tapi, **yang meminjamkan kepada Ali** **하지만, 알리에게 빌려준 사람이 너야?**
　　kamu, kan? 너지?

B : Iya! 예!

E : Dari mana kamu mendapatkan sepéda itu? 어디서 너는 그 자전거를 얻었니?

B : Tadi, di depan warung bubur ayam! 조금 전에, 닭죽 가게 앞에서요!

E : O… jadi, kamu mau pinjam sepéda, 오..그래서, 너는 자전거를 빌리려 했는데,
    tapi **belum minta izin** kepada pemiliknya? 그 주인에게 **아직 허락을 구하지 않았지?**

B : Iya, Kak! Tadi mau izin, 네, 형! 조금 전 허락을 받으려
    tapi tidak ada pemiliknya! 했는데, 주인이 없었어요!

E : O, baiklah! Sekarang, **sepédanya** 오, 좋아! 지금, 그 **자전거를**
    kakak kembalikan kepada Robi, ya! 형이 로비에게 돌려줄 거야!

B : Iya, Kak! Maafkan Adi ya. 네, 형! 아디를 용서하세요!
    Maaf ya, Robi! 미안해, 로비!

E : Sekarang, Ali, Adi dan Robi **bersalaman** 지금, 알리, 아디 그리고 로비는 **서로**
    dan **bermaaf-maafan, ya!** **인사하고 서로 사과해라 야!**
    Ayo. Lakukan! **자. 해봐라!**
    Lain kali, **jika ingin meminjam sesuatu,** 다음엔, **만일 어떠한 것을 빌리고 싶으면,**
    minta izinlah dulu kepada pemiliknya, ya! 먼저 그 주인에게 허락을 받아라!

|단어 공부|

berkorban	희생을 치르다
démokrasi	민주주의
habitat	서식지
unik	특별한
berawal, mulai	시작하다
memenangkan	승리로 이끌다
SIM(Surat Izin Mengemudi)	운전 면허증
kréatif	창조적인
ilégal	불법의
membalikkan badan	몸을 돌리다
gerakan réfleks	반사 동작
mendahului	추월하다
tangki	탱크, 수조, 유조 탱크
mensuplai	공급하다
riset	연구, 조사

12

재해를 당하다

1. 회사에 화재가 발생하다

Terjadi Kebakaran di Perusahaan

Di perusahaan **terjadi bencana besar. Karena kebocoran listrik** terjadi kebakaran. Walaupun para pegawai berusaha memadamkan api, **tapi semuanya terbakar. Harta benda berharga** tak bisa diselamatkan. Akhirnya **mobil pemadam kebakaran datang** lalu memadamkan api.

회사에 큰 사고가 발생했다. 전기누전으로 화재가 발생했다. 직원들이 불을 끌려고 노력했지만, 모든 것이 타버렸다. 귀중품을 지킬 수도 없었다. 결국 소방차가 오고 나서 불을 껐다.

|단어 공부|

merompak, merampok	강도질하다
dévisa	외환
terbentang	펼쳐지다
pengembaraan	방랑
seram, nger, merinding	무시무시한
pelajaran, pesan, amanat	교훈
mendamaikan	화해시키다
kuli, buruh	노동자
bosan, jenuh, jemu	지루한
dengan muka menunduk	얼굴을 숙인 채
para	모든, 여러(banyak)

---

2. 심빵뚜주에서의 홍수
Banjir di Simpangtuju

Sebagian kota Simpangtuju **dilanda banjir.** Mita mendengar berita itu **melalui radio dan télévisi.**

심빵 뚜주 시의 일부분을 **홍수가 덮쳤다.** 미따는 **라디오와 TV를 통하여** 그 뉴스를 들었다.

Selamat malam! **Pemirsa (pendengar).** Malam ini sebagian Kota Simpangtuju **lumpuh total.** Kendaraan kendaraan tidak dapat melanjutkan perjalanan **karena air menggenang setinggi 70cm.** Akibatnya, **terjadi kemacetan total** di ruas ruas **jalan protokol Kota. Kemungkinan air masih akan terus bertambah,** mengingat hujan masih **turun dengan deras.**

안녕하세요! **시청자 여러분,** 오늘 밤 심빵투주 도시의 일부분이 **거의 마비되었습니다.** 자동차들이 여정을 계속할 수 없습니다. **왜냐하면** 물이 70cm만큼 찼기 때문입니다. 그 결과, 도시 의전 도로의 길목에서 **완전 체증이 발생했습니다.** 아마 물이 여전히 계속 불어 날 가능성이 있고, 비는 여전히 **심하게 내리니** 염두에 두세요.

Sementara itu, di wilayah Kampung Setya, tinggi air **mencapai satu méter.** Penduduk kampung mengungsi dan menyelamatkan diri **ke wilayah yang lebih tinggi.** Pemerintah Daérah **sudah mengerahkan bantuan** berupa perahu karét dan pelampung. Namun, masih ada penduduk **yang belum dapat diungsikan** karena tumbangnya pohon-pohon **menahan laju** perahu karét.

그동안, 깜풍 스테야 지역에서는, 물 높이가 **1m에 이르렀습니다.** 시골 주민들은 탈출했고 **더 높은 지역으로** 대피했습니다. 지방 정부는 고무보트나 부표 같은 **지원품을 이미 투입했습니다.** 그러나, **아직도 피난 시킬 수 없는** 주민이 아직 있습니다 왜냐하면 나무가 쓰러지면서 고무보트의 **속도를 저지했기** 때문입니다.

Demikian informasi ini **kami sampaikan. Teruslah mengikuti perkembangan banjir** melalui stasiun TV ini. Sampai bertemu lagi satu jam mendatang.

이와 같은 정보를 **저희들이 전합니다.** 이 TV 방송국을 통하여 홍수의 확장에 계속 주의를 기울이시**길 바랍니다.** 한 시간 후에 다시 만나겠습니다.

Keésokan harinya, hujan sudah reda. Kota tidak lagi digenang air. Tim répoter dari televisi **mencari berita pascabanjir.** Meréka melakukan wawancara dengan Bapak walikota.

다음 날, 비는 이미 잦아들었다. 도시는 다시 물에 잠기지 않았다. TV 방송국 취재팀은 **홍수 후의 소식을 찾았다.** 그들은 시장님과 인터뷰를 했다.

A : Menurut Bapak,
시장님 생각에,

apa penyebab banjir ini?
이번 홍수의 원인은 무엇입니까?

B : **Hujan deras yang terus menerus** dan
계속되는 소나기와

kurangnya saluran pembuangan membuat
배수구의 **부족은** 길을 침수시킨 물을

air yang menggenangi jalanan
원활하게 흐르지 못하게

tidak mengalir lancar.
만들었습니다.

Akhirnya, terjadi banjir.
결국, 홍수가 발생했습니다.

Penyebab yang lain adalah
다른 원인은 산악 지역에 있는

gundulnya hutan di daérah bukit.
숲의 황폐화입니다.

Akibatnya, air hujan di bukit itu
그 결과, 산에 있는 물은

tidak ada penahannya.
그 지지대가 없습니다.

Semuanya mengalir ke kota Simpangtuju.
그 모두가 심빵뚜주 도시로 **흘러갔습니다.**

A : Berapa korban **dalam musibah banjir ini?**
이번 홍수 재난에서 희생자가 얼마나 됩니까?

B : **Korban jiwa** tidak ada.
사망자는 없습니다.

Namun, korban harta benda
그러나, 재산의 피해는

mungkin cukup banyak.
아마도 매우 많았을 것입니다.

Sampai saat ini
지금까지

belum dapat dihitung **secara pasti.**
아직도 **정확하게** 계산할 수 없습니다.

A : Apakah **tahun-tahun yang akan datang**
몇 년 후에는 다시 이 같은 재난이

dapat terjadi musibah seperti ini lagi, Pak?
발생할 수 있겠습니까, 시장님?

B : **Ya, Mungkin saja.**
네, 아마도 그럴 것입니다.

Selagi (selama) hutan masih gundul,
숲이 여전히 황폐화되는 동안, 홍수는

banjir **sangat rawan terjadi.**
매우 심각하게 발생할 것입니다.

Apalagi sekarang banyak hutan
더욱이 지금 많은 숲이

dijadikan perumahan.
주택단지가 됐습니다.

Ditambah lagi **penjarahan hutan**
덧붙이자면 통제되지 않는

yang tidak terkendali.
숲의 약탈입니다.

A : Apa langkah Bapak
다시 홍수가 나지 않도록

untuk mengantisipasi tahun tahun
몇 년 후를 **예상하기 위한**

yang akan datang **supaya tidak banjir lagi?**
시장님의 조치는 무엇입니까?

B : Kami akan bekerja sama **dengan pihak terkait**
우리는 산림 재녹화 프로그램을 개최하도록

untuk mengadakan program reboisasi.
Reboisasi dapat mengurangi
derasnya air dari daérah bukit.
Untuk itu, kami akan adakan
program cinta lingkungan hidup.
Semoga masyarakat mendukung
program ini.

관련된 측과 협력할 것입니다.
산림 재녹화는 산악 지역으로부터의
물살의 강함을 줄일 수 있습니다.
그것을 위해, 우리는 **환경사랑**
프로그램을 개최할 것입니다.
주민들이 이 프로그램을
후원해 주시기를 바랍니다.

|심층 공부|

penumpang 승객, 투숙객

pelanggan, pembeli 고객, 구매자, 소비자

nasabah 예금주, 은행 고객, 피보험자

mendesakkan 밀치다

tamu 손님, 숙박객

langganan 예약자, 단골손님

pelanggan, langganan 단골손님

dengan alasan apa pun 어떤 이유로 든지

mendatangi, menghadapi, mengunjungi, berkunjung ke 방문하다

tentang, terhadap, mengenai, akan ~대하여, ~관하여 라는 뜻은 이 네 단어가 잘 쓰입니다.

mengenai 단어는 ~을 관통하다라는 뜻도 있습니다.

kendaraan 일반적인 차량을 통틀어서 부르는 단어입니다.

angkutan **kot**a = angkot 도시 소형 버스

ojék 오토바이를 사용하여 손님을 태우는 운송수단

인도네시아에는 서민의 주 교통수단으로써 angkot과 ojék이 많이 이용되고 있습니다.

pemandian air panas, pemandian 온천

---

3. 홍수 뉴스
Berita Banjir

Anda bersama Radio Bursa Informasi. Saudara pendengar, saat ini, waktu **menunjukkan pukul 20.00**. Kami ingatkan kepada seluruh warga **agar selalu waspada** terhadap banjir. Informasi terakhir dari Badan Météorologi menyebutkan **bahwa lima daérah sudah tergenang air** setinggi 70 séntiméter. Demi keamanan dan keselamatan, **kami sarankan** Anda sekalian melakukan hal hal berikut.

당신은 증권 정보 라디오와 함께하고 있습니다. 시청자 여러분, 지금, 시간은 **저녁 8시를 가리키고 있**

습니다. 우리는 모든 주민들에게 경고합니다. 홍수에 대해 **항상 주의 하도록**. 기상청의 마지막 정보는 **다섯 지역이 이미 70cm 높이만큼 물이 고였다고** 말했습니다. 안전과 안녕을 위하여, **우리는 여러분** 들이 아래와 같은 일들을 시행하시기를 **제안합니다.**

1. **Selamatkan barang barang berharga** agar tidak basah terkena air.

   비를 맞아 젖지 않도록
   값어치 있는 물품들을 안전한 곳에 두세요.

2. **Kami ingatkan pula** agar tetap waspada tentang bahaya pencuri atau perampok.

   우리는 다시 한 번 경고드립니다 도둑이나 강도의 위험에 대하여 계속 조심하도록.

3. Jika rumah Anda tergenang air, **putuskan arus (aliran) listrik.**

   만일 여러분의 집에 물이 차면,
   전류를 차단하세요.

Pendengar sekalian, dari informasi **yang sudah kami terima saat ini,** banjir di Simpangtuju **terus bertambah.** Kami ingatkan **kepada seluruh warga** agar selalu waspada **dan terus mengikuti perkembangan banjir.** Terima kasih Anda sekalian masih terus bersama kami. **Pantaulah terus informasi terkini** tentang banjir yang akan kami beritakan **setiap satu jam.**

모든 청취자 여러분, **지금 우리가 받은** 정보로는, 심빵뚜주에서의 홍수는 **계속 늘어나고 있습니다.** 우리는 **모든 주민에게 경고 합니다,** 항상 주의하시고 **계속 홍수의 확장 상태를 예의 주시하시기를 바랍니다.** 여러분들이 계속 저희들과 함께 해주셔서 감사합니다. **한 시간마다 (매시간)** 저희들이 전할 홍수에 대한 **가장 최신 정보를 계속 살펴 주세요.**

\# 방송 뉴스 어떻습니까? 실제로 방송을 듣는 것 같지 않습니까? 읽으만 보셔도 실감 나시죠? 실제로 홍수가 났을 때 이렇게 방송합니다. 방송 용어와 홍수 상황을 생각하면서 단어. 문장 잘 익히세요.

|심층 공부|

pakaian jadi, pakaian siap pakai 기성복	introspéksi diri 스스로 반성하다
kail 낚싯바늘	jangan-jangan 아마도
saat malam pergantian tahun 해가 바뀌는 밤에, 연말 밤에	
meraih, menggapai, mencapai 당기다, 이루다, 도달하다, 획득하다, 얻다	
rapat, sidang, musyawarah, pertemuan 회의	
uang kontan, cash, tunai 현금	risau, gelisah 불안한
modél titip 위탁 판매, 위탁 형식	ditata, diatur, disusun 정리된
mengaitkan, mengikatkan ~을 묶다	kait 고리, 갈고리
tidak seberapa luas 그렇게 넓지 않은	seberapa 얼마만큼의

4. 족자카르카에서의 지진

Gempa di Yogyakarta

Kunyalakan télévisi, tapi tidak ada acara yang menarik **pada jam-jam seperti itu.** Hampir semua stasiun TV menayangkan berita. Dengan terpaksa, **kutonton acara berita** di salah satu stasiun TV. Ternyata, berita itu sedang menyampaikan informasi **tentang situasi terakhir korban gempa** di Yogyakarta.

나는 TV를 켰지만, 그와 같은 시간에는 재미있는 프로가 없었다. 대부분의 TV 방송은 뉴스를 방송하고 있었다. 어쩔 수 없이, **나는** 한 TV 방송국의 **뉴스 프로를 보았다.** 사실, 그 뉴스는 족자카르타에서의 지진 희생자의 마지막 상황에 대한 정보를 전하고 있었다.

|단어 공부|

konséntrasi	집중
merontok	머리가 빠지다, 떨어지다
sertifikat	증명서
UI 우이 (Universitas Indonesia)	**인도네시아 대학**
UGM 우게엠 (Universitas Gadjah Mada)	**가자 마다 대학**
ITB 이떼베 (Institut Teknologi Bandung)	**반둥 공과 대학**
DKI Jakarta (Daerah Khusus Ibu kota Jakarta)	**자카르타 특별구**
pertunjukan	공연
rancangan	계획, 기안
cakep, cantik	예쁜
tantangan	도전
domisili	거주지 증명
pagelaran, pementasan	공연, 전시
membersihkan	청소하다
lantai	거실바닥
dekil	더러운, 불결한
terpana	마취된, 의아해하다
krisis, darurat, gawat	위급한, 비상사태

5. 홍수 피해

Akibat Banjir

Aku **segan** berangkat ke kantor. **Aku menduga** pasti akan banjir. Ternyata kekhawatiran aku **terbukti.** Hujan sudah turun sejak soré **tanpa henti. Hujan tak reda juga.** Air sudah **setinggi méja** dan **tempat tidur. Air menggenang** di mana-mana. Air sungai **meluap.** Tempat tidurku **bergoyang** dengan keras. Saya melihat **témbok kamar mulai retak.** Rumah meréka **hanyut.**

나는 사무실로 가는게 마음 **내키지** 않았다. **나는** 확실히 홍수가 날거라고 **예견했다.** 사실 나의 걱정은 **증명됐다.** 비는 오후부터 **멈추지 않고** 내렸다. **비는 또한 잦아들지** 않았다. 물은 이미 **책상과 침대** 높이 만큼 높았다. 물이 여기저기에 **고였다.** 강물이 **넘쳤다.** 내 침대가 심하게 **흔들렸다.** 나는 **방벽이 금이 가기** 시작하는 것을 보았다. 그들의 집은 **휩쓸려갔다.**

Banjir juga menyebabkan **200 rumah hanyut** dan **12 orang hilang. Sebanyak 71 waraga** ditemukan téwas. **Meskipun dalam situasi darurat**, seorang ibu dapat melahirkan bayi dengan bantuan seorang perawat. Sayang, kondisi ibu **masih sangat kritis.** Orang orang berlari lari (berlarian) **ke sana kemari.** Suasana benar-benar **gaduh.** Keadaannya juga **penuh sesak** dan **hiruk-pikuk**

홍수는 또한 **200가구의** 집을 **휩쓸어 버리고 12명의** 사람이 실종된 결과를 가져왔다. 총 **71명의** 주민이 죽어서 발견됐다. **비록 위험한 상황속에** 있었지만, 한 부인은 한 간호원의 도움으로 애를 낳을 수 있었다. 안타깝게도, 부인의 상황은 **여전히 매우 심각했다.** 사람들은 **이리 저리로** 뛰어다녔다. 분위기는 정말로 **소란스러웠다.** 그 상황은 또한 **붐볐고 떠들썩했다.**

Tentu saja meréka terkejut **dan menyelamatkan apa saja** yang meréka dapat bawa. Barang-barang berharga meréka yang besar-besar **tidak sempat dibawa.** Ayah **memerintahkan** untuk membawa **barang berharga saja** ke kantor kelurahan. Satu minggu lamanya meréka tinggal di pengungsian **sambil menunggu air surut.** Setelah air surut, warga désa **kembali ke rumah masing-masing** dan meréka membersihkan sisa-sisa barang **yang masih dapat digunakan.**

당연히 그들은 놀랬고 그들이 가져갈 수 있는 **어떤 물건이든 구했다.** 아주 큰 그들의 귀중한 물건들은 **가져갈 여유가** 없었다. 아버지는 읍 사무실로 **비싼 물건만** 가져가도록 **명령했다.** 일주일 동안 그들은 물이 빠지는 것을 기다리면서 수용소에서 살았다. 물이 빠진 후, 마을 주민은 **각자의** 집으로 돌아왔고 그들은 **여전히 쓸 수 있는** 물건 나머지를 청소했다.

Beberapa tetangga **sudah ramai berkumpul** di depan rumah masing- masing. Ésoknya, warga di lingkunganku **bergotong-royong** membersihkan saluran air. **Beberapa bulan setelah kejadian tersebut,** warga désa bersama-sama memperbaiki jalan-jalan dan jembatan yang rusak. Pak Lurah pun mengajak warga désa **bersama-sama menanami kembali hutan-hutan yang telah gundul.**

여러 명의 이웃은 각자의 집 앞에서 **이미 번잡하게 모여있었다.** 다음 날, 내 주변 주민은 수로를 청소하는데 **협동했다.** 그 사건 후 **몇** 달을, 마을 주민은 부서진 도로들과 다리를 함께 고쳤다. 읍장님 또한 주민들에게 **이미 벌거숭이가 된 숲을 함께 다시 심자고** 권유했다.

|집중 공부|

bangkai (짐승의) 사체
melipat ~을 접다
kekerasan 강제, 폭력, 난폭
cemburu, dengki, iri, sirik 시기하는, 질투하는
menunjuk, menunjukkan 가르키다
memunculkan, menampilkan 내보이다, 제시하다
memperlihatkan 보여주다

rindu, kangen 그리워하다
desakan, dorongan, paksaan 강요
menindak lanjuti 후속 조치를 취하다

terik matahari langsung 직사광선

돕기와 적십자 활동

1. 진심으로 돕기

Menolong dengan Ikhlas

Menolong tak boléh melihat **kaya dan miskin.** Bahkan kepada orang **yang menyakiti kita.** Kita tetap harus berbuat baik. **Kalau dia kesusahan**, kita tetap harus menolongnya. **Kepada siapa pun** kita harus pemurah. **Terutama** kepada orang yang tak mampu. **Perbuatan baik** pasti akan memperoleh **imbalan** dari Tuhan. **Syaratnya,** kamu harus melakukannya dengan ikhlas.

돕는 것은 **부나 가난을** 보아서는 안 된다. 더욱이 **우리를 마음 아프게** 한 사람에게. 우리는 변함없이 선하게 행동해야 한다. **만일 그가 어려움에 처했다면**, 우리는 반드시 그를 도와야 한다. **누구에게나** 우리는 부드러운 사람이어야 한다. **특히** 능력 없는 사람에게. **선행은** 반드시 하나님으로부터 **보답을** 받을 것이다. 그 조건은, 당신은 진실하게 그 행동을 행해야 한다는 것이다.

 terutama, khususnya 특히 **imbalan** 좋은 보답(보상) **balasan** 응징의 보답

|단어 공부|

menyonték, menjiplak	커닝하다, 베끼다
rimbun, rindang, lebat	숲이 빽빽한
mimbar, pentas, panggung	무대
bersentuhan	서로 접촉하다
mengutuk	저주하다
kelebihan	장점
kelemahan, kekurangan	단점
halaman	정원
lantang, jelas dan nyaring	분명하고 또렷한
terdampar, kandas, terhempas	좌초하다
pematang, tanggul	둑, 제방

2. 자연재해 뉴스

Kabar Bencana Alam

A : Kamu sudah mendengar bencana alam
   yang menimpa daérah Dépok?

B : Ya, aku sudah membacanya
   di surat kabar tadi pagi.
   Kamu bagaimana?

C : Aku juga.
   Kini **yang aku pikirkan**
   bagaimana caranya
   kalau kita ingin menolong meréka.
   Aku dengar dari télévisi, **palang**
   mérah di sana kekurangan darah.

A : **Bahkan** obat-obatan pun **sulit didapat.**

D : Éh, **aku dengar** kalian akan
   menolong korban gempa?
   Mengapa répot-répot, kan, sudah ada
   pemerintah **yang menanganinya?**

C : **Kalau tidak mau membantu**
   tidak usah berkoméntar!

너는 **데뽁 지역을 덮친**
자연재해 소식을 들었니?

참, 나는 **오늘 아침 신문에서**
그것을 읽었지.
넌 읽었어?

나 역시 읽었어.
지금 **나는 생각하고 있어**
만일 우리가 그들을 돕고 싶다면
어떻게 도울 수 있을지.
나는 TV에서 들었는데,
거기 있는 적십자는 혈액이 많이 부족하대.

더욱이 약품 또한 **구하기가 어렵단다.**

참, **내가 듣기론** 너희들 지진
희생자를 도울 거라며?
왜 힘들게 그래, **그것을 처리하는**
정부가 이미 있잖아?

만일 돕기 싫으면
비평할 필요가 없어!

|단어 공부|

trén, mode	유행, 트렌드, 양식
ah, masa sih?	아, 정말? / 아, 설마?
KPK (Komisi Pemberantasan Korupsi)	부패방지위원회
memonitor	감독, 체크하다, 감시하다, 조정하다
ruang ganti	탈의실
buku harian	일기 책
berdérét	물건을 줄 세우다
bencong	성도착자
mendebat, membahas	논쟁하다, 토론하다
instruktur, pelatih	교사, 코치, 지도자
meréméhkan, merendahkan	얕보다, 흠잡다, 소홀히 하다

beradaptasi, menyesuaikan diri	적응하다
cébol, katai, kurcaci	난쟁이
himbauan, imbauan	탄원, 호소, 외침
sempurna, lengkap	완전한, 완벽한
minta domisili	거주지 증명서 부탁해요(주세요)

3. 거지 아이를 만나다

Bertemu Dengan Seorang Anak Pengemis

Ali **cemberut**, wajahnya **ditekuk**. Papa **ingkar janji**. Katanya, papa **akan melebihkan** uang sakunya. Akan tetapi, sampai sekarang, **sampai 2 minggu berlalu,** orang tuanya **tidak menunjukkan** tanda tanda **akan memberi lebih**. Ali benar-benar kesal, marah dan kecéwa.

알리는 **심통 났다**. 얼굴은 **뒤틀렸다**. 아빠는 **약속을 어겼다**. 아버지 말씀이, 아빠는 그의 용돈을 **더 줄 거라고** 했다. 그러나, 지금까지, **2주가 지나갈 때까지**, 부모님은 **더 줄 거라는** 신호를 보여주지 않았다. 알리는 정말로 언짢았고, 화나고 실망했다.

A : Kamu mau makan sekarang atau nanti?
B : Nanti saja. Mau ke mana, bibi?
A : Ke pasar. **Mau nitip?** (titip)
B : (Aku cepat menggéléng.) Ke pasar?
A : Benar nih, kamu mau ikut?
   Nanti **bau** dan **kotor lho**.

너 지금 밥 먹을래 아니면 나중에?
나중에 해요. 어디 가세요, 이모?
시장 간다. **부탁하려고? (맡기려고?)**
(나는 빨리 고개를 가로저었다.) 시장가요?
그래 맞아, 너 따라가고 싶지?
나중에 **냄새나고 더러울 거야**.

Akhirnya, meréka berangkat **dengan bécak**. Tiba di sana, langsung masuk. Aku sudah menutup hidung dan **memégang ujung rokku** agar tidak kotor. **Bau pasar yang beranéka macam** membuat aku menutup hidung **rapat-rapat**.

결국, 그들은 **베짝을 타고** 출발했다. 거기에 도착해서는, 곧 바로 들어갔다. **나는 이미 코를 막았고** 더러워지지 않도록 **치마 끝을 잡았다**. **여러 가지 시장냄새가** 내가 코를 **꽉** 닫도록 만들었다.

A : Begini saja.
   Ali tunggu di depan toko kué itu.
   Tempatnya lebih bersih.

이렇게 하자.
알리는 과자 가게 앞에서 기다리렴.
그곳은 더 깨끗해.

Bibi akan usahakan cepat.　　　　이모가 빨리하도록 노력 할게.

B : Aku setuju.　　　　좋아요. (나는 찬성해요.)

Aku menunggu **di tempat yang ditunjukan bibi.** Kepalaku menjadi pusing **karena bau yang campur aduk.**

나는 **이모가 가리킨 장소에서** 기다렸다. 알리의 머리는 **뒤섞인 냄새 때문에** 어지러워졌다.

C : **Minta uangnya** untuk makan⋯　　　　밥 먹게 **돈 좀 주세요**⋯

Tiba-tiba seorang anak pengemis **menyodorkan kaléng yang dekil.** Aku menggéléng. **Padahal di sakunya** ada selémbar uang lima ribuan. Anak itu **terlihat kecéwa,** ia duduk di émpéran **dengan lesu.**

갑자기 한 거지 아이가 **더러운 깡통을 내밀었다.** 나는 고개를 가로저었다. **반면에 그의 주머니에는** 오천 루피아짜리 한 장이 있었다. 그 아이는 **실망스러워 보였고,** 그는 **힘없이** 현관에 앉았다.

C : **Hari ini aku tak makan lagi.**　　　　나는 오늘 또 안 먹을 거야.

B : Mengapa **tidak minta uang**
　　pada orang tuamu?

왜 너의 부모님에게
돈을 달라고 하지 않니?

C : **Mana cukup,** Adikku ada tiga,
　　semua butuh makan.

어떻게 충분하냐, 내 동생은 셋이고,
모두가 먹는 게 필요해.

B : Kamu dapat uang **dari mengemis?**
　　Kadang juga mengamén?
　　Kamu tidak sekolah?

너는 **구걸해서** 돈을 구하니?
가끔 또한 길거리 연주도 하고?
너는 학교 안 다녀?

C : **Buat makan saja susah.**
　　Apa lagi sekolah⋯

먹는 것조차 어려워.
더욱이 학교는⋯

B : Apakah kamu **tidak malu mengemis?**　　　　너는 **구걸하는 게 부끄럽지 않니?**

C : kalau malu **aku bisa kelaparan.**
　　Mengemis itu **tidak gampang.**
　　Coba saja kamu jadi aku!
　　Minta uang **ke sana sini!**
　　Belum tentu diberi.
　　Sudah, aku mau mengemis lagi.

만일 부끄러워하면 **굶주릴 수 있어.**
구걸한다는 것은 쉽지 않아.
네가 한번 내 상황이 되어봐!
여기저기로 돈을 달라 해봐!
받는 것도 확실치 않아.
됐어, 나는 다시 구걸하련다.

— Anak itu **beranjak pergi. Mendadak** hati Ali menjadi (merasa) iba. —
　　그 아이는 **자리를 떠났다.** 갑자기 알리의 마음은 애처로웠다.

B : Eh⋯ tunggu.   얘, 기다려.

Aku lupa **masih ada uang** di sakuku.   나는 내 주머니에 **아직 돈이 있는 걸** 잊었어.

Ini buatmu.   이것 널 위한 거야.

     ─ Ali **memberikan (menyodorkan) uang** lima ribu.─

알리는 오천 루피아의 **돈을 건넸다.**

C : Ini untukku semua?   이것이 모두 나를 위한 것이야?

     ─ Dia tanya **tidak percaya.**─ 믿지 못해 그가 물었다.

|단어 공부|

berita hangat	새로운 소식
berwajah masam	찡그린 얼굴을 한
tak terbatas, tak terhingga	한없는, 끝이 없는
tak ada hadiah dan hukuman	상벌 없음
tidak ada imbalan dan hukuman	상벌 없음
waria (wanita pria)	여장 남자
asrama	기숙사
inovatif	혁신적인
langka, jarang	드문
monéter	금융상의, 재정적인

4. 홍수 피해자 돕기

Bantuan Korban Banjir

Anggota **senat** perusahaan **sedang rapat koordinasi.**
회사 **이사회** 임원들은 조정 회의를 하고 있다.

A : Baiklah para hadirin,   좋아요 참석자 여러분,

sekarang kita lanjutkan rapat kita tadi. 지금 우리는 조금 전 우리의 회의를 계속합니다.

Sebelum istirahat, kita sudah setuju 휴식 전에, 우리는 이미

untuk membawa bantuan kita 홍수 피해자 지역으로 우리의 지원품을

ke daérah korban banjir. 가져가기로 찬성했습니다.

Sekarang kita **perlu mendata** bantuan 지금 우리는 **우리가 줄 수 있는** 어떤 지원품

apa saja **yang bisa kita berikan.** 이든지 **기록할** 할 필요가 있습니다.

B : Maaf Agus, sebelum itu **kita perlu tahu apa** yang meréka perlukan.

미안하지만 아구스, 그 전에 우리는 그들이 필요로 하는 것이 **무엇인지 알 필요가 있어요.**

A : Ya, benar Ana.

그래요, 아나 말이 옳아요.

Menurut berita, meréka membutuhkan **makanan siap saji.**

뉴스에 따르면, 그들은 **패스트 푸드 음식을** 필요로 한대요.

Seperti nasi bungkus, obat-obatan, air bersih, susu bayi, pakaian bersih.

봉지 밥, 약품들, 깨끗한 물, 이유식, 깨끗한 옷과 같은.

B : Oh.. Agus benar, tapi kenapa kita tidak membawa mi instan dan beras saja?

오..아구스 말이 맞지만, 그런데 왜 우리는 라면, 쌀 같은 것을 가져가지 않습니까?

Menurut saya, **lebih praktis** dan **tahan lama** daripada membawa nasi bungkus.

제 생각엔, 포장 밥을 가져가는 것보다 더 **실용적이고 더 오래 견딥니다.**

A : Pendapat kamu **mémang ada benarnya.**
Tapi semua bawaan meréka **hanyut terbawa air,** termasuk alat-alat masak.
Jadi, meréka mau memasak **pakai apa?**

당신의 의견은 **정말 맞는 것이 있습니다.**
그러나 그들이 가져온 모든 짐이 **물에 휩쓸려 가버렸어요,** 요리 기구들을 포함하여.
그래서, 그들은 **무엇을 사용하여** 요리 할 건가요?

Meréka membutuhkan makanan **yang langsung bisa dimakan.**
Ada idé lain?

그들은 **바로 먹을 수 있는** 음식을 필요로 합니다.
다른 아이디어가 있나요?

B : Em… belum ada.

음… 아직 없습니다.

Lalu, bagaimana cara kita mengumpulkan bantuan?

그리고, 어떻게 우리는 지원품을 모을 것입니까?

A : Bagaimana kalau kita membuka **pos bantuan** selama seminggu?
Kita bisa mengumpulkan **sumbangan** di pos itu.

우리는 일주일 동안 **지원소를** 여는 게 어떻습니까?
우리는 그 장터에서 **지원품을** 모을 수 있습니다.

C : Ya, seminggu saja!
Banyak tidak, ya, **barang yang terkumpul.**

네, 일주일만 해요!
많을까요 적을까요, **모이는 물건들이.**

A : **Kita juga buat pengumuman** tentang pos bantuan ini di mana-mana.

우리는 또한 여기저기에 이 지원소에 장터에 대한 **공문을 만드는 겁니다.**

C : Oh… Saya punya idé.
Bagaimana kalau kita membuka pos

오..내게 아이디어가 있어요.
우리는 대로에 장터를 여는게

di jalan raya, jadi pengguna jalan 어떻겠어요, 그러면 도로 이용자도
juga bisa ikut menyumbang. 함께 지원 할 수 있습니다.

D : Em… Maaf Ana. 음… 미안하지만 아나.

Saya kurang setuju itu. 나는 그것을 찬성하지 않습니다.

Itu **bisa membuat** jalan menjadi macét. 그것은 길을 막히게 **만들 수 있습니다.**

A : Saya setuju dengan kamu. 나는 당신에게 동의합니다.

 | **bantuan, sumbangan** 원조　**senat** 이사회, 자치회　**pengurus** 이사, 관리인, 지배인

|심층 공부|

hanya 오직, 단지　　　　　　　　sekadar 필요한 만큼, 있는 그대로
naskah 원고　　　　　　　　　limbah 폐수, 오수
bésok 단어는 내일이란 뜻이지만, **depan**과 같은 뜻으로도 쓰입니다.
minggu depan은 확실히 정해지지 않은 **다음주**, minggu bésok은 확실히 정해진 **다음 주**란 뜻입니다.

---

5. 홍수 피해자를 위하여 지원금을 주다

Memberi Bantuan untuk Korban Banjir

A : Apakah **banjir kali ini** cukup besar, Pak? 이번 홍수는 제법 큽니까, 아저씨?

B : **Banjir kali ini** adalah **yang paling besar** 이번 홍수는 최근 십 년 내

yang pernah terjadi 발생한 것 중에

dalam sepuluh tahun terakhir. **가장 큰 것이야.**

A : Apakah ada korban jiwa **akibat banjir ini?** 이번 홍수에 사망자가 있습니까?

B : Kami bersyukur kepada Tuhan. 우리는 하나님께 감사를 드린다.

Meskipun **harta benda kami** 비록 우리의 재산은

tidak terselamatkan, 지키지 못했지만,

banjir tidak menelan korban jiwa. 홍수가 인명피해를 주진 않았어.

A : Bagaimana **kondisi Bapak dan** 지금 아저씨와 피난민들의

para pengungsi sekarang ini? 상태는 어때요?

B : Kami kesulitan mendapatkan air bersih 우리는 요리와 목욕을 위한

untuk masak dan mandi. 깨끗한 물을 구하기가 쉽지 않구나.

Akibatnya, **kami mulai terserang** 그 결과, **우리는 배탈과**

sakit perut dan gatal gatal. 가려움증에 **걸리기 시작했어.**

Penyakit itu **cepat sekali menular.** 그 병은 **매우 빨리 전염돼.**

Kami amat membutuhkan obat-obatan. 우리는 정말 약품이 필요하단다.

Sarana keséhatan di tempat pengungsian ini 이 피난소에 있는 보건 시설은

sungguh memprihatinkan. 정말 슬프게 만드는구나.

A : Apakah bantuan dari Pemda **sudah datang?** 지방 정부의 지원은 **이미 도착했나요?**

B : Ya, **tapi baru sekadarnya(seperlunya)** 그래, 하지만 즉시 필요한 만큼의

Petugas keséhatan **belum datang.** 방역 공무원들은 **아직 안 왔어.**

Mudah mudahan **dalam waktu dekat** 아무쪼록 **가까운 시간 안**에

bantuan segera datang lagi. 지원이 즉시 다시 오길 희망해.

홍수와 질병에 대한 이런 이야기는 신문이나 뉴스에 자주 나오는 얘기죠.

|심층 공부|

meniupkan 불다, 불어주다	bertengkar 말다툼하다
berkelahi 몸싸움하다	berdebat 토론하다, 논쟁하다
mengelupas, menguliti, mengupas 껍질을 벗기다	
mencengkeram, memegang 잡다	gundukan, tumpukan 흙더미, 흙무덤
mengampuni, memaafkan 용서하다	meletus, meledak 폭발하다

---

6. 문맹을 퇴치하자

Berantas Buta Huruf

Siang itu, dua anak muda merasa kasihan **melihat seorang bapak yang kebingungan.**

그날 오후, 두 젊은 아이는 **혼란에 빠진 한 아저씨를 보고** 안타까움을 느꼈다.

A : Eh, lihat bapak itu. Kasihan sekali! 얘, 저 아저씨를 봐라. 정말 안됐어!

Sepertinya dia sedang kebingungan. 아마도 그는 지금 혼란스러워 하시는 것 같아.

B : Iya. Dari tadi **membolak-balik kotak itu!** 그래. 아까부터 **상자를 계속 뒤집고 있어!**

Yuk, kita tolong bapak itu! 자, 우리가 저 아저씨를 돕자!

A : Selamat siang, Pak! 안녕하세요. 아저씨!

Ada yang bisa kami bantu? 우리가 도울 일이 있습니까?

C : Eh… ini. Nak… Bapak bingung.
Bapak tadi membeli obat nyamuk.
Tapi malah dikasih kotak
yang ada kabelnya.
Di kardusnya, **tidak ada gambar**
cara pakainya lagi!

B : Lho, dalam kardus itu, **ada petunjuk**
pemakaiannya, kan, Pak?

C : Nah, **itu dia**, Nak…
Bapak belum bisa baca! …

에… 이런. 얘들아… 아저씨는 혼란스러워.
아저씨는 조금 전 모기약을 샀어.
하지만 **오히려** 케이블 선이 있는
상자를 받았어.
그 상자에는 추가 **사용 방법 그림이** 없어!

네, 그 상자 안에는, **그 사용**
설명서가 있잖아요, 아저씨?

그래, **이것이구나,** 얘들아.
아저씨는 아직도 읽을 수가 없어!

Dua anak muda itu **saling pandang. Serempak** meréka berkomentar.
두 젊은 아이는 **서로 바라보았다. 동시에** 그들은 의견을 냈다.

A : Oooo….

C : Iya. Nak… **Makanya**, dari tadi
Bapak bingung.

B : Sini, saya bacakan, Pak.
Ini namanya **obat nyamuk éléktrik.**
Cara pemakaiannya **seperti ini.**

오….

그래. 얘들아… **그래서,** 조금 전부터
아저씨는 혼란스러웠던 거야.

여기요, 제가 읽어 드릴게요, 아저씨.
이것은 그 이름이 **전기 모기약이에요.**
그 약 사용 방법은 **이와 같아요.**

Lalu, dua anak muda itu **memperagakan** cara pemakaian obat nyamuk éléktrik
itu.
그런 후, 그리고 그 젊은 아이는 그 전기 모기약 사용 방법을 **보여 주었다.**

A : Bagaimana, Pak?
Sekarang sudah bisa?

C : Iya, Nak. Ternyata gampang.

B : Bapak tinggal di mana?

C : Di jalan Mawar 1.

A : Wah, itu dekat rumah saya.
Bapak ikut Ruang Pendidikan saja.
Biar Bapak bisa membaca.

C : Wah, Bapak malu, Nak. Sudah tua.

A : Tidak usah malu, Pak.

어때요, 아저씨?
지금은 이미 할 수 있죠?

그래, 얘들아. 사실은 쉽구나.

아저씨 어디 사세요?

마와르 1거리에 살아.

와, 거기는 제 집과 가까워요.
아저씨는 교육 교실에 참석 하세요.
아저씨가 글을 읽을 수 있도록.

와, 아저씨는 부끄러워, 얘들아. 이미 늙었어.

부끄러워할 필요가 없어요, 아저씨.

Banyak juga orang-orang tua yang belajar.

공부하는 **나이 먹은 사람들도 많아요.**

C : Iya déh, Nak. **Nanti ikutan.** Biar bisa baca!

알았어, 애들아. **나중에 참석할게.** 읽을 수 있도록!

|심층 공부|

mencemari, mengotori 더럽히다   membalut luka 상처를 감다

akan은 tentang, mengenai 처럼 ~에 대하여라는 뜻도 있다는 걸 알아 놓으세요.

apel은 사과조? upacara 행사 뜻으로도 쓰입니다. 인도네시아의 상류층은 이런 고급 어휘를 자주 사용합니다. 특히 TV 나 라디오에서, **apel** 군대나 관공서 행사 **upacara** 학교 행사에서 주로 사용합니다.

---

7. 재난은 그를 학교에 가지 못하게 만들었다
Musibah Membuatnya Tak Bisa Bersekolah

Pagi itu sangat indah. **Puncak gunung** terlihat jelas. Aku bersama teman **keluar hotél** untuk menghirup udara segar. Tidak jauh dari hotél, **aku berpapasan** dengan seorang gadis kecil. Roti, roti, masih hangat, gadis itu berteriak. Aku pun memanggilnya. Ia segera **menurunkan baskom**. Sambil memilih makanan, aku bertanya pada gadis kecil itu.

그 날 아침은 매우 아름다웠다. **산 정상이** 선명하게 보였다. 나는 친구와 함께 시원한 공기를 마시기 위하여 **호텔 밖으로 나왔다.** 호텔로부터 머지않은 곳에서, **나는** 한 어린 소녀와 **마주쳤다** 빵, 빵이요, 아직도 뜨거워요. 그 어린 소녀는 소리 질렀다. 나는 또한 그를 불렀다. 그는 서둘러 **대야를 내려 놓았다.** 음식을 고르면서, 나는 그 어린 소녀에게 물었다.

A : Dik, masih kecil kok, sudah berjualan. Apakah kamu tidak sekolah?

애야, 아직 어린데, 이미 장사하는구나. 너 학교 안 다니니?

B : Tidak. Saya terpaksa tidak sekolah karena tidak punya biaya.

안 다녀요. 저는 비용이 없어서 어쩔 수 없이 학교에 안 다닙니다.

— Dia menjawab **secara terus terang** —

그녀는 **솔직하게** 대답했다.

A : Bapak dan ibumu tidak bekerja?

너의 아빠랑 엄마는 일을 하지 않으시니?

B : Ayah dan ibu dulu **bekerja sebagai**

전에 아빠랑 엄마는 시장에서

pedagang sayur di pasar.	채소 장수로서 일하셨어요.
Tapi, meréka mendapat kecelakaan ketika	그러나, 그들은 **이른 새벽에**
membawa dagangannya **di pagi buta.**	물건을 운반할 때 사고를 당했어요.
Keduanya pun meninggal.	그 두 분은 또한 돌아가셨어요.
Sejak itu, saya dan adik **tidak bisa**	그때부터, 저와 동생은
meneruskan sekolah.	**학교를 계속할 수 없었어요.**
Saya keluar **waktu kelas 4,**	저는 **4학년 때** 나오고,
sedangkan adik saya **kelas 3.**	반면에 동생은 **3학년 때 나왔어요.**
A : Adikmu sekarang di mana?	너 동생은 지금 어디 있니?
B : Adik tinggal bersama saya	동생은 저와 함께 살고
dan sekarang sedang berjualan koran.	지금 신문을 팔고 있어요.

Uang 100.000.-an kukeluarkan dari kantongku(sakuku) **untuk membayar beberapa roti yang kubeli.**

10만 루피아의 돈을 **내가 산 몇 개의 빵값을 지불하기 위하여** 주머니에서 끄집어냈다.

B : Wah, **belum ada kembaliannya.**　　와, 아직 잔돈이 없어요.

Gadis itu berkata **sambil membungkuk bungkukkan** badannya. Gadis itu berkata **sambil menéngok kanan dan kiri** mencari warung untuk menukarkannya. Tetapi **sepagi itu** belum ada **warung yang buka.**

그 소녀는 몸을 **구부리면서 말했다.** 그 소녀는 그 돈을 바꿔 주기 위하여 가게를 찾느라 **좌우를 돌아보면서 말했다.** 그러나 **그 같은 아침에는** 아직도 **문을 연 가게가** 없었다.

A : Kamu tidak usah bingung.	너는 당황할 필요가 없어.
Kelebihannya **untuk kamu.**	그 나머지는 **네가 가져라.** (너를 위한 거야)

8. 사회의 관심

Kepedulian Sosial

Akibat yang ditimbulkan banjir **pun tidak main main (bukan main).**
Rusaknya jalan, bangunan **dan hilangnya** harta benda, bahkan nyawa! Kerugian
diperkirakan milyaran rupiah. **Pemerintah sampai kesulitan** menyelesaikan
masalah ini. **Perahu karét yang disediakan** tidak cukup. **Untuk mengatasi
kekurangan makanan, air bersih dan pakaian**, pemerintah pun **bekerja sama**
dengan para pengusaha, organisasi masyarakat dan PMI.

홍수가 일으킨 결과는 **역시 장난이 아니었다.** 파괴된 것은 길과 건물 그리고 잃은 것은 재산, 심지어
생명까지! 손실은 수십억 루피아로 **추정된다.** 정부는 이 문제를 해결하는데 **어려움을 겪기 까지 했
다.** 제공된 고무 보트는 충분치 않았다. 음식, 깨끗한 물 그리고 옷의 부족을 해결하기 위하여, 정부
또한 여러 기업 사장, 주민 공동체, 인도네시아 적십자사와 **협력했다.**

Salah seorang di antara korban banjir **yang paling parah keadaannya** adalah
Pak Badi. **Melalui berita di TV,** penderitaan Pak Bani dan para korban banjir
lain **dapat dilihat secara luas** oléh seluruh masyarakat. **Salah seorang yang
bersimpati** dengan nasib keluarga Pak Badi adalah Pak Romi. **Ia merasa
tersentuh** dan ingin datang memberi bantuan **kepada keluarga malang tersebut.**

그 **상황이 가장 심각한** 홍수 피해자 중 한 명이 바디 씨였다. **TV 뉴스를 통하여,** 빠니 씨와 다른 홍수
피해자들의 고통은 모든 국민들이 **한 눈에 볼 수 있었다.** 바디 씨 가족의 운명을 보고 동정심을 가진
사람 중의 한 사람이 로미 씨였다. 그는 **눈시울이 뜨거워졌고 (가슴이 찡함을 느꼈고)** 그 불쌍한 가족
에게 도움을 주러 가고 싶어 했다.

Setelah menempuh perjalanan selama 4 jam dari Surabaya, Pak Romi tiba di tempat penampungan Pak Badi. Sesampainya di sana, ia langsung memberikan bantuan kepada Pak Bani dan korban-korban lain. **Begitulah contoh kepedulian sosial** terhadap sesama yang harus kita tiru.

수라바야로부터 4시간 동안의 **여정을 한** 후, 로미 씨는 바디 씨의 수용소에 도착했다. 거기에 도착하자마자, 그는 곧바로 빠니 씨와 다른 희생자들에게 원조품을 전달했다. 우리가 본받아야 할 동료에 대한 **사회적인 관심의 예는 이러하다.**

|심층 공부|

menggotong 같이 들다, 함께 들다	menjatuhkan vonis 판결을 내리다
Mengapa bisa begitu? 어떻게 그렇게 할 수 있니?	
ke mari, ke sini 여기로	tak sekali pun 한 번도 아닌
menganggap 생각하다	membanting (화가 나서) 내던지다, 문을 차다
terjebak 갇히다, 휘말리다	pingsan, koma 졸도하다, 혼수상태
koma 는 의식 불명, 혼수상태로 엄청나게 위중한 상태를 표현합니다.	

---

9. 산사태 사건

Bencana Tanah Longsor

Pemandian air panas kota kita **merupakan tempat wisata** yang sangat ramai. Setiap minggu, ratusan pengunjung memenuhi tempat itu. Pemandian itu berada **di daérah pegunungan**. Jaraknya sekitar 40 km dari kota kita. Minggu lalu, bencana terjadi. Longsor **menimpa** pemandian air panas itu. Ketika pengunjung sedang menikmati air panas, **turun hujan rintik-rintik (hujan grimis).** Tiba-tiba, terdengar **suara gemuruh.**

우리 시의 온천은 매우 붐비는 **여행지이다.** 매주, 수백 명의 방문객이 그곳을 채운다. 그 온천은 **산악 지역에** 있다. 그 거리는 우리 시로부터 약 40km이다. 지난주, 사고가 발생했다. 산사태가 그 온천을 **덮쳤다.** 방문객이 온천을 즐기고 있을 때, **가랑비가 내렸다.** 갑자기, **천둥 같은 소리가** 들렸다.

Pohon-pohon tumbang. **Tanah padat** dan **bongkahan batu** tumpah di tengah-tengah pemandian. Pengunjung pemandian **berusaha menyelamatkan diri.** Namun, lima orang tertimpa tanah longsor. **Penduduk sekitar pemandian** datang menolong. Ada pula bantuan **dari sukarélawan**. Meréka ialah **anggota PMI** dan **tim SAR.**

나무들이 넘어졌다. **흙덩어리와 바윗덩어리가** 온천 가운데에 쏟아졌다. 온천 방문객들은 **대피하려고 노력했다.** 그러나, 5명에게 산사태가 덮쳤다. **온천 주변 주민이** 도우러 왔다. **자원 봉사자의** 도움도 또한 있었다. 그들은 인도네시아 **적십자 회원과 인명구조 팀**이었다.

Tim SAR **bertugas mencari korban,** sedangkan PMI **bertugas mengobati korban** yang mengalami luka-luka. Tim SAR dan warga **berhasil menemukan** lima orang yang tertimpa longsor. **Kelimanya masih hidup.** Meréka segera dibawa ke rumah sakit. Di suatu daérah, **terdapat gunung berapi** yang masih aktif. Kota kami kini **tidak seindah dulu lagi.** Tuhan …tolonglah **kami keluar dari bencana ini.**

인명 구조팀은 희생자를 찾는 임무를 갖고 있었다, 반면에 인도네시아 적십자는 상처를 입은 희생자를 치료하는 임무를 갖고 있었다. 임명 구조팀과 주민은 산사태에 휩쓸린 5명을 찾는데 성공했다. 그 5명은 아직 살아 있었다. 그들은 즉시 병원으로 옮겨졌다. 어떤 지역에는, 아직도 활동 중인 화산이 있었다. 우리 도시는 지금 **다시 전만큼 아름답지 않다.** 하나님… **우리를 이 재난으로부터 벗어나게 도와주세요.**

A : Ali, kamu sudah tahu **bahwa tanah longsor** telah terjadi di pemandian air panas?

알리, 너는 온천에서 **산사태가** 발생한 것을 이미 알고 있니?

B : Sudah, kasihan sekali para korban.

그래, 희생자들이 안 됐어.

A : Iya, **Untung** petugas Palang Mérah segera membantu.

그래, **다행히** 적십자 직원이 즉시 도왔대.

B : Palang Mérah **sungguh cekatan.**

적십자는 정말 **빠른 대처를 했어.**

A : **Semoga tidak terjadi lagi** bencana seperti itu.

아무쪼록 그 같은 사고가 **다시는 일어나지 않길 바라.**

B : Kuharap juga begitu.

나 또한 그렇기를 바라.

자연재해 사건은 전 세계적으로 빈번히 발생합니다. 뉴스에 자주 나오니 열심히 공부하셔서 뉴스를 알아듣도록 노력해 봅시다. 회화를 잘 한다는 것은 여러 분야를 골고루 아는 것입니다.

 terdapat 얻어지다, 획득되다, 발견되다, 있다, 존재하다

segini, sekian	이만큼
merendam	물에 담그다
sakti	초능력의
praktis	실제의, 실용의
tangguh	강인한
pengemudi, pengendara, penyetir, sopir	운전자
aktivis	활동가
aksi	활동, 행동
kekasih	애인
senggang	한가한

10. 적십자

Palang Mérah

Saat itu, upacara bendéra **berlangsung** dengan selamat. Tiba-tiba, **terdengar kegaduhan** di barisan belakang. Mita **jatuh tidak sadarkan diri**. Regu Palang Mérah Remaja **segera menolong dia,** lalu membawanya **ke ruang UKS**. Mita **dibaringkan** di tempat tidur UKS. Sekitar tiga menit kemudian **kesadaran Mita** pulih. ,

그때, 국기 게양식이 순조롭게 **진행되고 있었다.** 갑자기, 뒷줄에서 **소음이 들렸다.** 미따가 **의식을 잃고 넘어졌다.** 적십자 단체가 **그를 즉시 도왔고,** 그러고 나서 **보건소로** 그를 데려갔다. 미따를 보건소 **침대에 눕혔다.** 약 3분 후, **미아의 의식이** 회복됐다.

A : Apa yang terjadi? 무슨 일이 일어난 거니?
　　Di mana aku sekarang? 지금 내가 어디 있는 거야?
B : Kamu berada di ruang UKS. 너는 보건소 방에 있어.
　　Kamu tidak sadarkan diri. **넌 의식을 잃었었어.**
C : Kepalamu pusing? 머리가 어지럽니?
D : Sebaiknya kamu istirahat di UKS dahulu 너는 **너의 컨디션이 정상으로 돌아오기를**
　　sambil menunggu kondisimu normal. **기다리면서** 먼저 보건소에서 쉬는 게 좋아.
　　Oh ya, apakah kamu sudah sarapan? 오 그래, 너 아침은 먹었니?
A : Belum, tadi pagi **aku merasa mual,** 아직, 오늘 아침 나는 **속이 메스꺼웠어,**
　　jadi aku tidak sarapan. 그래서 나는 아침을 안 먹었었어.

B : **Mungkin itu penyebabnya.**　아마도 그것이 그 원인일 거야.

Jangan lupa makan pagi.　아침 먹는 걸 잊지 마.

Jaga kondisi tubuhmu　건강하도록

agar tetap séhat.　네 몸 컨디션을 지켜.

Kalau begini, siapa yang rugi?　이렇게 한다면, 누가 손해 보겠니?

C : Makanlah roti ini, perutmu harus diisi.　이 빵을 먹어라, 네 배를 채워야 해.

Sarapan sangat penting　우리의 활동을 위해

untuk aktivitas kita.　아침은 매우 중요해.

A : Teman teman,　친구들아,

terima kasih telah menolongku.　나를 도와줘서 고마워.

C : Sudah tugas kami **sebagai anggota PMR.** 적십자 회원으로서 우리의 임무였어.

B : Ya, Kami sudah terlatih **menangani**　그래, 우리는 이미 **이 같은 일들을**

hal-hal seperti ini.　**해결하는** 훈련을 받았어.

Setiap minggu kami latihan PMR　매주 우리는 **작은 사고를 극복 하기**

untuk menghadapi kecelakaan kecil　**위하여** 적십자 훈련을 하고

dan **memberikan pertolongan pertama**　그 사고에 대한 **응급처치를**

pada kecelakaan itu.　**하기 위해** 훈련해.

A : **Yang kalian lakukan** sungguh mulia.　**너희들이 하는 것은** 정말 훌륭해.

Aku juga ingin menjadi anggota PMR!　나 역시 적십자 회원이 되고 싶어!

D : Kalau begitu,　그렇다면,

selamat bergabung dengan kami!　우리와 합류하길 바라.

|단어 공부|

gabungan	연합, 동맹, 합병
memaparkan, menggambarkan	장황하게 설명하다
selokan	수로
air terjun	폭포
serangan	공격, 침략
kanker	암
memikul	물건을 짊어지다
menénténg	손으로 나르다
kestabilan	안정
kepolisian	경찰업무

11. 반둥에 있는 피난 천막에서

Di Sebuah Ténda Pengungsian di Bandung

Bencana alam tsunami **telah memporak-porandakan Bandung. Palang Merah diturunkan** untuk menolong para korban.
쓰나미 자연재해가 **반둥을 어수선하게 했다. 적십자는** 희생자들을 도우려고 **파견됐다.**

A : Bagaimana keadaan para korban, **suster?**
희생자들의 상황은 어떻습니까, **간호원?**

B : Saya amat sedih, Dok.
저는 정말 슬픕니다, 의사 선생님.

    Banyak sekali korban berjatuhan.
쓰러진 희생자는 너무 많습니다.

    Para relawan dan tim SAR
자원 봉사자와 인명 구조대원이

    terus mengumpulkan korban jiwa
집단으로 매장하기 위하여

    untuk dikuburkan **secara massal.**
사망자를 계속 모으고 있습니다.

    Sementara itu, PM kita
그동안, 우리 적십자는

    masih mengévakuasi korban luka berat
중상자와 경상자 또한

    dan juga korba luka ringan.
여전히 대피시키고 있습니다.

A : **Tampaknya kita membutuhkan**
우리는

    banyak sekali tenaga
이 희생자를 조치하기 위해

    untuk mengatasi para korban ini.
매우 많은 인력이 필요해 보입니다.

B : Ya, Dok. Semoga bantuan dari
네, 선생님. 다른 지역으로부터의

    daérah-daérah lain **segera datang.**
지원이 즉시 **오기를 바랍니다.**

A : **Kita harus mengerahkan segenap**
우리는 우리가 가진

    tenaga yang kita punya.
모든 인력을 투입해야 합니다.

    Bagaimana persediaan
혈액과 약품의 준비는

    darah dan **obat-obatan,** Sus?
어떻게 됐어요, 간호원?

B : Obat obatan sangat sedikit.
약품이 매우 적습니다.

    Saya rasa **kita harus mengajukan**
제 생각에는 **우리는** 약품 지원을

    bantuan obat-obatan lagi, Dok.
다시 **신청해야 합니다,** 선생님.

A : Baik, Suster. **Harap segera laksanakan.**
좋아요, 간호원. 즉시 시행하길 바랍니다.

    Kirimkanlah **surat permohonan bantuan**
정부나 병원에

    pada pemerintah dan
지원 요청서를

    rumah sakit-rumah sakit.
보내세요.

― Masuk seorang anggota PM, bernama Roni. ―
로나라는 적십자 회원 한 명이 들어왔다.

C : Dokter, maaf mengganggu.   의사 선생님, 방해해서 미안해요.

Saya ingin memberitahukan   저는 **적십자를 지원하기 위한**

bahwa rélawan untuk membantu   **자원 봉사자가**

Palang Mérah telah tiba.   이미 도착했다고 전하려 합니다.

Meréka berjumlah 60 orang.   그들은 모두 60명에 달합니다.

A : Syukurlah.   신께 감사드립니다.

Harap para rélawan itu   그 자원 봉사자에게

segera diberikan pengarahan   즉시 우리를 도울 수 있도록

agar dapat segera membantu kita.   **바로 지침을 주기를 바랍니다.**

C : Ya, Dok. **Saya akan segera laksanakan.**   네, **제가 즉시 시행하겠습니다.**

B : Mari saya bantu, Ron.   제가 돕겠어요, 론.

C : Terima kasih, Sus.   고마워요, 간호원.

B : Kami permisi, Dok.   우리 먼저 실례 하겠습니다, 선생님.

A : Silakan,   그러세요,

Saya akan menyusul sebentar lagi.   **나는 잠시 후 따라가겠습니다.**

|단어 공부|

jantung	심장
berwibawa	권한을 가진
kedelai	콩
keledai	당나귀, 노새, 조랑말
menyela	남의 말을 가로채다
menyaring	여과하다, 정제하다
sasaran, targét	목표, 표적
buas	사나운

14

농업 및 어업, 협동조합

1. 수염 할아버지
Kakék Kumis

Doni baru dua bulan **pindah ke désa.** Ayahnya **baru ditugaskan** di désa ini. **Udara sejuk** membuat keluarga Dodi **cepat betah** tinggal di désa. Dodi pergi ke sekolah **berjalan kaki** melewati kebun dan sawah tetangganya. **Saat pergi pulang sekolah,** Doni selalu melihat kakék kumis **sedang merawat tanamannya.**

도니는 바로 두 달 전 **시골로 이사했다.** 아버지는 이 시골에서 **바로 근무를 했다. 시원한 공기는** 도디의 가족이 시골에서 사는 것을 **빨리 적응하게** 만들었다. 도디는 이웃집 논과 농장을 지나, **걸어서** 학교에 갔다. **학교를 왕복할 때,** 도디는 **그의 농작물을 돌보시는** 수염 할아버지를 항상 보았다.

Pohon jambu itu **sedang berbuah lebat.** Buahnya besar dan bagus. Siapa pun yang melintas dan melihat **pasti akan kagum.** Hal inilah **yang menjadi sumber masalah.** Kakék kumis **sedang kesal. Belakangan ini (akhir-akhir ini)** jambunya selalu hilang **diambil orang-orang.** Akan tetapi, **yang membuatnya kesal, kecerobohan** pencuri **menyebabkan rontoknya buah-buah jambu** yang masih kecil. Hati kakék sangat sedih **melihat buah jambu kecil** yang berserakan di tanah.

그 잠부 나무는 **열매가 많이** 열렸다. 그 과일은 크고 좋았다. 지나가거나 보는 사람은 누구든 **감탄할 것이다.** 이것이 문제의 근원이 된 것이다. 수염 할아버지는 지금 화가 나셨다. 최근에 잠부는 사람들이 가져가서 항상 없어졌다. 그러나, 그를 짜증 나게 만든 것은, 도둑의 온당치 않은 행동이 아직도 어린 잠부 과일들의 **떨어진 원인이 된 것이었다.** 할아버지의 마음은 땅에 널브러진 **어린 잠부 과일을** 보고 매우 슬펐다.

A : Lihatlah, Doni!
    Buah-buah kecil itu menjadi sia-sia
    tidak termakan.
B : **Sudah berapa kali**

봐라, 도니야!
그 어린 과일들이 먹지도 못하고
쓸데없게 됐잖아.
이미 몇 번

pencuri itu memetik jambu ini?	그 도둑은 이 잠부를 땄습니까?
A : Sudah tiga kali ini, tetapi kakék **tidak pernah melihat** pencuri itu.	이미 최근에 세 번, 그러나 할아버진 그 도둑을 **본 적이 없어**.
B : Hm…**begini saja,** kakék, nanti soré **saya ke sini lagi. Kita harus mengatur siasat** agar pencuri itu tertangkap.	흠 **이렇게 해요,** 할아버지, 오늘 오후 **제가 여기 다시 올게요.** 우리는 도둑이 잡히도록 **전략을 짜야 합니다.**

Siang itu, selesai mengerjakan PR, Dodi mencari kaléng-kaléng bekas. **Ia merangkai kaléng-kaléng itu** dengan tali. **Sesuai janjinya,** soré itu Doni datang ke kebun kakék. Rangkaian kaléng bekas itu diikatnya ke batang pohon jambu bangkok. Dodi dan kakék lalu **mengintai** dari jendéla rumah kakék. Matahari **mulai condong** ke barat dan **hari menjelang senja.**

그날 오후, 숙제를 끝낸 후, 도디는 헌 깡통을 찾았다. **그는 끈으로 그 깡통들을 연결했다. 약속대로,** 그날 오후 도디는 할아버지 농장으로 왔다. 헌 깡통의 연결선을 도니가 방꼭 잠부 나무줄기에 **묶었다.** 도디와 할아버지는 그러고 나서 할아버지 집 창문에서 **잠복했다.** 해는 서쪽으로 **기울기 시작했고 해 질 무렵이었다.**

Dalam remang-remang, tiba tiba Doni dan kakék melihat seorang anak laki-laki **sebaya Doni.** Ia membawa sebilah bambu dan bersiap untuk menggoyang-goyangkan batang pohon **agar buahnya jatuh.** Seketika itu, terdengar **suara kaléng beradu ramai sekali. Mendengar suara gaduh,** anak itu berlari sekuat tenaga **tanpa menoléh.** Kakek dan Doni tertawa **terpingkal-pingkal.**

어둠 속에서, 갑자기 도니와 할아버진 **도니 나이 또래의** 남자아이 한 명을 보았다. 그는 한쪽의 대나무를 가지고 왔고 **과일을 떨어트리기 위해** 나무줄기를 흔들려고 준비했다. 그때, **깡통이 분주히 충돌하는 소리가** 들렸다. 소음을 듣고, 그 아이는 **고개를 돌리지도 않고** 있는 힘을 다하여 달렸다. 할아버지와 도디는 **박장대소 하면서** 웃었다.

A : Terima kasih, Doni! Karena kecerdikanmu, buah jambu aman. Anak itu pasti **tidak akan berani mencuri lagi.** ha ha ha..	고마워, 도디! 너의 영리함 때문에, 잠부 과일이 안전하구나. 그 아이는 확실히 **다시는 훔칠 용기가 안 날 꺼야.** 하 하 하.

Doni senang karena bisa menolong kakék kumis. Ia lalu **pulang membawa** tiga buah jambu yang besar dan matang.

도니는 즐거웠다 수염 할아버지를 도울 수 있어서. 그는 그 후 크고 잘 익은 잠부 과일 3개를 **가지고 돌아왔다.**

|단어 공부|

cétakan	모형, 틀, 인쇄
mendidihkan	끓이다
mutu, kualitas	품질, 급
adonan	반죽
bakul	바구니
kecerdasan, kecerdikan	현명한, 총기 있는
unjuk rasa, démonstrasi	시위, 데모
jalan pintas, jalan potongan	지름길
cuka	식초
konsumsi	소비
pondasi	기초
membalik-balik	여러 번 뒤집어 보다
payau	조금 짠, 소금기가 있는

---

2. 한 버섯 농부와 인터뷰하기
Wawancara Dengan Seorang Petani Jamur

A : Mengapa Ibu mau menjadi petani jamur? 왜 부인은 버섯 농부가 되려고 했습니까?

B : Ya, karena Ibu ingin **menambah penghasilan** keluarga. 네, 저는 가족의 **수입을 보태고** 싶었기 때문입니다.

A : Boléh saya tahu, **berapa modal awal Ibu** untuk menjadi petani jamur? 제가 알아도 된다면, 버섯 농부가 되기 위한 **부인의 첫 자금은 얼마였나요?**

B : **Modal awal Ibu** 5 juta rupiah. **저의 첫 자금은** 5백만 루피아였습니다.

A : Oh. begitu! Maaf, **kalau boléh tahu lagi, berapa penghasilan Ibu** tiap bulannya? 오. 그래요! 죄송하지만, **또 알아도 된다면,** 매달 **부인의 수입은 얼마인가요?**

B : Kira kira 3 juta rupia. 약 삼백만 루피아입니다.

A : Apakah Ibu pernah mengalami kesulitan? 부인은 어려움을 겪은 적이 있습니까?

(Apakah Ibu pernah mengalami kerugian?) (부인은 손해를 당한 일이 있었나요?)

B : Alhamdulillah, belum pernah. 감사하게도, 아직은 그런 일이 없었죠.

A : Apa manfaat jamur itu? 그 버섯의 용도는 무엇이에요?

B : **Jamur** banyak sekali manfaatnya. **버섯은** 그 용도가 굉장히 많아요.

Jamur ini protéinnya tinggi, rasanya énak. 이 버섯은 단백질이 많고, 맛이 좋습니다.

Jadi, **bisa diolah** menjadi anéka masakan. 여러 가지 요리가 되도록 **가공될 수 있습니다.**

Selain itu, 그 외에,

jamur banyak dijadikan obat juga. **버섯은** 약으로도 **많이 만들어집니다.**

A : Berarti, penggemar jamur sudah banyak. 버섯 애호가가 이미 많다는 뜻이군요.

B : Ya. Perkembangannya bagus, kok. 네. 버섯의 발전성이 좋죠.

A : Nah, **pertanyaan terakhir, ya, Bu.** 자, **마지막 질문입니다,** 부인.

Apa yang Ibu harapkan 이 버섯 사업으로

dengan usaha jamur ini? **부인께서 바라는 것은 무엇입니까?**

B : Harapan Ibu, semoga 저의 바람은, 아무쪼록

penggemar jamur **semakin banyak.** 버섯 애호가가 **점점 많아지기를** 바랍니다.

Jadi, penghasilan Ibu **bisa meningkat juga.** 그러면, 저의 소득 **또한 높아질 수 있습니다.**

|심층 공부|

setengah-setengah, asal-asalan 대충하다

berduyun duyun, berdatangan 몰려들다

BBM (Bahan Bakar Minyak) 기름, 연료

mengemudi, mengendarai, menyetir 운전하다

sebagaimana, seperti, bagai ~처럼

karangan bunga, bunga papan 조화, 화환, 꽃꽂이

berkabung 조의를 표하다, 애도의 천을 머리에 두르다, 상중에 있다

tarif, ongkos 요금

angkatan 들어 올린 것, 군대

Angkatan Laut 해군

menjangkau, jangkau 손을 뻗다

pot, vas, vas bunga 꽃병

pot bunga 화분

---

3. TV에서 바다에 대한 인터뷰

Wawancara Mengenai Laut di TV

A : Selamat soré, 안녕하세요.

teman-teman pemirsa Global TV. 글로벌 TV **시청자 여러분.**

Kita berjumpa lagi dalam acara **우리는** Lingkungan Hidup

Lingkungan Hidup. 프로에서 **다시 만났습니다.**

B : Teman-teman, saat ini,
kami berada di Seaworld
Taman Impian Jaya Ancol.
Kami akan mewawancarai
seorang ahli bidang kelautan.

C : Selamat soré. Bu.
Kami ingin tahu lebih banyak
tentang kehidupan laut.
Teman-teman di rumah
sepertinya juga ingin tahu.

D : Selamat soré, Adik adik.
Sebenarnya, kehidupan laut **tidak jauh
berbéda** dengan kehidupan darat.

B : **Selain berbagai jenis ikan,**
héwan dan tumbuhan apa lagi
yang ada di laut. Bu?

D : Wah, banyak sekali.
Ada cumi cumi, bintang laut,
ular laut, kepiting **dan sebagainya.**
Adapun tumbuh tumbuhannya adalah
rumput laut, akar bakar **dan sebagainya.**

A : Saya pernah mendengar
tentang **terumbu karang.**
Sebenarnya, apa itu?

D : Terumbu karang adalah
gundukan karang di dasar laut.
Terumbu karang **merupakan tempat hidup**
binatang dan tumbuhan laut.

B : Berarti, **kita tidak boléh merusak**
terumbu karang, ya, Bu?

D : Oh, ya, **Jika terumbu karang rusak,**
héwan héwan dan tumbuhan laut
dapat mati.

여러분, 지금, 우리는
Taman Impian Jaya Ancol의
씨 월드에 있습니다.
우리는 **해양 분야의**
전문가 한 분을 인터뷰하겠습니다.
안녕하세요. 선생님.
우리는 **바다 생물에 대하여**
더 많은 것을 알고 싶어 합니다.
집에 있는 친구들도
아마도 알고 싶어 할 겁니다.
안녕하세요, 여러분.
사실, 바다 생물은 육지 생물과
크게 다르지 않습니다.
다양한 어 종 외에,
바다에 있는 동식물은
어떤 것이 더 있습니까, 선생님?
아, 굉장히 많습니다.
오징어가 있고, 불가사리, 바다장어,
게, **그리고 기타 등이 있습니다.**
또한 그 해양 식물들은
미역, 해초 **등입니다.**
저는 **산호에 대해서**
들은 일이 있습니다.
사실, 그것은 무엇입니까?
산호는 해저에 있는
조개의 퇴적물입니다.
산호는 해양 동물과 식물의
서식지입니다.

그 의미는, **우리가 산호를 훼손시켜서는**
안 된다는 뜻이죠, 선생님?
오, 그래요, **만일 산호가 훼손되면,**
해양 동물과 식물은
죽을 수 있어요.

Kita juga tidak boléh mencemari laut. 우리는 또한 바다를 오염시켜서는 안 됩니다.

A : Apakah laut kita kaya? 우리의 바다는 풍족합니까?

D : Wah, tentu saja! 네, 당연하죠!

Laut kita kaya **akan hasil laut.** 우리의 바다는 해산물이 **풍부합니다.**

Semua itu **untuk kelangsungan** 그 모두는 **또한 인간**

hidup manusia juga. 삶의 지속을 위한 것이죠.

B : Teman-teman, 여러분,

sekian dulu wawancara kami. 우리의 인터뷰는 먼저 마치겠습니다.

|심층 공부|

cenderung 마음이 기울다   penyesalan 후회, 유감

kekecéwaan 실망, 원망   menerapkan 적용하다, 응용하다, 운용하다

métode, cara, tips 방법, 방식, 절차   berprasangka buruk 나쁜 선입견을 가지다

semua itu biasa saja 그 모든 게 그저 그런 거야

terarah, terminat, tertuju, dimaksud 의도된, 방향이 정해진

melécéhkan, menghina, mengéjék 모욕하다

siang bolong 한 낮에, 백주 대낮에

---

4. 협동조합에서 근무하다

Bekerja di Koperasi

Warga désa kita **mulai lega.** Meréka **tidak perlu lagi berdesakan** di pasar dan **risau (gelisa)** dengan kenaikan harga. Koperasi désa menjual semua kebutuhan sehari-hari. Harganya **jauh lebih murah** dibandingkan dengan harga di pasar. Bagi warga désa **yang belum dapat membayar** dengan uang kontan, dapat membeli dengan kartu krédit. Modal koperasi **berasal dari iuran** para anggotanya. **Pembentukan pengurus** dan **segala keputusan lainnya** harus berdasarkan **musyawarah (rapat)** anggotanya.

우리 마을 주민은 **마음이 편해지기 시작했다.** 그들은 시장에서 **다시는 붐비며 밀칠** 필요가 **없고** 가격 상승으로 인하여 **불안할 필요가 없다.** 마을 협동조합은 모든 일용품을 판다. 가격은 시장에 있는 가격과 비교한다면 **훨씬 더 싸다.** 아직 현금으로 **지불할 수 없는** 마을 주민, 신용 카드로 살 수 있다. 협동조합 자금은 그 회원들의 **회비로부터 나온다.** 임원 **구성**과 모든 **다른 결정**은 회원 **회의**를 기본으로 하여야 한다.

Ruangan itu **tidak seberapa luas.** Hanya berukuran 4 × 7 meter.
그 홀은 **별로 넓지 않았다.** 오직 4 × 7㎡의 사이즈였다.

A : Siapa yang bertugas hari ini? 　　　　　오늘 근무자는 누구니?

B : Saya, Pak. 　　　　　저예요, 선생님.

A : Sudah kamu catat barang-barang 　　이미 너는 **오늘 팔린**
　　yang laku hari ini? 　　　　　　물건들을 기록했니?

B : Sudah. 　　　　　네.

A : Berapa uangnya? 　　　　　돈이 얼마야?

B : Ada lima ratus empat ribu rupiah. 　오십만사천 루피아 있어요.

A : Nah, setorkan ke bendahara! 　　　그럼, 경리에게 보내!
　　Petugas lainnya siapa? 　　　　　다른 근무자는 누구니?

B : Saras dan Topan. 　　　　　사라스와 또빤요.

A : Tolong beri tahu kepada ketua-ketua kelas 　**이달 회비가 빨리 들어오도록**
　　agar iuran bulan ini cepat masuk. 　학급장들에게 알려줘.

|심층 공부|

menuangkan ~을 쏟아붓다 　　　mendahului, menyalip 차를 추월하다
malam tahun baru 연말 밤 　　　melebihikan 더 증가시키다
berlebih 과다한, 너무 많은 　　　rencana menyambut tahun baru 새해맞이 계획
merinding 소름 끼치다 　　　menodongkan, mengacungkan (무기를) 겨누다
meléngos, menéngok, menoléh 고개를 돌리다, 외면하다
kesemutan 저리다, 마비되다 　　saat perpanjangan waktu 시간을 연장할 때
jebol, tembus, roboh 무너지다, 부서지다

---

5. 학교 협동조합
Koperasi Sekolah

Koperasi didirikan **sebagai tempat menyimpan uang** sekaligus **tempat meminjam.** Akan tetapi, **jangan membiasakan diri** untuk meminjam uang. Kita **harus menyisihkan** uang jajan. Lalu kita harus menabung **dengan sukaréla.** Berapa pun **sisa uang jajan kita,** boléh ditabungkan **tanpa dibatasi jumlahnya.** Dan ketika kita perlu uang **juga bisa ambil sesuka hati.** Jika kita punya banyak tabungan, **tak perlu minta uang** kepada orang lain.

협동조합은 **돈을 저축하고** 동시에 **빌리는 곳으로서** 설립된다. 그러나, 돈을 빌리기 위하여 **자신을 습관화 시키지 마라.** 우리는 용돈을 **분리해야 한다.** 그 후, 우리는 **자발적으로** 저축해야 한다. 우리의 **용돈이 나머지가** 얼마든 간에, **액수의 제한 없이** 저축을 해도 좋다. 그리고 우리가 돈을 필요로 할 때 **또한 마음대로 찾을 수 있다.** 만일 우리가 많은 저축금을 갖고 있으면, 다른 사람에게 **돈을 부탁할 필요가 없다.**

Untuk pengadaan barang dagangan ternyata tidak sulit. Pengurus koperasi **tidak harus membeli barang**. Ini karena para penjual akan datang sendiri **menawarkan barang-barangnya**. Pengurus dapat juga memesan barang **léwat télépon**. Sebutkan saja barang **yang kita butuhkan** maka dalam waktu singkat **barang akan datang**. Cara pembayarannya pun **tidak harus kontan**. Ada penjual **yang memberi waktu satu minggu**, dua minggu, satu bulan, **ada pula yang modél titip**.

상품 조달은 사실 어렵지 않다. 조합 임원이 **물건을 꼭 구매해야 하는 것은 아니다.** 이것은 모든 판매자가 그의 물건들을 흥정하려고 스스로 오기 때문이다. 임원은 또한 **전화를 통하여** 주문할 수 있다. 우리가 필요한 물건을 말만 하면 짧은 시간 안에 **물건은 올 것이다.** 지불 방법 또한 **현금으로 해야만** 하는 게 아니다. 일주일, 이 주일, 한 달의 시간을 주는 상인이 있고, **위탁 판매 방식**의 상인도 또한 있다.

Modél titip maksudnya **meréka menaruh barang di koperasi**. Suatu saat, meréka datang **untuk mengecék barang yang sudah laku. Barang yang laku** itulah yang dibayar. Bahkan untuk buku-buku pelajaran, para penjual **memberi tenggang waktu** sampai tiga bulan. Harga barang yang dijual di koperasi **juga tidak mahal**. Ini karena koperasi tidak mengambil banyak keuntungan. Semua barang harganya **rélatif lebih murah**. Di situ juga bisa menerima **jasa fotokopi**.

위탁 판매 방식 그 뜻은 **그들이 조합에 물건을 맡겨 둔다는 뜻이다.** 어느 시점에, 그들은 **이미 팔린 물건을 체크하기 위하여** 온다. **팔린 물건** 그것이 지불되는 것이다. 더욱이 교과서에 대해선, 판매자들은 3개월까지 **시한을 준다.** 협동조합에서 팔리는 물건 가격은 **또한 비싸지 않다.** 이것은 조합이 많은 이윤을 취하지 않기 때문이다. 모든 물건은 그 가격이 **비교적 더 싸다.** 거기에선 또한 **복사 서비스를** 받을 수 있다.

|심층 공부|

menggigil kedinginan 추워서 떨다

mengerikan 소름끼치다, 두렵다, 겁먹다

éléktrik, listrik 전기

mondar-mandir 왔다 갔다 하다

bolak-balik 계속 뒤집다, 왔다 갔다 하다

andalan 기대주, 대들보

mengandalkan 의지하다, 신용하다

pagi buta, dini hari, subuh, fajar 새벽

menyalami, 축하를 해주다, ~에게 경의를 표하다

Kamu akan jadi apa? 너는 무엇이 되려고 되니?

donor darah 헌혈

gemetar takut 고통이나 두려워 떨다

ngeri 두려운, 겁 먹다

éléktronik 전자제품

kembaliannya, kelebihannya 웃돈, 잔돈

andal 믿을 수 있는, 의지하는, 신용하는

pemain cadangan 후보 선수

pemain inti, pemain andalan 핵심 선수

bersimpati 동정심을 가진

이웃과 시골에 대하여

1. 살아있는 가게
Warung Hidup

Baru sebulan, kami pindah ke désa Karangsari. Kami menempati **rumah dinas SD.** Ayah sering **terlambat datang.** Kepala sekolah **lantas** menegur. **Apa boléh buat,** kami pun pindah ke sini. Sayangnya, **warung warung di désa ini** tidak menjual sayuran sayuran. **Ini disebabkan** setiap rumah penduduk memiliki kebun sayuran, **alias "warung hidup".** Jadi, kalau ada penjual sayur-sayuran, **siapa yang mau membeli?**

한 달 만에, 우리는 까랑사리 마을로 이사했었다. 우리는 **초등학교 관사에서** 거주했다. 아버진 자주 **늦게 오셨다.** 교장 선생님이 **곧바로** 잔소리했다. **더 이상 방법이 없어서,** 우리는 또한 여기로 이사했다. 안타깝게도, **이 마을에 있는 가게들은** 야채를 팔지 않았다. **이것이** 모든 주민의 가구들이 "살아있는 가게" 란 별칭을 가진 야채 밭을 가진 것이 **원인이다.** 그래서, 만일 야채상이 있다면, **누가 야채를 사려고 하겠는가?**

Oléh karena itu, untuk mendapatkan sayuran, ibu harus ke pasar kabupatén. Itu **memakan waktu** satu jam perjalanan. Aduh. kasihan ibu sebab **jalan ke sana** menurun dan **aspalnya sudah rusak.** Pasar terdekat pun **hanya buka setiap hari Selasa.** Jika kita membeli sayuran untuk persediaan satu minggu **jelas akan busuk** karena tidak ada kulkas. Tapi··· **jangankan kulkas, listrik pun belum masuk** di daérah ini. Lantas, aku dan ayah sepakat **membuat "warung hidup".** Kebetulan, di belakang rumah dinas ini **masih tersisa tanah kosong.**

그렇기 때문에, 야채를 구하려면, 엄마는 군의 시장으로 가야만 했다. 그것은 1시간의 여정이 **걸렸다.** 아··· 엄마가 불쌍했다. 왜냐하면 **거기로 가는** 길은 내리막이고 **아스팔트는 이미 망가졌다.** 가장 가까운 가게조차도 **오직 매주 화요일에만 열었다.** 만일 우리가 일주일의 준비를 위해 야채를 사면 **분명히 상할 것이다** 왜냐하면 냉장고가 없기 때문이다. 그리고··· **냉장고는 고사하고, 전기 또한** 아직도 이 마을에 들어 오지 않았다. 곧바로, 나와 아버지는 살아있는 가게를 만들기로 합의했다. 우연히, 관사 뒤에는 **여전히 빈 땅이 남아 있었다.**

\# 위의 내용을 응용하시면 멋진 고급회화가 될 것입니다. 열심히 읽고 넘어가세요.

|심층 공부|

Lébaran, Idul fitri 금식 기간이 끝나는 날에 벌이는 축제, 인도네시아의 최대 명절입니다.

haji 무슬림의 성지 순례

hari raya 명절 (Lébaran, Idul fitri 를 hari raya 라고도 함.)

Ramadan 금식의 달(회교력의 9월)은 보통 6, 7월입니다. 인도네시아인들은 Ramadan 기간은 1달인데 이 기간 동안 새벽 4시에 밥을 먹고, 그 때부터 오후 6시 까지 물을 포함, 담배 등 일체의 음식을 먹지 않습니다. 이 것을 puasa 라고 부릅니다. 물론 이스람 신자에게만 국한되지만, 회교인들이 85% 차지하니 대부분이라 생각 하면 됩니다. 그러나 맨스 중인 여성은 예외입니다. 그래서 Ramadan 기간에는 일반 사람들은 다른 사람 앞에 서 음식이나 담배를 조심해서 피우거나 먹을 필요가 있습니다. 그것이 예의입니다.

kegiatan amal 자선 행사, 자선 활동   **bazar amal** 자선 바자회

juri 작품 심사원   **wasit** (스포츠)심판

danau buatan 인공 호수   **buatan** 단어는 **인조, 인공** 이란 뜻으로도 자주 사용합니다.

---

2. 하숙집 찾기

Mencari Kos

A : Halo, selamat siang. / 여보세요, 안녕하세요.

Saya sedang mencari rumah séwaan. / 저는 전셋집을 찾고 있어요.

B : Kalau mau cari kos kosan **yang** / **안전하고 편안한** 하숙집을

aman dan nyaman, datanglah ke sini. / 찾고 싶다면, 여기로 오세요.

Di sini ada yang cocok. (kosong) / 여기에 적합한 하숙집이 있어요. (빈)

A : Boléh saya tanya dulu, Pak? / 먼저 물어봐도 됩니까, 아저씨?

B : Tentu saja boléh! / 당연히 가능해요!

A : Lokasinya dekat kampus Guna Darma? / 집 위치는 구나 다르망 캠퍼스와 가까워요?

B : Ya, dekat sekali. / 네, 매우 가까워요.

Letaknya ada di jalan raya. / 집 위치는 대로변에 있어요.

Ada di antara stasiun UI dengan Mall Detos. / 우이대학과 데또스몰 사이에 있어요.

A : Lalu, **kendaraan umum** bagaimana, Pak? / 그리고, **대중교통**은 어떻습니까, 아저씨?

B : Di sini kendaraannya **selalu ada**. / 여기는 대중교통이 **항상 있어요.**

Ada keréta, angkot, ojék, bus umum. / 기차, 앙꼿, 오젝, 일반 버스가 있어요.

A : **Biaya séwanya sebulan** berapa? / **월세가** 얼마에요?

B : Kira-kira satu juta rupiah **per bulan.**

A : Wah, mahal banget, Pak!

B : Nggak juga kok.

　Kos ini **berbéda dengan kos yang lain.**

　Di sini ada **fasilitas yang bagus.**

　Ada AC, kamar mandi dalam.

　Termasuk biaya listrik dan sarapan.

A : Baiklah.

　Boléh saya lihat-lihat dulu tempatnya?

B : Kapan saja boléh. Datang saja ke sini.

A : Ok, Pak.

　Nanti saya akan mampir pukul 4 soré.

한 달에 대략 100만 루피아예요.

와, 너무 비싸요, 아저씨!

꼭 그렇지만은 않아요.

이 하숙집은 **다른 하숙집과 달라요.**

여기에는 **좋은 시설이** 있어요.

에어컨, 내부 화장실이 있어요.

전기세와 아침 식사가 포함됐어요.

좋아요.

제가 먼저 그곳을 봐도 되겠습니까?

언제든지 됩니다. 여기로 와 보세요.

네, 아저씨.

나중에 오후 4시에 들리겠습니다.

|단어 공부|

selingan musik	간주곡
hasil bumi	농산물
hasil industri	공산품
campur tangan	연루되다, ~에 끼어들다
benda kuno	골동품
yayasan	기금, 재단, 사단법인, 공익재단
jinak	온순한

3. 당신 어디 사세요?

Kamu Tinggal Di Mana?

B : Siang, **Hari ini langit cerah ya**.

A : Ya. Sekarang kamu tinggal di mana?

B : Aku tinggal di apartemén Margonda.

A : Saya tinggal di belakang Margonda.

B : Oh, kamu **tetangga** saya .

A : Ya betul, tinggal di sana bagus sekali?

　Ada **kolam renang** dan **petugas keamanan**.

B : Ya aman. Di sini ada juga supermarket,

안녕하세요. **오늘 하늘이 맑아요.**

그렇네요. 지금 당신은 어디 사세요?

나는 마르곤다 아파트에 살아요.

저는 마르곤다 뒤편에 살아요.

당신은 내 **이웃**이네요.

네 맞아요, 거기 사는 게 정말 좋죠?

수영장과 경비도 있고

네 안전하죠. 여긴 또한 슈퍼도 있고,

jadi bisa mudah berbelanja

dan **fasilitas lain** juga bagus.

Rumahku **bagaikan surga.**

A : Oh gitu, aku ingin tinggal

di tempat seperti itu.

B : **Bagaimana keadaan** di sekitar rumahmu?

Saya ingin tahu **dengan jelas**.

A : **Situasi di sini** kurang bagus.

Ada gang gang kecil dan banyak sampah

yang menyebabkan bau busuk.

B : Ya, sebaiknya kamu pindah

ke apartemén saja.

A : **Tidak mungkin,**

keluargaku kurang **mampu**.

B : Ya, jangan khawatir.

Sudah besar nanti **kamu bisa mencari uang**

yang banyak karena kamu sangat pintar.

A : Terima kasih, saya ingin menjadi dokter

agar mendapat banyak uang.

B : Ide yang bagus.

Saya akan berdoa untukmu.

A : Terima kasih. **Sebagai dokter**

saya ingin membantu orang miskin.

B : Saya sangat senang

karena punya teman seperti kamu.

Saya akan mencontohmu.

A : Saya tidak tega melihat **kesulitan**

orang tua saya.

Saya mau sukses dan **membanggakan**

kedua orang tua saya.

B : Ya. kamu orang yang sangat baik.

A : Oh ya ya. Mari kita berenang.

Saya datang ke sini untuk berenang.

B : Oh ya, kamu pandai berenang?

그래서 쉽게 쇼핑할 수 있고

다른 시설 또한 좋아요.

내 집은 **마치 천국 같아요.**

오 그래요, 저는 **그런**

곳에서 살고 싶어요.

당신 집 근처의 **상황은 어때요?**

저는 **상세하게** 알고 싶어요.

이곳 상황은 좋지 않아요.

작은 골목들도 있고 썩은 냄새의

원인이 되는 쓰레기도 많아요.

네, 당신은 아파트로 이사 가는 것도

좋을 것 같아요.

불가능해요.

우리 가족은 **능력이** 없어요.

네, 걱정 마세요.

나중에 크면 **당신은 똑똑하기**

때문에 **많은 돈을 벌 수 있을 거예요.**

고마워요, **많은 돈을 벌 수 있게**

저는 의사가 되고 싶어요.

좋은 생각이네요.

저는 당신을 위해 기도할게요.

고마워요. **의사로서**

전 가난한 사람을 돕고 싶어요.

전 **당신 같은 친구가 있어서**

정말 기뻐요.

전 당신을 본받을 거예요.

전 **제 부모님의 어려움을**

차마 볼 수 없어요.

전 성공하고 싶고 저의 부모님을

자랑스럽게 해주고 싶어요.

오. 당신은 참 좋은 사람이에요.

그래요. 우리 수영합시다.

난 여기 수영하러 왔어요.

그래요, 당신 수영 잘해요?

A : Belum. Lagi belajar.

B : Boléh saya ajari?

　Saya belajar **dari pelatih yang baik**.

A : Boléh boléh.

B : Oke. Kita berlatih ya.

A : Terima kasih banyak.

　Saya akan pandai berenang

　berkat kamu. Ha ha.

아직입니다. 배우는 중이에요.

제가 가르쳐 줄까요?

저는 **좋은 지도자에게서** 배웠어요.

정말 좋아요.

알겠어요. 우리 연습해요.

너무 고마워요.

전 당신 덕분에 **수영을**

잘할 겁니다. 하하.

|단어 공부|

leluhur, nénék moyang, cikal bakal	조상
jamu tradisional	전통 약
tawaran, perundingan	협상, 토의
téknisi	기술자
téknis	기술적인
peluru	총알
montir	기계공

16 재활용 및 만들기에 대한 대화

1. 한 잔의 수수를 만드는 방법

Cara Membuat 1 Gelas Susu

Berikut ini adalah cara membuat susu.

아래는 우유를 만드는 방법이다.

1 : Ambil **tiga séndok makan** susu.
Masukkan(tuangkan) ke dalam gelas.

세 **숟가락의** 우유를 준비해라.
컵 속으로 넣어라. (부어라)

2 : Isi gelas **dengan air panas**
atau **air dingin** sesuai seléra.

뜨거운 물이나 찬 물로
입맛에 맞게 컵을 채워라.

3 : **Aduklah** secara merata **sampai**
susu larut dengan memakai séndok.

숟가락을 사용하여 우유가
용해될 때까지 골고루 저어라.

Gampang (Mudah) sekali membuatnya, bukan? Nah, mulai sekarang **jangan bergantung** pada orang tuamu dan pembantumu. **Cobalah melakukannya sendiri,** lama kelamaan kamu **akan terbiasa.**

그것을 만들기는 **정말 쉽다.** 안 그래? 자, 지금부터 너의 부모님이나 가정부에게 **의존하지 마라.**
혼자 그것을 해봐라, 갈수록 너는 **익숙해질 것이다.**

|단어 공부|

pengikut	추정자
pasukan, laskar	군대, 부대
kewalahan	감당할 수 없는, 필적할 수 없는
rempah, bumbu	양념
sebal, sial	재수 없는, 빌어먹을, 제기랄, 성질 나는
sempit	좁은

2. 온데 온데 과자
Kué Ondé Ondé

Sisi dan teman-teman **akan belajar kelompok**. Kali ini **belajar kelompok** diadakan di rumah Sisi. Oléh karena itu, Sisi ingin membuat makanan untuk teman-temannya. Sisi bingung **harus membuat makanan apa**. Lalu, Sisi teringat Bibi Dewi, pengusaha ondé ondé.

시시와 친구들은 **그룹 스터디를** 하려 **했다**. 이번에는 **그룹 스터디를** 시시 집에서 **한다**. 그래서, 시시는 친구들을 위하여 음식을 만들려 했다. 시시는 **무슨 음식을 만들어야 하는지** 혼란스러웠다. 그런 후, 시시는 온데 온데 사장인 데위 숙모를 떠올렸다.

A : Halo, bisa bicara dengan Bibi Dewi?

여보세요, 데위 숙모님 바꿔줄 수 있으세요?

B : Saya Bibi Dewi, Ini siapa. ya?

내가 데위 숙모야. 너는 누구니?

A : Bi, saya Sisi.

숙모, 저 시시예요.

B : Wah, Sisi? Apa kabar? Ada apa?

와, 시시? 어떻게 지내니? 무슨 일 있어?

A : **Ya. Maaf, ya, saya mengganggu Bibi.**

네. 미안해요, 숙모를 방해했어요.

B : Tidak apa apa.
　　Bibi senang **kamu menélépon.**

괜찮아.
숙모는 **네가 전화해서** 기뻐.

A : Begini, saya ingin membuat
　　kué ondé ondé.
　　Tapi, saya tidak tahu bahan
　　yang harus disiapkan.

사실은 이래요. 저는 온데 과자를
만들고 싶어요.
하지만, **준비해야 할**
재료를 저는 몰라요.

B : Oh, **untuk membuat ondé ondé**
　　membutuhkan tepung ketan.
　　kacang hijau. wijén. dan air.

그래, **온데를 만들기 위해선**
찹쌀가루, 푸른콩, 참깨
그리고 물이 필요해.

A : Lalu, bagaimana cara membuatnya?

그런 후, 어떻게 그것을 만들어요?

B : Tepung ketan **dicampur dengan air.**
　　Lalu **diaduk sampai rata.**
　　Setelah itu, diambil **sebanyak**
　　satu séndok makan.
　　Bentuklah **adonan menjadi bulat.**
　　Lalu **pipihkan.**
　　Setelah itu, **letakkan kacang hijau**
　　di tengahnya.

찹쌀가루를 **물과 혼합해.**
그리고, **혼합이 균일할 때까지 저어.**
그런 후, **밥 숟가락 하나 정도 크기를**
준비해.
반죽이 둥글게 되게 만들 거라.
그 후 평평하게 해라.
그리고, 그 중간에
푸른콩을 놓아라.

Lalu, **bulatkan lagi**, kemudian,
gulingkanlah adonan itu di atas wijén.
Lalu **digoréng**.

A : Wah, sulit juga, ya.

B : Tidak juga. Begini saja, kamu datang
ke rumah Bibi.
Lalu, kita buat ondé ondé bersama sama.

그리고, **다시 둥글게 해라.**
그리고 난 뒤, 참깨 위에 **그 반죽을 굴려라.**
그 후에 **튀겨라.**

와, 역시 어렵네요.

그렇지 않아. 이렇게 하자,
네가 숙모 집에 와라.
그리고, 우리 온데를 함께 만들자.

|심층 공부|

menarik napas lega 편안히 숨을 쉬면서	beralasan 핑계를 대다
koridor 복도	usaha bersama 합작 사업
korps 단, 단체, 집단	kepentingan 중요, 가치, 필요성, 이익, 관심
peringatan 주의, 훈계	teguran 꾸지람, 질책
mengoméli 잔소리하다	tersebut 지적된, 위에서 언급한, 그것
BPKB (Buku Pemilik Kendaraan Bermotor)차량 소유증	
terserang, terkena 당하다, 걸리다	tanjakan 경사 길, 오르막길
turunan 내리막길	tikungan, belokan 고갯길, 커브길
ambil jalan kiri, ambil arah ke kiri 운전자에게 왼쪽, 오른쪽으로 가자고 할 때, 방향을 알려 줄 때	

---

3. 내가 만든 도자기

Keramik Buatanku

A : Sit, itu keramik-keramik milik siapa?

B : Itu keramik buatanku.
Aku akan menjualnya **ke toko suvenir.**

A : Wah, itu idé yang bagus.
Tapi, menurutku, keramik itu
belum layak untuk dijual dulu.

B : Belum layak, ya.
Tolong, dong, beri kritikanmu!

A : Ya, menurutku, modél yang
kamu buat itu **kurang memenuhi**
seléra masyarakat sekarang.

싯, 그것은 누구의 도자기들이냐?

그것은 내가 만든 도자기야.
나는 그것을 **골동품 가게에** 팔려고 해.

와, 그거 좋은 생각이야.
하지만, 내 생각에는, 그 도자기는 먼저
팔기에는 **아직 적합하지 않아.**

아직 적합하지 않다고.
제발, 너의 조언을 줘!

그래, 내 생각에는, 네가 만든
그 모델은 현대 주민들의
취향을 **채우기는 부족해.**

Kamu bisa lebih kréatif lagi dan
membuat bentuk yang lain, seperti
bentuk binatang dan bunga.

B : Oh, gitu ya. **Kamu benar.**
Modél yang saya buat
hanya modél mangkuk saja.
Terus, apa lagi kritikanmu?

A : Hm, menurutku, warna yang kamu
gunakan **kurang serasi**
dan **kurang cerah.**

Kamu bisa menggunakan warna-warna
yang lebih menarik perhatian.

B : Ya, mémang.
Warna-warna yang aku pilih **mémang**
kurang cerah sehingga **terkesan kaku.**
Aku akan **mencoba memadukan**
warna-warna yang cerah.
Aku **akan pertimbangkan**
semua kritikanmu.

너는 훨씬 더 창작할 수 있고
다른 모양을 만들 수 있어,
동물 모양이나 꽃 형태와 같은 것처럼.
오, 그렇구나. **네가 맞아.**
내가 만든 모델은
오직 그릇 모델뿐이야.
계속해서, 너의 조언은 또 뭐니?
음, 내 생각에는,
네가 사용하는 색상은 **어울리지 않고**
밝지 않아.

너는 **관심을 더 끄는 색상들을**
사용할 수 있어.
그래, 정말 그래.
내가 선택한 색은 **정말 밝지가 않아**
그래서 **뻣뻣한 인상을 받아.**
나는 밝은색들을
조합시켜 볼 거야.
나는 너의 모든 비평을
심사숙고할게.

|심층 공부|

kesal 언짢은, 기분 나쁜
sesal 후회하다
semoga saja begitu 그렇게 하길 바란다
Pemda (Pemerintah Daérah) 지방정부
menyengsarakan 고통을 주다, 어렵게 하다
mewabah (넓은 지역) 병이 확산되다, 전염되다

kecewa 실망한
upah, gaji 봉급

Polda (Polisi Daérah) 지방경찰
sekadarnya 필요한 만큼, 있는 그대로
menular (좁은 지역) 병이 번지다

4. 헌 물건을 사용하라

Memanfaatkan Barang Bekas

Dalam kehidupan sehari-hari, kita menggunakan bermacam-macam barang. Biasanya, kita membuang suatu barang sesudah menggunakannya. **Hal ini merupakan pemborosan** karena sebenarnya barang bekas dapat dimanfaatkan kembali. Ada juga barang bekas **yang tidak dapat digunakan. Namun dapat didaur ulang.**

일상의 삶 속에서, 우리는 여러 가지의 물건을 사용한다. 보통, 우리는 어떤 물건을 사용한 후에 버린다. **이 일은 낭비이다.** 왜냐하면 사실 헌 물건은 다시 사용될 수 있기 때문에. **사용될 수 없는** 헌 물건은 또한 있다. **그러나 재활용할 수 있다.**

Barang bekas jenis ini biasanya dikumpulkan oléh pemulung. Lalu, dijual ke **penadah barang bekas.** Barang bekas itu dijual kembali ke pabrik untuk didaur ulang dan dijadikan barang baru. **Jika saja kita tahu**, manfaat barang bekas itu banyak sekali.

이 종류의 헌 물건은 보통 고물 장수가 모은다. 그 후, **고물 장물아비에게** 팔린다. 그 고물은 재활용하기 위하여 공장으로 다시 팔린다. 그리고 새 물건이 된다. **만일 우리가 알아본다면,** 그 헌 물건의 용도는 매우 많다.

 didaur ulang 재활용 **mébel, perabot, perabotan** 가구

|단어 공부|

patung	조각품
kejayaan	영광, 번창
hépatitis	간염
ngeri	무서운
mahaguru, profésor, dosen	교수
mimik wajah	얼굴 표정, 얼굴 흉내
panduan	지침, 안내
pedoman	지침, 안내서, 나침반 (kompas)

5. 자투리 천으로 가방을

Tas dari Kain Perca

Tas Mira **telah sobék bagian bawahnya**. Mungkin tas itu mémang **sudah saatnya diganti**.

미라의 가방 **밑 부분이 찢어졌다**. 아마도 그 가방이 확실히 **교체될 때인 것 같다**.

A : Nénék, aku memerlukan tas baru.
　　Tas itu sudah sobék.
B : Nénék belum punya uang.
　　Bagaimana kalau
　　kamu jahit dahulu tas itu?
A : Tasku **sudah berkali kali dijahit**
　　dan sobék lagi.
　　Aku gunakan uang tabunganku saja.
B : Jangan kamu ambil uang tabunganmu.
　　Biarkan uang tabunganmu
　　terkumpul banyak.
　　Kelak kamu dapat gunakan
　　untuk biaya jalan-jalanmu.
A : Tetapi, sekarang aku kan perlu tas?
B : Mira tidak usah khawatir.
　　Nanti aku buatkan tas **dari kain perca.**

　　Aku punya banyak kain perca.
　　Pasti hasilnya bagus.
A : Wah, nanti aku diéjék teman-teman
　　memakai tas dari kain.
B : Kamu tidak tahu.
　　Sekarang kerajinan tangan
　　dari kain perca **sedang diminati.**
　　Sisa-sisa kain dapat kita manfaatkan
　　menjadi sesuatu barang.
　　Walaupun dari sisa kain,
　　kamu lihat saja nanti hasilnya.

할머니, 저는 새 가방이 필요해요.
가방이 이미 찢어졌어요.
할머니는 아직 돈이 없단다.
너는 그 가방을
먼저 꿰매는 게 어떠니?
제 가방은 **이미 여러 번 꿰맸는데**
다시 찢어졌어요.
저는 제 저금을 사용하도록 할게요.
너는 저금한 돈을 찾지 말거라.
너의 저금이 많이 모여지도록
두어라.
나중에 너는 너의 여행비용으로
사용할 수 있어.
하지만, 지금 저는 가방이 필요하잖아요?
미라는 걱정할 필요가 없어.
나중에 내가 **자투리 천으로** 가방을
만들어 줄게.
나는 많은 자투리 천을 갖고 있어.
확실히 그 결과는 좋을 거야.
아, 나중에 저는 천으로 만든 가방을
사용한다고 친구들에게 놀림당해요.
너는 모르는구나.
요즘 자투리 천으로 만든 수공예가
관심을 받고 있단다.
천의 여분들은 우리가
어떤 물건이 되게 사용할 수 있어.
비록 천의 여분들로 만들었지만,
너는 그 결과를 나중에 보렴.

Tas itu pasti **tidak kalah bagus**
dengan tas lainnya.

그 가방은 정말로 다른 가방과
성능(좋은) 면에서 지지 않을 거야.

|단어 공부|

secara ringkas (singkat)	간단하게
KK (Kartu Keluarga)	주민등록증
KTP (Kartu Tanda Penduduk)	주민등록증
usia balita	유아, 5세 이하
komunikasi	소통, 통신
hiasan	장식품
garpu	포크
masa tunas	잠복기
sesak napas	숨쉬기 곤란한

---

6. 공예품 만들기

Membuat Kerajinan Tangan

A : Wah, menarik sekali!　　　　　　　와, 정말 멋지다!
　　Bagus sekali karya-karyamu ini!　너의 이 작품들은 너무 좋아!
　　Kamu mémang kréatif.　　　　　너는 정말 창의적이야.
　　Kamu mau apa dengan kerajinan itu?　**너는 그 공예품으로 뭘 할 거야?**
B : Aku ingin menjualnya di toko-toko.　나는 가게에서 그것을 팔고 싶어.
A : Oh, **bagus sekali idému!**　　　**그래, 네 생각은 너무 좋아!**
　　Kamu mémang pandai dan berbakat!　너는 정말 똑똑하고 재주가 있구나!
　　Kalau begitu,　　　　　　　　그렇다면,
　　aku pesan tempat pénsil satu.　　나는 필통 하나를 주문할게.
B : Baiklah, **kamu tinggal pilih modélnya saja.** 좋아, **너는 모델 선택만 해줘.**
A : **Susah tidak** membuatnya?　　그것을 만들기가 **어려워 쉬워?**
B : Mudah, kok.　　　　　　　　쉽지.
　　Apalagi **bahannya mudah didapat.**　더욱이 그 재료를 구하기는 쉬워.

|단어 공부|

meteran air	수도계량기
serat pangan	식이 섬유
petunjuk kerja	작업 지침
selingan	막간, 사이, 간주, 간주곡
ketularan	전염, 감염
melucu	웃기는 행동(말)을 하다
air liur, ludah	침, 타액
lunak	연한

수선, 수리, 건설

1. 고장난 TV

Télévisi YangRusak

Sudah dua hari, saya tidak bisa menikmati tayangan televisi. Télévisi meréka mengeluarkan suara, tetapi tidak ada gambar. Pak Arif membawa télévisinya **ke tempat servis** milik kak Dio. Setelah diperiksa, **alat di dalamnya** ada yang rusak. **Setelah diganti dengan yang baru,** televise itu pun menyala kembali. Kak Dio senang bisa memperbaiki televise Pak Arif dengan cepat.

이틀 동안, 나는 TV 화면을 볼 수 없었다. 그들의 TV는 소리는 내보내지만, 영상은 없었다. 아립 씨는 디오 형 소유의 **서비스 센터로** 그의 TV를 가지고 갔다. 검사한 후, **그 안에 있는 부속품이** 망가진 게 있었다. **새 부속품으로 교체한 후,** 그 TV는 역시 다시 켜졌다. 디오 형은 아립 씨의 TV를 빨리 고칠 수 있어서 기뻤다.

Pak Arif pun kelihatan senang. Akan tetapi, Dio bingung ketika Pak Arif menanyakan bayarannya. **Harga alat yang diganti** sangat murah. Selain itu, **mengerjakannya pun** hanya 10 menit. Akhirnya, Pak Arif memberi Dio uang sebesar lima puluh ribu rupiah. **Dio menolaknya.** Akan tetapi, **Pak Arif tetap memaksa.** Akhirnya, Dio pun menerimanya **dengan senang hati.**

아립 씨 역시 기뻐 보였다. 그러나, 아립 씨가 그 요금을 물었을 때 당황스러웠다. **교체한 부속품의 가격은** 매우 저렴했다. 그 외에, **작업도** 오직 10분만 걸렸다. 결국, 아립 씨는 디오에게 5만 루피아 정도의 돈을 주었다. **디오는 그것을 거절했다.** 하지만, **아립씨는 여전히 강요했다.** 결국, 디오는 **기꺼이** 그 돈을 받았다.

2. 나는 기술자를 고용하고 있다

Saya Mempekerjakan Montir

Saya **mempekerjakan** lima orang montir. Meréka memiliki keahlian yang berbéda-béda. Ada yang ahli mesin, **menyetel roda** dan memasang ban. Pekerjaan saya hanya mengawasi montirnya. Akan tetapi, terkadang saya memberikan **pengarahan.** Para montir melayani pelanggan **dengan ramah** dan **cekatan.** Hal inilah **yang menjadi daya tarik** para pelanggan. Selain ingin memperbaiki ada juga orang yang membeli **onderdil (suku cadang) kendaraan.**

나는 다섯 명의 기술자를 **고용했다.** 그들은 각각 다른 전문성을 가지고 있다. 기계 전문가, **바퀴를 조정하는 전문가** 그리고 타이어를 설치하는 기술자가 있다. 나의 일은 오로지 그 기술자를 관리하는 일이다. 그러나, 가끔 나는 **지침을** 준다. 모든 기술자들은 **친절하고 신속하게** 손님에게 봉사한다. 이것이 손님들을 **끄는 힘이 되는 것이다.** 차량 수리를 원하는 사람 외에, **차량 부품을** 사려는 사람도 또한 있다.

 cepat, sigap, cekatan 빨리, 신속한

kata sifat	형용사
kata benda, nomina	명사
kata keterangan, kata tambahan	부사
kata kerja	동사
karcis	공연 등의 표
tikét	차량 등의 표
individu, pribadi	개인, 개체
menggelinding	데굴데굴 구르다
menyatakan	설명하다, 표명하다
antarnegara	국가 간에
memasarkan	시장에 팔다

3. 전등선이 끊어지다

Kabel Lampunya Putus

A : Sudah selesai, Pak?

B : Sudah, Dik.

　　Wah, kabel lampunya **putus semua,**

　　termasuk lampu kamar.

A : Lantas, **kabel itu disambung**, Pak?

B : Tidak bisa disambung.

　　Kabel itu **sudah terlalu aus**. Jadi,

　　terpaksa **kami ganti** dengan kabel baru.

A : Terima kasih, Pak!

　　Ongkosnya berapa, Pak?

B : Tanya di kasir, **sekalian bayar.**

A : Iya, terima kasih. Pak.

벌써 끝나 셨어요, 아저씨?

그래, 애야.

와, 전등선이 방을 포함해서,

모두 끊어졌었어.

그래서, **그 전선을 연결했어요**, 아저씨?

연결할 수가 없었어.

그 전선은 **이미 너무 낡았어.** 그래서,

할 수 없이 **우리는** 새 전선으로 **교체했단다.**

고마워요, 아저씨!

요금이 얼마에요?

카운터에 물어보렴, **모두 지불했단다.**

네, 고마워요. 아저씨.

lantas, langsung, segera 곧바로, 즉시　　　**sekalian, semua** 모두

|심층 공부|

lagi 단어는 자주 sedang의 의미를 갖습니다.

Aku lagi di jalan 나는 가는 중이다	Maunya begini 원하는 건 이렇다
begini besarnya 크기는 이만하다	Begini ceritanya 이야기는 이러하다
sebenarnya begini 사실은 이렇다	memandang (주로 경치) 바라보다
pemandangan 경치	menonton (TV나 영화 등을) 보다
melihat (일반적인 사물) 바라보다	menyaksikan (사건이나 상황을) 목격하다, 보다
sénsus penduduk 인구 조사	mempersilakan 공손히 권하다
mengasihani 불쌍함을 느끼다	kasihan 불쌍한
memuji 칭찬하다	lampu lalu lintas. lampu mérah 교통 신호등
	lampu mérah 를 더 많이 사용합니다.

4. 백화점을 건립하다

Membangun Mal

A : Apakah kamu semalam melihat berita **tentang pembangunan mal** di dekat Pasar Cisitu?

B : Semalam, **setelah magrib,**
aku langsung tidur.
Akan tetapi, aku sudah mendengar
berita itu dari ayahku.
Pedagang Pasar Cisitu **menentang pembangunan mal** di sana, kan?

A : **Serba salah juga, ya.**
Sebagian masyarakat mendukung
pembangunan mal itu,
namun, para pedagang **menentangnya.**

B : Kata ayahku, para pedagang takut
jika masyarakat **tidak akan berbelanja**
di pasar lagi.

A : Menurutku, berbelanja di pasar
lebih menguntungkan.
Harga barang-barangnya **bisa ditawar.**

너는 어젯밤 찌시뚜 시장 가까이에
백화점 건축에 대한 뉴스 봤니?
어젯밤, **일몰 기도 후,**
나는 바로 잠들었었어.
그러나, 나는 이미 아버지로부터
그 뉴스를 들었어.
찌시뚜 시장 상인은 그 곳에서의
백화점 건설을 반대한다며?
모두가 또한 잘못됐어, 야.
주민 일부는
그 백화점 건설을 **지지하는데,**
상인들은 **그것을 반대한대.**
내 아버지 말씀이, 상인들은 주민들이
다시는 시장에서 **쇼핑하지**
않을까 봐 두려워한대.
내 생각은, 시장에서
쇼핑하는 것은 더 이득을 주는 것 같아.
그 물건들의 값을 흥정할 수 있잖아.

Menurutku, pasar tradisional
akan tetap dikunjungi para pembeli.
B : **Bukankah lebih énak** berbelanja di mal?
A : Iya, sih. Kita tidak kepanasan.
B : **Susah juga, ya.**
Semua ada **kelebihan** dan **kekurangannya.**

내 생각에는, 전통 시장을
구매자가 **여전히 찾아올 것 같아.**
백화점에서 쇼핑하는 게 **더 좋지 않아?**
그렇지, 우리는 더위에 시달리지 않지.
역시 어렵다, 얘.
모든 것은 **장점과 단점**이 있는 거야.

|단어 공부|

kepanasa	너무 더운, 더위에 시달리다
menggadaikan	저당 잡히다
ketidakadilan	불공정
keraguan	주저함
éksprési	표현, 표정
kelalaian	부주의
air bah, banjir	홍수
keprihatinan, kedukaan, kesengsaraan	비애, 고통
keragaman	다양성
gawat	위급한
darurat	비상사태, 위급

---

5. 고가도로

Jalan Layang

Jalan di kota kota besar **banyak jumlahnya.** Selain banyak, jalan di kota besar juga lébar dan dilengkapi dengan trotoar. **Karena** jumlah kendaraan **semakin hari semakin banyak,** suasana di persimpangan **semakin padat.** Di persimpangan itu, **biasanya dipasang lampu lalu lintas (lampu mérah).**

대 도시에 있는 도로는 그 **수가 많다.** 많은 것 외에, 대 도시에 있는 도로는 또한 넓고 인도로 갖춰져 있다. 차량의 수가 **날이 갈수록 많아지기 때문에,** 교차로 상황은 **점점 복잡하다.** 그 교차로에는, 일반적으로 교통 신호등이 설치된다.

Karena semakin hari semakin padat, pada beberapa persimpangan **yang paling ramai, dibuat jalan di atas jalan,** namanya jalan layang. Sebelum berangkat sekolah, saya masih sempat menyimak berita pagi di télévisi. Sebuah stasiun télévisi menayangkan berita **mengenai proyek jalan** di kota besar. **Sejak mendengar berita pembuatan jalan layang** saya bertanya tanya, bagaimana cara **membuat jalan di atas jalan..**

날이 갈수록 복잡하기 때문에, **가장 분주한** 몇몇 교차로에는, **도로 위에 도로가 만들어진다.** 그 이름이 고가도로이다. 학교 출발 전, 나는 TV에서 **아침 뉴스를** 들을 시간이 여전히 있었다. 한 방송국에서 대 도시에 있는 **도로 계획에 대한 뉴스를** 방영했다. **고가도로 제작 뉴스를 들은 후,** 도로 위에 도로를 만드는 방법이 어떠한지 나는 계속 물었다.

A : Selamat soré.

안녕하세요.

　　Bisa bicara dengan Pak Ali?

알리 선생님과 통화할 수 있나요?

B : Ya, Saya sendiri. Ini dari siapa, ya?

그래, 나야. 너는 누구니?

A : Ini saya, Ali, murid Bapak.

저 알리예요, 선생님 학생

B : Oh Ali, Ada apa, Ali?

오 알리, 무슨 일 있냐, 알리 ?

A : Pak, saya dengar berita **ada rencana pembuatan** **jalan layang** di persimpangan jalan utama. Benarkah berita itu?

선생님, 저는 **주요 도로 교차로에 고가도로** **설치 계획이 있다는** 뉴스를 들었어요. 그 뉴스 사실이에요?

B : Benar, Ali.

사실이야, 알리.

A : Tetapi, apakah bisa?

그런데, 될 수 있나요?

B : Maksudmu?

네 말의 의미는 뭐니?

A : Apakah bisa membuat jalan di atas jalan?

도로 위의 도로를 만들 수 있어요?

B : Ya, **tentu saja bisa.**

그래, **당연히 할 수 있지.**

　　Sekarang ilmu pengetahuan
　　dan téknologi **sudah maju.**
　　Jangankan jalan layang,
　　jembatan layang dan **jalan susun** pun
　　sudah mampu dibangun bangsa kita.
　　Untuk mengurangi kemacétan
　　di Jalan Utama, **dalam waktu dekat ini,**
　　pemerintah akan membangun **Jalan layang.**
　　Jalan ini akan dibangun **sepanjang**
　　600 meter dengan lébar 8 meter.
　　Jalan ini rencananya akan dibangun
　　dalam waktu sekitar enam bulan.

현재 과학과
기술이 **이미 발전했단다.**
고가 도로는 **말할 것도 없고,**
고가 다리와 연결 도로 또한
이미 우리 민족이 건설할 수 있어.
주요 도로에서 정체를 줄이기 위해,
가까운 시일 내에,
정부는 **고가 도로를** 건설할 거야.
이 도로는 길이 600미터
넓이 8미터로 건설될 거란다.
이 도로는 그 계획이 **약 6개월의**
기간 안에 건설될 거야.

Bahan baku, antara lain **berupa** besi beton dan sémén telah tersedia di dalam negeri. Jadi, tidak perlu diimpor.

주재료는, 예를 들면, 철근 콘크리트, 시멘트 같은 **것은** 국내에서 이미 준비되어 있단다. 그래서, 수입할 필요가 없어.

|단어 공부|

gundah	의기소침한, 낙담한, 우유부단한, 슬픈, 심란한
kegundahan	낙담, 슬픔
naas, nahas, malang	불행한
berusaha dengan keras, berusaha yang terbaik	최선을 다하다
variasi	변화, 변동
selingkuh	바람을 피우다
mengawal	경비하다, 호위하다
mengawali	시작하다
pornografi	포르노
membarter	물물 교환하다
kerut, kecut, kedut	구겨진, 주름
keriput	얼굴 주름

Pelajaran

18

발명, 발견

1. 역사를 바꾼 발명

Penemuan yang Mengubah Sejarah

Penemuan alat-alat ini **telah mengubah sejarah manusia.** Sejak zaman dahulu, manusia selalu **berusaha meringankan** perusahaan mereka. **Untuk sampai pada tahap téknologi modern** seperti sekarang ini, **tidak didapat dalam waktu sekéjap. Melalui penemuan-penemuan itu,** sekarang peralatan modérn telah banyak digunakan **di rumah tangga.** Misalnya radio, télévisi, mesin cuci, AC dan lain lain.

이 기구들의 발명은 **인간의 역사를 이미 바꾸었다.** 옛날부터, 인간은 항상 그들의 사업을 **쉽게 하려고** 노력했다. 지금처럼 현대기술 수준에 이르기까지, 짧은 시간 안에 얻어진 것이 아니다. 그 발명들을 **통하여,** 지금 첨단 도구(장비)들은 이미 **가정에서** 많이 사용된다. 예를 들어 라디오, TV, 세탁기, 에어컨 그리고 기타 등.

|단어 공부|

mengusut, menyelidiki, menyidik, memeriksa	조사하다
wartél (warung télékomunikasi)	전화방
warnét (warung internét)	PC 방
komunitas	사회공동체, 사회단체
pemandu	인도자, 가이드
penyebaran	유포, 전파
musnah, rusak	파괴된
publik	대중, 공중
menyeléksi	선별하다
kampanye	유세, 선거운동, 선전
menguatkan	강하게 하다, 공고히 하다

---

2. 현대(첨단) 기술의 피해

Kerugian Téknologi Canggih

A : Kamu tahu **siapa penemu mesin uap?**

B : Ya, tahu dong! Saya sudah pernah baca.

A : Ya, ingin tahu saja.

B : Hus, ingin tahu saja?
   Kok, bicara disingkat-singkat..

A : Iya, iya··· ingin tahu···

B : Namanya Jamés Watt.
   Dia orang bule, bukan bangsa kita.

A : Ya, iya, sekarang saya ingin tahu lagi,
   mengapa penemuan mesin uap itu
   ditentang oléh para pekerja?

B : Dengan adanya mesin itu,
   banyak pekerja **mulai tersisih.**
   Tenaga manusia **mulai diganti oléh mesin.**
   Karenanya, banyak manusia **menganggur.**

A : Terus?

B : **Meréka yang menganggur**
   lalu mencari pekerjaan lain.

A : Jadi merugikan, dong!

B : Sebagian orang **merasa dirugikan,**
   tetapi sebagian orang lain
   merasa sangat diuntungkan.

너는 증기 기관의 발명자가 누군지 아니?

그래, 알지! 나는 이미 읽은 적이 있어.

그래, 알고 싶어.

후, 알고 싶다고?

그럼, 짧게 얘기할게.

그래, 그래··· 알고 싶어···

그의 이름은 제임스 와트야.

그는 백인이고, 우리 민족은 아니야.

아, 그래, 지금 나는 또 알고 싶어,

왜 그 증기기관 발명이

작업자들에 의해 배척당하는지?

그 기계의 존재로,

많은 작업자들이 **배제되기 시작했지.**

인력은 **기계에 의해 교체되기 시작했어.**

그런 이유로, 많은 사람이 **실직했지.**

그래서?

실직한 그들은 그리고

나서 다른 직업을 찾았어.

그래서 피해를 줬구나!

일부의 사람은 **손해 봤다고 느끼지만,**

다른 일부의 사람들은

많은 이득을 받았다고 느꼈어.

mengévaluasi, menilai	평가하다
rélawan, sukarélawan	자원봉사자
péntas, panggung	연극이나 연설 무대
sanggar	춤, 노래 등 연습하는 무대
menelusuri	~길을 따라 걷다
hak memilih, hak suara	선거권, 투표권
surat suara, surat pemilihan	선거용지
menerima hasil pemilihan	선거 결과에 승복하다
pemilihan khusus	보궐 선거
pemilihan, undian suara, pengundian suara	
pemungutan suara	투표, 선거
mengundi suara, memberi suara, memungut suara	선거하다
hak milik	소유권
hak pakai	사용권
biro pengiriman barang	택배 사무실
jadwal perjalanan keréta api	기차여행 일정표
agén biro perjalanan	여행사 대리점

3. 과학자 후보

Calon Ilmuwan

A : Ali, **sedang bikin apa?**   알리, 지금 무엇을 만들고 있어?

B : **Bikin pesawat**   태양으로 날아가기 위해

   untuk terbang ke matahari.   **비행기를 만들고 있어.**

A : Lampunya, kok, cuma satu?   전등은 왜 오직 하나니?

   Mana bahan bakarnya?   연료는 어디 있니?

B : Itu **dalam botol sirup.**   그것은 시럽 병 속에 있지.

A : Wow, sedikit sekali!   와, 정말 적다!

   Jarak bumi ke matahari, kan, jauh!   지구에서 태양까지의 거리는 멀잖아!

B : **Berapa jauhnya?**   거리가 얼마나 되는 거야?

A : Emm… 150 juta km…   음… 1억 5천만 km…

B : Wow… jauh sekali!   와… 정말 멀구나!

A : **Seharusnya** kamu sudah tahu.   **당연히(반드시)** 너는 이미 알았어야 해.

Kamu kan, mau meneliti matahari.

O, ya mana pakaianmu?

B : Ini, Bagus, kan?

A : Ali, mana mungkin **jas hujan itu**

bisa menahan panas matahari.

B : **Pakai ini juga.**

Ini kacamata ayah

yang sudah tidak dipakai lagi.

A : Haaa? Itu kacamata plastik.

Sampai di matahari **meléléh, dong.**

Matamu bisa buta!

B : Kalau pesawatnya,

sudah ada yang jual belum?

A : **Mémang belum ada**

yang bisa membuatnya.

B : Pakaiannya juga **belum ada yang jual?**

A : Belum juga, tuh.

B : Wah, sulit ya, kak!

A : Ya, sulit. Tapi, jangan putus asa!

Siapa tahu **nanti ada ilmuwan**

yang bisa menemukannya.

Makanya, belajarlah dengan tekun!

Siapa tahu **kamulah penemunya!**

B : Iya, déh kak. Mulai sekarang,

aku mau belajar **lebih tekun lagi.**

너는 태양을 조사하고 싶은 거잖아.

오, 그래. 너의 옷은 어디 있어?

이거야, 좋지, 안 그래?

알리, 그 **우의로** 태양의 열을

견딜 수 있기는 불가능해.

이것 또한 사용할 거야.

이것은 다시 사용하지 않는

아버지의 안경이야.

하아? 그것은 플라스틱 안경이네.

태양에 도착하면 **녹아내린다, 야.**

너의 눈은 장님이 될 수 있어!

그런 비행기는,

파는 사람이 있어, 아직 없어?

물론 그것을 만들 수 있는

사람은 아직도 없어.

옷 역시 **아직 팔지 않지?**

역시 아직 없어.

와, 어려워, 야. 언니!

그래, 어려워. 하지만, 포기하지마!

누가 아냐 **나중에** 그것을

발명할 수 있는 **과학자가 있을지.**

그러니, 부지런히 공부해!

누가 아냐 **네가 그 발명가일지!**

알았어, 언니. 지금부터 시작해서,

나는 **훨씬 더 부지런히** 공부할 거야.

perangai, watak, sifat 성격   main tangan 손찌검하다, 주먹질하다

harmonis 조화   betah 적응하다

berawal, mulai 시작하다   mengakhiri 끝내다

berakhir, selesai 끝나다   ribut-ribut 서로 다투는

komunikasi 소통

차를 주차할 때, 핸들을 돌렸다가 푸는 것을 balas 라고 표현합니다.
주차할 때, 자주 들으니 잘 알아야 합니다. 편지의 답신을 기다릴 때나 소식을 달라고 할 때도 사용합니다.

KDRT (Kekerasan Dalam Rumah Tangga) 가정 폭력

keberuntungan 행운   atraksi 생동감

babak (연극의)한 막, 한 편, 한 장면, (경기의)한 회전, 한 라운드, 국면

keliru, salah 틀린   mantan 구, 전직, 전에, 사람에 사용

bekas 옛날, 고물, 헌 것 물건에 사용   gaya 자세, 형식, 스타일, 유형

4. 로봇 아시모

Robot Asimo

Asimo adalah sebuah robot **yang mirip manusia.** Para peneliti di perusahaan Honda **ingin menciptakan teman untuk manusia.** Meréka ingin membuat **robot bentuk baru** yang dapat membantu manusia. Ketika berhasil membuat robot **yang bisa berjalan pelan dan lurus**, meréka tidak puas. Sebelas tahun kemudian, mereka menciptakan robot **yang berfungsi seperti manusia**

아시모는 **인간과 닮은** 로봇이다. 혼다 회사에 있은 연구가들은 **인간을 위한 친구를 창조**하려고 했다. 그들은 인간을 도울 수 있는 **새로운 형태의 로봇**을 만들려고 했다. 천천히 그리고 똑바로 걸을 수 있는 로봇을 만드는 데 성공했을 때, 그들은 만족하지 않았다. 11년 후, 그들은 **인간과 같은 기능을 가진** 로봇을 만들었다.

Sekarang, Asimo sudah **dapat berjalan normal** dengan kecepatan 2.5km per jam. Bahkan, Asimo dapat melakukan **34 macam gerakan.** Gerakan tersebut di antaranya, **membungkukkan badan, melambaikan tangan, juga bersalaman.** Bagaimana sebuah robot dapat melakukan semua itu? Asimo memiliki **alat berupa sénsor penglihatan** di kepala dan **sénsor tenaga** di tangan.

지금, 아시모는 한 시간에 2.5km 속도로 **정상적인 걸음을 할 수 있다.** 더욱이, 아시모는 **34가지 종류**

의 동작을 할 수 있다. 그중에서 언급된 동작은, 몸을 구부리고, 손을 흔들며 서로 인사를 한다(서로 악수를 하다). 어떻게 하나의 로봇이 그 모두를 할 수 있을까? 아시모는 머리에 **시각 센서 장치**와 손에 **파워 센서**를 소유하고 있다.

Dengan alat itu, **dia dapat merekam** gerakan manusia. Robot ini **dapat menerima** dan **menyerahkan barang,** berjabat tangan, **melangkah maju** atau **mundur** kalau tangannya ditarik. Sampai sekarang, **penelitian masih terus dilakukan.** Para peneliti ingin **Asimo dapat hidup berdampingan dengan manusia** dan memiliki manfaat besar bagi manusia. Karena itu, meréka selalu mengembangkannya **dengan téknologi (téknik) terbaru.** Bayangkan jika di dunia ini **kita hidup tanpa téknologi sama sekali.** Tidak ada internét, listrik, télépon dan lain lain.

그 장치로, 그는 인간의 동작을 **촬영할 수 있다.** 이 로봇은 물건을 **주고받을 수 있고,** 악수를 하고, 손을 당기면 **앞으로 걷거나 뒤로 걸을 수도 있다.** 지금까지, **연구는 여전히 계속되고 있다.** 연구가들은 **아시모가 인간과 공존하면서 살 수 있고** 인간을 위하여 큰 쓸모가 있기를 바란다. 그래서, 그들은 항상 **최신 기술로** 로봇을 발전시킨다. 만일 이 세상에서 **우리가 전혀 과학기술이 없이 산다고** 상상해보자. 인터넷, 전기, 전화 등이 없다고.

|단어 공부|

siksaan fisik	신체의 고문, 형벌
fisik	신체의
siksa	형벌, 고문
lalai	부주의한
terpelését, tergelincir	미끄러져 넘어지다
losmén	여인숙, 여관
agak gugup	조금 당황하는
mengejutkan	깜짝 놀라게 하다
melesat	나가떨어지다, 빗나가다
menusukkan	찔러넣다
menghajar	겁주려 때리다, 쓰러뜨리다
menyisipkan, menyelipkan	끼워 넣다
diperhitungkan	계산된
terpesona, tertarik	매료되다, 끌리다
peméntasan, pertunjukan	공연, 전시
pergantian	교체
redup, gelap	흐릿한, 어두운

5. 커피를 알기
Mengenal Kopi

Buah kopi ditemukan seorang gembala kambing di sebuah désa di Ethiopia, Afrika Timur, pada tahun 1000 **Sebelum Maséhi.** Saat itu, dia **bingung mencari** seékor kambing pun **yang belum kembali** ke kandang. Akhirnya, ia menemukan kambingnya **sedang asyik makan buah kecil** yang tumbuh di semak-semak. **Dari hari ke hari,** kambing tumbuh **makin séhat dan segar.** Penggembala itu héran. **Karena penasaran,** dia pun **ikut memakan** buah itu.

커피 열매는 기원전 1000년경, 아프리카 동쪽 에디오피아의 한 마을에서 한 염소 목동에 의해서 **발견 됐다.** 그때, 그는 우리로 아직 돌아오지 않은 염소 한 마리를 **찾느라 정신이 없었다.** 결국, 그는 넝쿨 속에서 자라는 작은 **과일을 열심히 먹고 있는** 그의 염소를 찾았다. **날이 갈수록,** 염소는 점점 **건강해 지고 기운차게** 자랐다. 그 목동은 놀랐다. **궁금증 때문에,** 그도 그 과일을 **함께 먹었다.**

Ternyata, setelah memakan buah **yang dia belum tahu namanya itu**, ia merasakan tubuhnya segar sekali dan **tidak mudah lelah.** Penemuannya itu dia beritakan ke kampungnya. Orang-orang pun kemudian **ikut makan** buah kopi. Sejak saat itu, **buah yang kemudian dikenal** dengan nama kopi itu, menjadi terkenal di kampungnya. **Tak lama kemudian (lagi)**, para pedagang Arab mendengar **khasiat kopi.** Meréka **beramai-ramai datang** ke désa di Ethiopia itu.

사실, **그가 아직 이름을 알지 못하는** 과일을 먹은 후, 그는 몸이 매우 건강하고 **쉽게 피곤하지 않음을** 느꼈다. 그 발견을 그는 그의 마을로 알렸다. 사람들 또한 그 후에 커피 열매를 함께 먹었다. 그때부 터, 그 후 커피란 이름으로 **알려진 과일은,** 그 고향에서 유명해졌다. **오래지 않아,** 아랍 상인들이 **커피 의 특성**을 들었다. 그들은 에디오피아에 있는 마을로 **떼를 지어 몰려왔다.**

Meréka membawa pulang **benih pohon kopi** untuk ditanam di kampung halaman meréka. Sejak saat itu, **orang Arab terkenal** sebagai bangsa yang pertama kali menanam pohon kopi. Orang-orang Arab lalu **mengolah kopi itu** menjadi minuman dan menyebutnya 'qahwa' **yang berarti pencegah tidur.** Tahun 1669, seorang duta besar Turki **memperkenalkan kopi ke Perancis.**

그들은 그들의 고향에 심기 위하여 **커피나무 씨앗을** 가지고 돌아갔다. 그때부터, **아랍 사람**은 처음으 로 커피나무를 심은 민족으로서 **유명해졌다.** 아랍 사람은 그 후 **커피**를 음료가 되도록 **가공했고** 그것 을 **수면 방지** 뜻을 가진 까와로 불렸다. 1669년에, 터키의 한 대사가 **프랑스로 커피를 소개했다.**

Sejak saat itu, **kopi dengan cepat menyebar** ke seluruh Eropa. **Beberapa puluh tahun kemudian**, orang-orang Belanda memperkenalkan kopi **ke tanah jajahannya** di Hindia Belanda yang sekarang namanya Indonésia. Ya, negara tercinta kita ini. **Ada sekitar 100 jenis kopi.** Jenis kopi paling terkenal di antaranya adalah

그때부터, **커피는** 전 유럽으로 **빠르게 퍼졌다. 수십 년 후,** 네덜란드인들은 현재 이름이 인도네시아인 블란다 힌디아에 있는 **식민지로** 커피를 소개했다. 그렇다, 지금 우리의 가장 사랑하는 나라. **약 100 종류의 커피가 있다.** 그중에서 가장 유명한 커피 종류는

1. kopi arabika 아라비카 커피
2. kopi liberika 리베리카 커피
3. kopi robusta 로부스타 커피

|단어 공부|

tunadaksa, cacat	신체장애인, 불구
tunanétra, buta	시각장애인
tunawicara, bisu	언어장애인, 농아
tunarungu, tuli	청각장애인
tunawisma	노숙자
pemeran utama	주인공
gapura	개선문, 정문
keraguan	주저함
ulah manusia	인간의 행실
silang	십자가, 십자형

동화이야기 1

1. 정직한 양치기
Penggembala yang Jujur

A : Hai, anak yang baik, **berapa lama**   안녕, 착한 아이야,
    lagi harus jalan ke kota?   도시로 **얼마나 더** 걸어가야 하니?
    Saya tersesat.   나는 길을 잃어버렸어.

B : Tidak lama, tuan.   오래 걸리지 않습니다, 나리.
    Tuan harus berjalan **ke arah sana.**   나리는 **저쪽 방향으로** 가야 해요.

A : **Maukah kamu mengantar saya**   너는 큰길까지
    sampai ke jalan besar?   **나를 안내해 줄 수 있니?**
    Nanti saya akan memberimu hadiah   나중에 내가 너에게
    sebanyak gajimu sebulan.   **너의 월급만큼** 선물을 줄게.
    Lagi pula saya sangat lapar.   **더욱이** 난 매우 배고프구나.

B : Tidak bisa, tuan!   그럴 순 없어요, 나리!
    Saya harus bertanggung jawab   저는 **이 양들을 지켜야 하는**
    menjaga biri-biri (domba) ini.   책임이 있습니다.

A : **Bukankah kamu perlu uang?**   **너는 돈이 필요하지 않니?**

B : (Han menggelengkan kepalanya)   (han은 그의 머리를 흔들면서)
    Bagaimana jika biri-biri ini hilang?   이 양들을 잃어버리면 **어떡해요?**

Akhirnya, pemuda tersebut memutuskan untuk pergi sendiri dan Han memberikan rotinya.
결국, 그 젊은이는 혼자 가기로 결정했고 한은 빵을 주었다.

A : Terimalah ini **sebagai tanda terima kasihku.** 감사의 표시로 이것을 받아라.
    Roti ini tidak dijual.   이 빵은 파는 게 아니야.
    Ambillah, aku tulus.   가져도 돼, 진심이야.

B : Terima kasih **atas semua ini, tapi**   **이 모든 것**에 대해서 감사합니다.

saya memberi **bukan karena mengharapkan sesuatu.**

그러나 저는 어떤 것을 바라지 않고 알려드렸습니다.

|단어 공부|

was-was, ragu-ragu	주저하다, 염려하다
menamai	이름을 짓다
ketertarikan, minat	취향
réstorasi, pemulihan	주요 건물의 복구, 왕의 복권, 기차의 식당차량(칸)
tertonggok, tertumpuk	쌓아 올려진, 쌓여진
secara berkelompok	단체로
secara pribadi	개인적으로
kok	배드민턴 공
permaisuri	왕비
julukan, sebutan, panggilan	별명, 별칭

---

2. 현명한 농부

Petani yang cerdik

Pada zaman dahulu, hiduplah seorang petani **yang benar-benar miskin.** Suatu hari, ia mendapat **cara menjadi kaya.** Ia mengambil seékor ayam jantannya dari kandang **dan pergi menghadap raja** di istana. Ia **ingin mempersembahkan** seékor ayamnya untuk raja.

옛날에, **정말 가난한** 한 농부가 살았다. 어느 날, 그는 **부자가 되는 방법을** 찾았다. 그는 마구간에서 암탉 한 마리를 잡아서 왕궁에 있는 **왕을 만나러 갔다.** 그는 왕을 위해 암탉 한 마리를 **바치기로 했다.**

A : ha… ha. **Mana cukup seékor ayam** untukku dan keluargaku? Ada enam orang **dalam keluargaku.**

하… 하. 나와 내 가족에게 **닭 한 마리로 어떻게 충분하니? 나의 가족은** 여섯 명이 있다.

B : Hamba **dapat menyelesaikan masalah ini.**

저는 **이 문제를 해결** 할 수 있습니다.

A : Silakan.

해보거라.

B : Pertama, kepala ayam ini **untuk paduka**

먼저 닭 머리는 **전하의 것입니다.**

karena paduka adalah kepala negara.
왜냐하면 전하는 나라의 우두머리입니다.

Terimalah **persembahan** hamba ini.
소인의 **조공품을** 받으세요.

Bagian punggung ini **untuk ratu**
이 등 부분은 **왕비님 몫이죠**

karena selalu memikul beban
왜냐하면 항상 등에 가정의 짐을

rumah tangga di punggungnya.
항상 짊어지니까요.

Dua kaki ayam ini **hamba berikan**
이 두 닭 다리를 전하의

untuk kedua pangéran
족적을 따를

yang mengikuti jejak paduka.
두 왕자님을 위하여 **제가 드립니다.**

Izinkan hamba menyerahkan dua sayap ini
이 두 날개를 두 공주님을 위하여

untuk kedua putri karena kelak meréka
이 소인이 주도록 **허락해주세요** 이유는

akan terbang meninggalkan istana ini
나중에 그들은 남편을 따라

untuk mengikuti suami meréka.
이 왕궁을 두고 날아갈 것이기 때문이죠.

Nah, **bagian yang tersisa ini** untuk hamba,
그리고, **이 남은 부분은** 저의 것입니다,

karena sudah selayaknya **paduka**
왜냐하면 **전하는 손님으로서 저를 대접**

menjamu hamba sebagai tamu.
하는 게 이미 합당하기 때문이죠..

A : Sungguh **kamu petani yang cerdik.**
정말 **넌 현명한 농부이구나.**

Terimalah ini sebagai hadiah untukmu.
너를 위한 상이니 **이것을 받거라.**

—중략—

C : Hamba datang pada paduka **dengan**
저는 선물을 드리려 **5마리 닭을 가지고**

membawa 5 ékor ayam sebagai hadiah,
전하께 왔습니다, 아마도 전하께선

kiranya paduka **berkenan menerimanya.**
기꺼이 그것을 받으리라 생각합니다.

Raja tahu **petani yang ini** datang **dengan maksud yang tidak baik.**
왕은 **이 농부가 좋지 않은 목적으로** 왔다는 것을 알게 되었다.

A : Aku senang **dengan apa yang kamu bawa.** 네가 가져온 것으로 나는 즐겁구나.

Tetapi keluargaku **semuanya ada enam orang.** 하나 내 가족은 **모두 6명이 있다.**

Dapatkah kamu membaginya **dengan adil?** 넌 공평하게 그것을 나눌 수 있느냐?

Petani tamak itu pun bingung. **Melihat** petani tamak tidak dapat menjawab, raja
menyuruh pengawalnya **untuk memanggil petani yang cerdik** kemarin
menghadapnya.

욕심쟁이 농부는 혼란스러웠다. 답을 할 수 없는 욕심쟁이 농부를 **보고,** 왕은 비서에게 명령했다 어
제 왕을 방문한 **현명한 농부를 부르도록.**

B : Hamba menghadap paduka.   전하를 뵈러 소인이 왔습니다.

A : Petani ini membawa 5 ékor ayam untukku.   이 농부가 나를 위해 다섯 마리의 닭을 가져왔다.

Dapatkah kamu membagikannya **dengan adil** untuk keluargaku?   너는 우리 가족을 위해 **공평하게** 그것을 나누어 줄 수 있느냐?

— Petani cerdik **terdiam sejenak(sebentar).**   — 현명한 농부는 **잠시 조용해졌다.**

B : Hamba bisa menyelesaikannya.   소인은 그것을 해결 할 수 있습니다.

Satu dari lima ékor ini dibagi dua **untuk raja dan ratu.**   **다섯 마리 중의 하나를** **왕과 왕비님을 위하여** 둘로 가릅니다.

Seékor lagi **dibagi rata** untuk kedua pangeran.   다른 한 마리는 두 왕자님을 위하여 **동등하게 배분합니다.**

Dan seékor lagi untuk kedua putri paduka.   그리고 다른 한 마리는 각하의 두 따님을 위한 것이죠.

Sisanya yang dua ékor untuk hamba, karena hamba adalah tamu paduka.   **두 마리의 남는 것은** 소인의 것입니다, 왜냐하면 소인은 전하의 손님이니까요.

A : Mengapa demikian?   왜 그러하냐?

B : Begini paduka.   이러합니다 전하.

Raja, ratu dan seékor ayam jika ditambahkan **hasilnya tiga.**   전하, 왕비님 그리고 한 마리의 닭을 보태면 **결과는 셋입니다.**

— 중략 —

Hamba ditambah dua ékor ayam **pun menjadi tiga.**   저에게 두 마리를 더하면 **역시 셋이 됩니다.**

Jadi, hasilnya tiga semua.   그래서, 그 결과는 모두 셋입니다.

Adil kan?   공평하죠?

Raja terkagum-kagum mendengar **jawaban petani yang cerdik**. Raja pun memberikan hadiah pada petani yang cerdik. Semetara itu, petani yang tamak **pulang dengan wajah yang sedih.**

왕은 **현명한 농부의 답을** 듣고 매우 감탄했다. 왕 또한 현명한 농부에게 상을 주었다. 한편, 욕심 많은 농부는 슬픈 얼굴로 돌아갔다.

상기 문장에서는 "무엇을 주다" 단어의 여러 가지 용도를 보여주고 있습니다. 잘 숙지하세요.

|단어 공부|

khatulistiwa	적도
agraris	농업의
ijazah	졸업장
mendidik	가르치다
aréna	광장
gubuk, pondok	오두막
palu	망치
pesan, amanat	교훈, 충고
kolom lowongan kerja	구직, 구인 광고란
iklan lowongan kerja	모집 광고
secara terbuka	개방적으로
swasembada pangan	식량 자급자족

3. 개미의 삶

Kehidupan Semut

Semut adalah héwan yang rajin dan **ulet bekerja.** Tak ada seékor semut pun **yang bermalas-malasan.** Semut-semut bekerja **sesuai tugasnya, tanpa henti siang dan malam** dan **saling bahu membahu.** Semut-semut itu **sangat patuh** kepada ratu semut dan penguasa kerajaan semut. Suatu hari, ratu semut **duduk termenung** di kursi kebesarannya.

개미는 부지런하고 **열심히 일하는** 동물(곤충)이다. **빈둥대는** 개미는 한 마리도 없다. 개미들은 그의 **임무에 맞게 일을 한다, 밤낮을 쉬지 않고, 서로 어깨동무하면서.** 개미들은 여왕개미와 개미 왕국 통치자에게 **매우 순종한다.** 어느 날, 여왕개미가 큰 의자에 **심사숙고하면서 앉았다.**

D : **Apa yang sedang ia pikirkan?**

여왕님이 생각하고 있는 것은 뭘까?

A : Hai, pengawal!

어이, 경호원!

B : **Ada apa, yang mulia?**

무슨 일이 있습니까, 여왕님?

A : Panggillah seluruh menteri, hulu balang dan seluruh rakyat kerajaan!

모든 장관과 장군 그리고 모든 왕궁의 백성들을 불러라!

Aku ingin bicara dengan seluruh rakyatku.

나는 모든 나의 백성들과 얘기하고 싶다.

Tanpa banyak bertanya lagi, para pengawal segera **menjalankan tugasnya.**
Dalam waktu yang tidak lama, rakyat semut **berdatangan.** Rakyat semut
berbaris di lapangan depan istana. Semua semut itu **bertanya-tanya.**

더 많은 질문 없이, 경호원들은 즉시 그의 임무를 시행했다. 오래 지나지 않아, 개미 백성들은 몰려왔
다. 개미 백성들은 왕궁 앞 운동장에서 **줄을 섰다.** 그 개미들은 **계속 질문했다.**

C : **Ada apa gerangan?**　　　　　　　　도대체 무슨 일이 있는 거야?
　　Apakah kita akan dimarahi?　　　　우리는 야단 맞는 걸까?

Akhirnya, ratu semut sampai **di podium.** Ratu semut **memandang sekeliling,**
melihat rakyatnya.

드디어, 여왕개미는 **단상에** 도착했다. 여왕개미는 **주위를 둘러보고,** 그의 백성을 보았다.

A : Wahai Rakyatku!　　　　　　　　　　　백성 여러분!
　　Sebentar lagi **musim paceklik.**　　　　조금 있으면 **곤궁기(기근)**입니다.
　　Persediaan makanan kita **hampir habis.**　우리의 식량 여분은 **거의 소진됐습니다.**
　　Kumpulkan makanan sebanyak-banyaknya.　최대한 많은 **식량을 모으세요.**
　　Siapa yang banyak mengumpulkan makanan　식량을 많이 모으는 개미는 **누구든지**
　　akan kuangkat menjadi pengawal istana.　내가 왕궁 경호원으로 **진급시킬 것입니다.**
　　Sekarang, **kerjakan perintahku**　　　　지금 당장, 내 **명령을 시행하세요**
　　dan **kalian boléh bubar!**　　　　　　그리고 **여러분들은 흩어져도 좋습니다.**

Meréka mulai berlomba. Tiba-tiba semut-semut **berusaha secepat mungkin**
mencari dan mengumpulkan makanan. Karena berlomba, ada juga semut **yang**
berusaha mendahului semut lainnya. Bahkan, ada yang hendak merebut
makanan **yang dibawa semut lainnya.** Akibatnya, **banyak terjadi keributan.**

그들은 경쟁하기 시작했다. 갑자기 개미들은 식량을 찾아 모으려고 **최대한 빨리 노력했다.** 경쟁이기
때문에, 다른 개미를 추월하려고 노력하는 개미도 있었다. 더욱이 **다른 개미가 가져온** 먹이를 뺏으려
고 하는 개미도 있었다. 그 결과, **소동이 많이 발생했다.**

Suasana ribut itu akhirnya sampai juga ke telinga ratu semut. Ratu semut
menjadi gusar dan segera memerintahkan pengawal **untuk memanggil kembali**
seluruh rakyatnya. Rakyat semut **berdatangan kembali** dan berkumpul di
lapangan depan istana. Meréka **diliputi rasa takut.**

그 소동 상황은 결국 또한 여왕개미의 귀에까지 이르렀다. 여왕개미는 **화가 나게 됐다.** 그리고 즉시 모든 백성을 **다시 부르도록** 경호원에게 명령했다. 개미 백성들은 **다시 몰려왔고** 왕궁 앞 운동장에 모였다. 그들은 **두려움에 휩싸였다.**

A : Kalian telah membuat keributan.
　　Siapa pun yang bersalah pasti dihukum!

여러분은 이미 소동을 일으켰습니다.
잘못한 개미는 누구든 틀림없이 벌을 받을 것입니다.

C : Kali ini, **kami mohon maaf,** ratu!

이번 일로, **저희는 용서를 구합니다,** 여왕 폐하.

A : Haaa, kalian minta maaf?
　　Ya, ya, baiklah! Tetapi, ingat!
　　Bila kalian melanggar sekali lagi,
　　maka hukumannya **akan lebih berat lagi.**
　　Peraturan di kerajaan **masih berlaku.**
　　Ketertiban harus selalu dijaga.
　　Saat bekerja, **bekerjalah dengan tertib!**
　　Bila berpapasan,
　　kalian harus saling menyapa.
　　Hiduplah dengan tenang dan tertib.
　　Berjalan satu per satu
　　dan **tak boléh berebutan.**
　　Bila berpapasan **dengan sesama semut,**
　　hendaklah saling menyapa!
　　Mengerti?

하아…, 여러분들 용서를 구한다고요?
네, 네, 좋아요! 그러나, 기억하세요!
만일 여러분들이 한 번 더 어길 시,
그러면 그 벌은 **훨씬 더 무거울 것입니다.**
왕궁에 있는 **법은 여전히 유효합니다.**
질서(규칙)는 항상 지켜져야 합니다.
일을 할 때, 질서 있게 일하세요!
만일 서로 마주치면,
여러분들은 서로 인사를 하여야 합니다.
조용하고 규칙적으로 **사세요.**
한 명씩 걸어가고
뺏으려고 싸우면 안 됩니다.
만일 **개미 동료와** 마주치면,
서로 인사하는 게 바람직합니다.
알겠어요?

4. 왕의 선물
Hadiah Dari Raja

— 중략 —

Tahun lalu, raja mengundang seorang tukang cuci. **Ia dianggap layak** untuk diundang dan diberi hadiah **karena telah membesarkan anak-anaknya dengan baik.** Pada tahun ini, raja mengundang Pak Kasih. Meskipun tidak kaya, Pak Kasih memiliki **sifat dermawan**. Bahkan, suatu hari, **ketika** désa meréka **dilanda kekeringan,** ia membagikan seluruh isi **lumbungnya** kepada orang orang yang kelaparan di désanya. **Karena kebaikannya itu**, raja memilihnya.

작년에, 왕은 한 세탁사를 초대했었다. 상을 주고 초대하기에 **그가 합당하다고 생각했었다 왜냐하면 그의 아이들을 올바르게 키웠기 때문이다.** 올해엔, 왕은 까시 씨를 초대했다. 비록 부자는 아니지만, 까시 씨는 **남에게 베푸는 성품을** 갖고 있었다. 더욱 어느 날, 그들의 마을이 **가뭄으로 힘들 때,** 그는 그 마을에 있는 배고픈 사람들에게 **그의 창고** 모든 물건을 나누어 주었다. 그런 그의 **선행 때문에,** 왕은 그를 선택했다.

— 중략 —

Pak Kasih **dihadang** oléh seorang penjaga. **Ia menghardik Pak Kasih** dengan kasar. **Sambil tersenyum licik**, penjaga itu berkata.

까시 씨는 한 경비에게 **저지당했다.** 그는 까시 씨에게 거칠게 **호통쳤다.** 교활하게 웃으면서, 그 경비는 말했다.

A : Aku akan mengizinkanmu masuk, 나는 당신을 들어가도록 허락해 줄 거야,
  tetapi **kau harus membagiku separuh** 하지만 **당신은 왕이 주는 당신의 상**
  dari hadiahmu yang akan diberikan raja. **절반을 나에게 나눠 주어야 해.**
B : Baiklah. 좋아요.

Pak Kasih pun akhirnya dapat masuk ke istana. Di dalam istana, Pak Kasih
disambut dengan ramah oléh Raja. Setelah makan, **Raja menanyakan hadiah**
yang diinginkan Pak Kasih. **Tanpa diduga**, Pak Kasih menjawab.

까시 씨는 또한 결국 왕궁으로 들어갈 수 있었다. 왕궁 안에서, 까시 씨를 아딜 왕이 부드럽게 환영했
다. 식사 후, **왕은** 까시 씨가 원하는 **상을 물었다. 의외로,** 까시 씨는 대답했다.

B : Jika boléh, saya minta hadiah 만일 가능하다면, 저는 50대의
  dicambuk lima puluh kali. 채찍을 맞는 상을 바랍니다.

Raja tentu saja terkejut. **Setelah Pak Kasih menceritakan** tentang penjaga itu,
Raja menjadi mengerti.

왕은 당연히 놀랄 뿐이었다. **까시 씨가** 그 경비에 대해 **이야기를 해준 후,** 왕은 이해하게 됐다.

|단어 공부|

skénario	시나리오
bursa, pasar saham	증권거래소
kejam	잔인한
perkawinan	동거하는 결혼
pernikahan	결혼
berziarah	성묘가다
bedak	분, 파우더
mengintai, mengintip	살펴보다, 숨어 살피다
saling tatap	서로 마주 보다
garasi	차고
melimpahkan	넘치게 만들다
loba, serakah, tamak	탐욕스러운
curang	부정직한, 부정한
pusaka, peninggalan, warisan	유물, 유산
gemetar	떨다
mendidih	끓이다

1. 한 요정의 이야기

Cerita Suatu Peri

Donela, peri nakal dari Negeri Eldon, **berhasil menyusup** ke Negeri Falin. Sejak dahulu kala, Negeri Eldon dan Falin **belum pernah bersatu.** Donela bermaksud **menyebarkan kejahatan** di Negeri Falin. Tubuhnya **bau dan kusam.** Wah! Kalau aku menyusup di antara peri Falin, **pasti ketahuan.**

도넬라, 엘돈 나라에서 온 개구쟁이 요정은, 팔린 나라로 **침투하는 데 성공했다.** 옛날부터, 엘돈 나라와 팔린 나라는 **하나가 된 적이 없었다.** 도넬라는 팔린 나라에 **악을 퍼뜨리려는** 의도를 갖고 있었다. 그의 몸은 **냄새나고 칙칙했다.** 와! 내가 만일 팔린 요정 사이에 침투한다면, **틀림없이 들킬 거야.**

Aku **harus menyamar** seperti peri-peri bodoh itu, **gumam Donela.** Ia lalu **diam-diam masuk** ke halaman sebuah rumah **mungil.** Saat itu, peri-peri di sekolah peri **sedang asyik menikmati jam istirahat.** Violet, ketua kelas, tiba-tiba melihat **peri asing berambut pirang** yang muncul dari balik bunga-bunga mawar.

나는 그 바보 요정들처럼 **변장해야 해,** 도넬라는 중얼거렸다. 그는 그런 후 조그만 집 정원으로 **비밀리에 들어갔다.** 그때, 요정 학교에 있는 요정들은 **즐겁게 휴식시간을 즐기고 있었다.** 반장인 비오렛이 갑자기 장미꽃 뒤에서 나타난 **금발을 한 낯선 요정을** 보았다.

A : Halo! **Kamu yang bergaun kuning,** anak baru, ya? Ayo kemari!

여보세요! 노란 가운을 입은 너는, 새로 온 아이지? 여기로 와 보렴!

B : **Kamu benaran anak baru, ya?** Kami sudah menunggumu **sejak tadi pagi.** **Mari aku antar** kamu ke asrama.

너 새로 온 아이가 맞는 거지? 우리는 이미 너를 **오늘 아침부터** 기다렸어. 자 내가 너를 기숙사로 **안내할게.**

C : Ngg… halo. Aku… aku **(Donela menggagap)**

아뇨… 여보세요. 나는… 나는 (도넬라는 더듬거렸다)

A : Oh, iya, aku Pelia.

오, 그래, 난 뻴리아야.

Aku akan menjadi teman sekamarmu. 　　　나는 너의 같은 방 친구가 될 거야.

Pelia **menggandéng** Donela. Hari-hari sekolah peri sangat berat bagi Donela. Biasanya ia hanya bermalas-malasan, **diselingi kegiatan mencuri, berkelahi** atau **mengisengi** peri peri tua. Tetapi, di sekolah peri, setiap hari ia harus berbuat kebaikan. Di hari pertama, Pelia mengajari Donela membuat kué. **Setelah bersusah payah,** akhirnya Donela berhasil. Namun ketika ia hendak melahapnya, Pelia sudah membungkus kué-kué itu dengan rapi.

빨리아가 도넬라의 **손을 잡아 이끌었다.** 요정 학교의 하루하루는 도넬라에게는 매우 힘들었다. 보통 그는 오직 빈둥거리기만 했고, **가끔씩 훔치는 행동, 말다툼** 혹은 늙은 요정들을 **성가시게 했다.** 그렇지만, 요정 학교에서는, 매일 그는 선한 행동을 해야 했다. 첫 날에, 빨리아가 도넬라에게 케익 만드는 법을 가르쳤다. **힘들게 일을 한 후에,** 드디어 도넬라는 성공했다. 그러나 그가 빵을 마구 먹으려 할 때, 빨리아는 그 빵들을 말끔하게 포장해 버렸다.

B : Kué-kué ini akan dibawa 　　　　이 케이크들은 어른 요정이
　　　peri-peri déwasa ke bumi. 　　　지구로 가져 갈거야.
　　　Kemudian dibagikan ke anak manusia 　그 후 배고프고 케익을 먹는 일이
　　　yang kelaparan dan jarang makan kué. 　드문 인간 아이에게 나누어 줄거야.
A : Terima kasih Donela, 　　　　　　고마워 도넬라,
　　　kamu sudah membantu banyak. 　　　너는 이미 많이 도왔어.

Donela hampir saja marah besar. **Seumur hidup** ia tidak pernah bekerja. Sekarang, **hasil jerih payahnya** dibagikan **ke orang lain** yang tidak ia kenal. Tenang Donela. Ingat rencanamu **datang ke sini.** Sabar‥waktunya **akan tiba.** Donela **menenangkan dirinya.** Namun, hari hari Donela selalu penuh dengan kegiatan baik. Ia belajar membuat kué, merangkai bunga, berlatih menyanyi dan menulis puisi-puisi manis.

도넬라는 거의 심하게 화를 낼 뻔했다. **평생 동안** 그는 일을 해 본 적이 없었다. 지금, **그의 고생의 결과가** 자기가 알지 못하는 **다른 사람에게** 나누어 주어졌다. 침착하자 도넬라. **여기로 온** 너의 계획을 기억해라. 참자. 그 시간은 **올 것이다.** 도넬라는 **자기 자신을 진정시켰다.** 그러나, 도넬라의 하루하루는 항상 좋은 일로 가득 찼다. 그는 케이크를 만드는 것을 공부하고, 꽃꽂이를 하고, 노래 연습을 하고 예쁜 시들을 썼다.

Setiap hari, **peri peri déwasa** datang ke sekolah peri dan mengambil semua kué dan bunga untuk dibagikan ke anak manusia. Dia terlalu capek. **Tak terasa,** setahun telah berlalu. **Hari kelulusan (wisuda) sekolah peri pun** tiba.

Sekolah peri terlihat sangat meriah. Violet, Pelia dan Donela **tampil cantik.**
Donela pun tumbuh seperti peri déwasa Falin. Ia cantik, harum dan baik hati.
Dengan bangga, Donela menerima **ijazah sekolah peri** di panggung. **Usai
acara itu,** Donela bertemu ketiga temannya di taman sekolah.

매일, **어른 요정들은** 요정 학교로 와서는 인간 아이에게 나누어주기 위하여 모든 케이크와 꽃을 가져
갔다. 그는 너무 피곤했다. **느낄 새 없이,** 일 년이 이미 지나갔다. **요정 학교의 졸업식 날 또한** 다가왔
다. 요정 학교는 정말 화려해 보였다. 비오렛, 빨리아, 도넬라는 **아름다운 모습으로 나타났다.** 도넬라
역시 팔린 성인 요정처럼 자랐다. 그는 예쁘고, 향기롭고, 착했다. 자랑스럽게, 도넬라는 무대에서 **요
정 학교 졸업장을** 받았다. 그 행사가 끝나고, 도넬라는 학교 공원에서 그의 세 친구를 만났다.

A : Selamat Donela. Sekarang   축하한다 도넬라. 지금
     kamu adalah peri Falin **sejati.**   너는 **진정한** 팔린 요정이다.
     Jadi, kamu **tidak perlu kembali** ke Eedon. 그래서, 너는 엘돈으로 **돌아갈 필요가 없어.**

     Peri cantik dan baik sepertimu   너처럼 아름답고 좋은 요정은
     tidak pantas (cocok) tinggal di negeri   그처럼 나쁜 나라에서
     yang jahat seperti itu.   사는 것이 **어울리지 않아.**

     ─ Violet berkata **sambil tersenyum penuh arti.**─
     비올라는 **의미심장하게 웃으면서** 말했다.

C : Hah? Apa… apa maksudmu? Kamu tahu…? 하? 뭐야… 너의 의도가 뭐야? 너 알고 있었어?
B : **Sejak awal** kami tahu   **처음부터** 우리는 알았지
     kamu bukan peri Falin.   너가 팔린 나라 요정이 아니라는 걸.
     Aku melihatmu **hendak mencuri kué**   나는 네가 장미꽃 덤불 뒤편에서
     dari balik semak bunga mawar.   **케이크를 훔치려는 것을** 보았지.
A : Aku juga melihat **berberapa helai**   나 역시 너의 머리에 있는
     rambut hitam di rambutmu.   **여러 개의 검은 머리카락을** 보았지.
     Hanya peri Eldon   검은 머리카락을 가진 사람은
     yang memiliki rambut hitam.   **오직 엘돈 요정뿐이야.**

D : Aku juga menemukan banyak barang   나 역시 이 학교를
     yang hendak kamu pakai   부수기 위하여 네가 **사용하려고 한**
     untuk merusak sekolah ini.   많은 물건을 발견했어.
     Tapi, kami yakin,   하지만, 우리는 확신했지,
     setahun saja di sekolah peri,   **일 년만 요정 학교에서 있으면,**

kamu akan menjadi peri manis.

Itulah tujuan Sekolah Peri.

A : Sebetulnya semua peri ini baik hati.

Hanya kadang ia berada

di tempat yang salah.

Yang diperlukan adalah

teman-teman **yang mau menolong.**

Juga mau memberi kesempatan

kepadanya untuk memperbaiki diri.

너는 예쁜 요정이 될거라고.

그것이 요정 학교의 목적이야.

사실 여기 모든 요정은 착해.

그냥 가끔 그는

잘못된 장소에 있을 뿐이야.

필요한 것은 **돕고 싶어하는**

친구들이야.

또한 자신을 고치기 위하여

그에게 기회를 주려는 것이야.

Donela menétéskan (berlinang) air mata. Ia terharu sekali. **Untuk pertama kali dalam hidupnya** ia merasa memiliki teman yang sesungguhnya. Keempat sahabat itu pun **saling berpelukan.**

도넬라는 눈물을 흘렸다. 그는 크게 감명받았다. **처음으로 그의 삶 속에서** 그는 가장 진정한 친구를 가졌음을 느꼈다. 그 네 친구들은 또한 **서로 포옹했다.**

|단어 공부|

ganas, liar	야성의, 사나운
pengorbanan	희생
menganugerahi	상을 주다
paling-paling	고작, 기껏해야
menjunjung	머리에 이고 가다
menyambar	낚아채다
seléndang	목도리, 스카프
angkasa, langit	하늘
kayangan	천국, 천상
kapal selam	잠수함
ransel	대형가방
inspirasi	영감, 깊은 생각
kagok	말이 어눌한
bundaran	원, 원형의 물건
membolos	결석, 결근하다

menindak	처리하다
mengalungi	목에 걸어주다
goyah, goyang, bergerak	흔들리는
agén, biro	대리점
mempertanyakan, mempersoalkan	문제시하다, 질문의 소재로 삼다

2. 일곱 아가씨가 시골에 왔다

Tujuh Orang Gadis Datang ke Désa

Beberapa hari kemudian, tiba-tiba penduduk désa **dilanda kelaparan. Walaupun tertimpa musibah**, penduduk désa itu tetap sombong dan tidak mau sadar. Suatu hari, datang tujuh orang gadis **yang ingin bermalam** di désa itu. Akan tetapi, para penduduk tidak menerimanya. Bahkan, meréka **mencaci maki**. Akhirnya, ketujuh gadis itu pun pergi. Meréka sampai **di gubuk Olih.**

며칠 후, 갑자기 마을 주민에게 **기근이 들었다. 재난이 닥쳤지만**, 그 마을 주민은 여전히 건방지고 깨달으려고 하지 않았다. 어느 날, 그 마을에서 **밤을 지내려는** 일곱 아가씨가 왔다. 그러나, 주민들은 그들을 받아 주지 않았다. 더욱이, 그들은 **욕을 퍼부었다.** 결국, 그 일곱 아가씨는 가버렸다. 그들은 **올리의 오두막에** 도착했다.

Olih dan ibunya menerima meréka **dengan senang hati**. Malam pun tiba. Sebelum tidur, meréka meminjam selimut. Anéhnya, meréka tidak bangun **pada keésokan harinya**. Ibu **tidak berani membangunkan** meréka. Pada hari ketujuh, ibu **memberanikan diri** membuka selimut para gadis. **Alangkah terkejut ia** karena yang terlihat adalah **timbunan padi** dengan tujuh warna yang indah dan menarik. Padi itu berbéda dari padi biasa. **Hanya tinggal satu gadis** yang masih ada. Gadis itu pun berkata, "Untunglah tidak terlambat."

올리와 그의 엄마는 **기꺼이(반갑게)** 그들을 받아들였다. 밤은 찾아 왔다. 자기 전에, 그들은 이불을 빌렸다. 이상하게도, 그들은 **그다음 날** 일어나지 않았다. 엄마는 그들을 **감히 깨울 용기가 없었다.** 7일 째 날에, 엄마는 **용기를 내어** 처녀들의 이불을 벗겼다. **그는 얼마나 놀랐는지 모른다** 왜냐하면 보이는 것은 아름답고 매력있는 7가지 색을 가진 **벼 무더기**였기 때문이었다. 그 벼는 일반 벼와는 달랐다. **한 명의 처녀만이 남아 있었다.** 그 처녀는 또한 말하길, "다행히 늦지는 않았습니다."

A : Bu, tolong ambilkan air, 　　　아주머니, 물을 가지고,
　　 percikkan padaku. 　　　　　　**저에게 뿌려주세요.**

Jangan héran!
Semua itu adalah karunia Tuhan
atas doa ayah hamba
yang pernah menginap di sini.

놀라지 마세요!
그 모두가 **여기서 묵은 적이 있으신**
저의 아버지의 기도에 대한
하나님의 선물입니다.

Olih akhirnya menikah dengan gadis itu. Meréka hidup bahagia. Hidup meréka pun kini berkecukupan (cukup). Apalagi, meréka memiliki padi **yang rasanya sangat énak.** Padi itu dikenal **sebagai padi ketan** atau **beras ketan. Berita adanya padi itu** sampai ke penduduk désa yang sedang kelaparan. **Meréka datang menghadap Olih** untuk meminta padi ketan itu. Dengan senang hati, Olih memberikannya. Ia memberi nasihat **agar meréka mengubah sikap buruk.** Akhirnya, **Olih diangkat** menjadi raja negeri itu. Ia memimpin negeri itu **sehingga rakyatnya sejahtera dan bersifat baik.**

올리는 결국 그 처녀와 결혼했다. 그들은 행복하게 살았다. 그들의 삶 또한 지금 충분했다. 더욱이, 그들은 그 맛이 매우 좋은 벼를 갖고 있었다. 그 벼는 **찹쌀 벼 혹은 찹쌀로** 알려졌다. 그 벼의 존재 이야기는 지금 기근 중인 마을 주민에게까지 이르렀다. 그들은 그 찹쌀을 부탁하기 위해 **올리를 방문하러 왔다.** 기꺼이, 올리는 그것을 주었다. 그는 그들이 **나쁜 태도를 바꾸도록** 훈계를 했다. 결국, **올리는 그 나라의 왕**이 되어 **추대됐다.** 그는 그 나라를 다스렸고 **결국 국민은 안정되고 좋은 성품을 가지게 되었다.**

|단어 공부|

terdesak	내밀치다, 내몰리다, 없이, 쫓기다, 강요당하다(terpaksa)
kabur, melarikan diri	도망가다
kencang	빠른, 신속한, 속도, 속력
menyelamatkan diri	자신을 구하다
menimpa	일부 지역을 덮치다
melanda	넓은 지역을 덮치다
lumpuh total	거의 마비되다
menyihir	마법을 걸다
memprosés	가공 처리하다
péstisida	살충제
sita	몰수, 입수
pemasaran	거래 행위, 시장 형성
vulkanik	화산의
gulma	잡초
memberantas, membasmi	척결하다
adopsi	입양

3. 도마뱀의 언어

Bahasa Cécak

Dua ékor cécak **di langit-langit téras.** Pak Panjul mengamati **sambil sesekali tertawa. Cécak yang satu** mengejar, **yang dikejar** lari bersembunyi **di balik celah kayu.** Dia masih ingat masa kecilnya saat bermain petak umpet bersama teman-temannya. Bu Panjul yang mendengarkannya dari dalam kamar **jadi penasaran sendiri.**

두 마리의 도마뱀이 현관 천장에 있었다. 빤쭐 씨는 **때때로 웃으면서** 유심히 보고 있었다. 한 마리의 도마뱀이 쫓으면, 쫓기는 도마뱀은 나무 틈 뒤에 달려가서 숨었다. 그는 친구들과 함께 숨바꼭질 놀이 하던 어린 시절을 여전히 기억했다. 방안에서 그것을 유심히 들은 빤쭐 부인은 **혼자 궁금해졌다.**

A : Ada apa, sih. **ketawa-ketawa sendiri?**　　무슨 일 있기에, **혼자 계속 웃고 있어요?**

　　 Soré-soré begini, kok, ketawa sendiri!　　이 같은 오후에, 왜 혼자 웃고 있어요!

B : **Mémangnya nggak boléh ketawa sendiri?**　정말 혼자 웃으면 안돼요?

　　 Kan, nggak ada yang melarang!　　　금지하는 사람도 없잖아요!

A : **Ngetawain saya, ya?**　　　　　　　**나를 놀리는거죠?**

B : Nggak!　　　　　　　　　　　아뇨!

A : Terus, kalau begitu, ngetawain siapa?　그렇다면, 누구를 보고 비웃는 거에요?

B : Cécak!　　　　　　　　　　　도마뱀!

A : Nggak percaya!　　　　　　　안 믿어요!

Inilah **awal pertikaian meréka.** Bu Panjul merasa **dirinya barang tertawaan belaka.**

이것이 그들의 다툼(분쟁)의 시초였다. 빤쭐 부인은 자신이 순전히 웃음 거리라고 생각했다.

B : **Lo. Aku kan sudah dibilang**　　　　나는 도마뱀 때문에

　　 kalau aku menertawakan cécak.　　웃는다고 **이미 말했잖아요.**

A : **Bohong lagi.**　　　　　　　　**또 거짓말.**

　　 Jadi, sudah dua kali bohong.　　　이제, 벌써 두 번 거짓말 했어요.

　　 Kalau nggak tahu bahasa cécak,　　도마뱀들의 언어를 모르는데,

　　 bagaimana Bapak bisa ketawa?　　어떻게 당신은 웃을 수 있어요?

Pak Panjul **tidak bisa menjawab pertanyaan.** Ia memilih diam saja. **Atas sikapnya itu,** Bu panjul menjadi marah besar. Katanya, Pak panjul menyembunyikan sesuatu, punya rahasia. Bu Panjul sebal sekali. Pak Panjul mencari akal **supaya Bu Panjul luluh hatinya.**

빠쭐 씨는 **질문에 답할 수 없었다.** 그는 조용히 있기로 했다. 그의 그 태도에 대해서, 빠쭐 부인은 매우 화가 나게 됐다. 그녀의 말은, 빠쭐 씨가 무언가를 숨겼고, 비밀이 있다고. 빠쭐 부인은 기분이 매우 나빴다. 빠쭐 씨는 머리를 썼다 **부인이 마음을 풀도록.**

B : Istriku, aku menyerah.   부인, 내가 졌어요.

Sekarang **apa pun yang kamu minta**   지금 **당신이 바라는 것은 무엇이든**

akan saya turuti.   내가 따를게요.

A : **Sayang, saya mau kamu mengajarkan**   여보, 나는 당신이 나에게 도마뱀의

saya bahasa cecak!   말을 가르쳐 주기를 원해요!

Ya, sudah, kalau nggak mau,   네, 됐어요, 만일 싫다면,

terpaksa Bapak masak sendiri!   어쩔 수 없이 당신 혼자서 요리 해야겠네요!

Pak Panjul akhirnya **memutar otak lagi.** Setelah beberapa menit, akhirnya ia mendapat idé **cemerlang.**

빠쭐 씨는 결국 **다시 머리를 굴렸다.** 몇 분 후, 결국 그는 **빛나는** 아이디어를 떠올렸다.

B : Ya, baiklah, saya akan mengajarkan   네, 좋아요. 나는 당신에게

bahasa cecak kepadamu.   도마뱀의 언어를 가르쳐 줄게요.

Tetapi, kamu **harus merahasiakan** hal ini.   하지만, 당신은 이 일을 **비밀로 해야 해요.**

Soalnya ilmuku bisa hilang   하여튼 **만일 이 비밀이 드러나면**

kalau rahasia ini terbongkar!   나의 지식은 없어질 수 있어요.

Soré itu, di téras rumah, meréka duduk bersama, menunggu **cecak cecak berkumpul dan berbicara.** Tentu saja sebenarnya Pak Panjul tidak mengerti **seperti apa bahasa cecak.** Akan tetapi, demi istrinya tercinta **ia réla berbohong.**

그 날 오후, 집 현관에서 그들은 함께 앉아서, **도마뱀들이 모여서 얘기하는 것을** 기다렸다. 사실 당연히 빠쭐 씨는 **도마뱀의 말이 무엇인지** 이해하지 못했다. 그러나, 가장 사랑하는 그의 아내를 위하여 **그는 기꺼이 거짓말을 했다.**

A : Itu dia!   저기 좀 봐요!

Sudah datang sepasang cécaknya!   이미 한 쌍의 도마뱀이 왔어요!

Cécak-cécak itu mulai bersuara di pojok.   그 도마뱀들은 구석에서 소리 내기

시작했어요.

A : Nah, apa artinya?   그럼, 그 뜻이 뭐에요?

B : Eh, tapi kamu nggak boléh ketawa, ya? Sesama cecak **dilarang saling mendahului.**

하, 당신 웃으면 안돼요!
도마뱀끼리는 서로 추월하는 게 **금지됐다고 하네요.**

|단어 공부|

sebar	뿌리다
tabur	유포하다
landai, miring	비스듬한, 경사진
kejayaan	번영
tambang	광산
data diri	개인 신상
bersanak saudara, berkerabat	친척이 있는
terpelanting	굴러떨어지다
seraya, sambil, sembari	~하면서
cilik	어린
tergantung, bergantung	매달리다, 달려 있다
pembasmi	부정 척결자
stok, cadangan, persediaan	재고, 비축품
dampak, éfék, pengaruh	영향
alih, pindah	이전하다, 바꾸다, 옮기다
permata	보석
gagang	손잡이

---

4. 성냥팔이 어린 소녀

Gadis Cilik Penjual Korék Api

Gadis kecil, badannya kurus, pakaiannya **compang camping** dan **rambutnya kusut** tak terurus. Gadis kecil berlalu **dengan lesu. Di bawan tiang lampu** ia berhenti. Seluruh kakinya gemetar (menggigil). **Ia tidak sanggup lagi berjalan. Ia terduduk.** Lalu, **terbayanglah ucapan ayah** dan **ibu tirinya** yang pemabuk, pemarah dan tidak peduli padanya. Serta nénéknya **yang telah tiada.**

어린 소녀는, 몸은 말랐고, 옷은 **누더기**이며 그리고 **머리는 난잡**하고 관리되지 않았다. 어린 소녀는 힘없이 지나갔다. **전봇대 아래에서 그녀는 멈추었다.** 그녀의 발 모두 떨렸다. **그녀는 더 이상 걸을 수가 없었다.** 그녀는 주저 앉았다. 그리고, 술꾼이고, 화를 잘 쉽게 내며 그에게 관심을 가지지 않는 **아버지와 계모의 말을 떠올렸다.** 그리고 **이미 계시지 않는** 할머니의 말씀도.

A : Kamu anak **yang tidak ada gunanya.** 너는 쓸모없는 아이구나.
   Jangan dekat-dekat denganku. **나에게 다가오지 말거라.**
B : Kalau kamu ingin menjadi **anak berguna,** 만일 너가 쓸모 있는 아이가 되기를 원하면,
   juallah korék api itu hingga habis. 없어질 때까지 그 성냥을 팔아라.
   Jangan pulang sebelum habis. 다 팔 때까지 돌아 오지 말거라.
   Kamu tidak akan kubukakan pintu 만일 돈을 가져오지 않으면 **나는 너에게**
   kalau tidak membawa uang. Pergilah! **문을 열어 주지 않을 것이다.** 가라!
C : Cucuku, gadis tercantik, 내 손자, 가장 예쁜 소녀.
   aku selalu bersamamu. 나는 항상 너와 함께 있단다.

|단어 공부|

keramik	도자기
mutakhir, terbaru	최근의
peninggalan sejarah	역사 유적
waktu menonton	시청 시간, 시청 시각
dunia seni	예술계
sedikit demi sedikit	조금씩
tidak seimbang	대등하지 (균형 잡히지) 않은
pengunjuk rasa	시위대
guru honorér	임시교사
serasi, sesuai	일치하는, 어울리는
situs	웹사이트, 유적지
létnan	육군 대위, 장교
perawatan	치료
suntikan	주사, 주입, 예방접종
rutin membeli	일상 구매
transfusi, infus	수혈, 주입
tindakan kriminal	범죄 행동
pistol	총
berpapasan muka, berpandang muka, berhadapan muka	
얼굴을 서로 바라보다	

5. 노루와 악어 이야기

Cerita Kancil dan Buaya

Pada suatu hari, kancil, binatang **yang katanya cerdik**, sedang berjalan-jalan **di pinggir hutan**. **Dia hanya ingin mencari udara segar**, melihat matahari **yang cerah bersinar**. Dia juga ingin berjemur **di bawah terik matahari**. Di situ ada sungai besar **yang airnya dalam sekali**. Bagaimana caranya menyeberanginya? **Dia berpikir sejenak.** Tiba-tiba dia melompat kegirangan (kegembiraan).

어느 날, 노루, **현명하다던** 그 동물은, 지금 **숲 주변에서** 걸어 다니고 있었다. 그는 그냥 **시원한 공기를 찾고 싶었고**, 밝게 **빛나는** 해를 보고 싶었다. 그는 또한 **따가운 햇빛 아래에서** 일광욕하고 싶었다. 거기에는 **물이 매우 깊은** 큰 강이 있었다. 그 강을 어떻게 건너지? **노루는 잠시 생각했다.** 갑자기 그는 즐거워서 폴짝 뛰었다.

A : Hei. buaya! buaya! Ayo keluar!
　　Aku punya makanan untukmu!

야, 악어야! 악어야! 나와라!
나는 너를 위한 음식을 갖고 있어!

B : Siapa yang teriak-teriak
　　siang-siang begini.
　　Mengganggu tidurku saja.

대낮에
소리지르는 녀석이 누구야.
내 잠을 방해만 하고 있냐.

C : Hei, kau rupanya kancil.
　　Jangan berisik.

야, 너 보니까 노루구나.
시끄럽게 하지마라.

A : Maafkan aku, teman,
　　tapi aku punya **makanan lezat.**
　　Masa kalian sebagai teman
　　tidak kubagi.
　　Tapi kenapa hanya berdua?
　　Mana yang lainnya?
　　Keluarlah kalian **agar semua ikut menikmati** makanan énak (lezat) ini.

나를 용서해, 친구야,
하지만 나는 **맛있는 음식을** 갖고 있어.
친구인 너희들에게
내가 어떻게 나눠 주지 않을 수 있겠니.
그런데 왜 오직 둘 뿐이야?
다른 녀석들은 어디 있어?
너희들 나와봐 **모두가** 이 맛있는
음식을 같이 **맛보도록.**

B : Nah, kami sudah keluar semua.
　　Sekarang **mana makanan**
　　yang kamu janjikan?

자, 우리 모두 이미 나왔어.
지금 너가 약속한
음식은 어디 있어?

A : Bersabarlah. **Aku harus memastikan**
　　kalian semua sudah lengkap.
　　Berbarislah biar aku bisa menghitung
　　jumlah kalian.

참아봐. **나는 너희 모두가 이미**
준비 됐는지 **확인해야 한다.**
내가 **너희들** 숫자를 셀 수
있도록 **줄을 서봐.**

Baiklah, sekarang aku akan mulai menghitung.

좋아, 지금 내가 세는 것을 시작할게.

Buaya buaya itu **berbaris** dan **membentuk seperti jembatan**. Lalu, Kancil segera melompat **ke punggung buaya** sambil menghitung. Akhirnya kancil sampai **di seberang sungai**. Begitu sampai di seberang sungai, kancil berkata.

그 악어들은 줄을 섰고 다리처럼 만들었다 그 후, 노루는 세면서 **악어 등으로** 서둘러 폴짝 뛰었다. 결국 노루는 **강 건너에** 도착했다. 그렇게 **강 건너에** 도착하자마자, 노루가 말했다.

A : Hei, buaya. **Sebenarnya tak ada makanan** yang akan aku bagikan.
Apakah kalian tidak melihat,
aku tidak membawa apa apa?

야, 악어야. **사실** 내가 나누어줄 **음식은 없어.**
너희들 못 봤니,
내가 아무것도 가져오지 않은 것을?

C : Awas kamu, kancil!
Tunggulah balasan dari kami.

너 조심해라, 노루!
우리의 복수의 대가를 기다려라.

|단어 공부|

ketidakhadiran	불참, 결석, 부재
tersungkur	고꾸라지다
latar	표면, 바탕, 배경
hikmah	지혜, 슬기
mencegat	불러 세우다, 숨어 기다리다
pengaduan	고소, 소송
adu	경쟁하다, 충돌하다
béntol	반점, 종기
membahayakan	위험에 빠뜨리다
agénda	의제
pemulihan perékonomian	경제 회복
hingar bingar	왁자지껄한
doa restu	축복기도
pertengahan Juni lalu	지난 6월 중순
seperti asli	원래처럼
pada masa yang sama	같은 시기에
pada masa berikutnya	다음 시기에
jatuh témpo	약정기일, 시간을 넘기다
tanggal jatuh témpo	지급 만기일, 납부기한

6. 부모님을 버리다

Membuang Orang Tua

Di dekat gunung, tinggal seorang ibu **yang sudah tua**. Ibu tinggal dengan anak laki laki. Ibunya sudah tua **dan sakit sakitan**. Setiap hari Toro bekerja keras di ladang. Namun, tetap saja ia kekurangan. **Uang hasil kerjanya** selalu habis untuk membeli obat ibunya. Kemudian Toro menikah. Kehidupannya **malah semakin sulit. Dia harus membiayai** istri dan ibunya. Toro sangat menyayangi istri. **Apa pun keinginan istrinya**, pasti **dikabulkan**.

산 가까이에, **이미 늙은** 한 아주머니가 살았다. 아주머니는 아들과 함께 살았다. 그의 어머니는 이미 늙었고 **자주 아팠다**. 매일 또로는 밭에서 열심히 일했다. 그러나, 그는 여전히 부족했다. **일해서 번 돈은** 항상 어머니의 약을 사는데 허비했다. 그 후에 또로는 결혼했다. 그의 삶은 **오히려 점점 더 어려 워졌다**. 그는 아내와 어머니의 비용을 **지불해야 했다**. 또로는 아내를 많이 사랑했다. **아내가 원하는 건 무엇이든, 반드시 들어 주었다.**

Suatu hari, istrinya meminta agar ibu **dijauhkan** dari rumah mereka karena kehidupan mereka selalu sulit. **Awalnya Toro menolak**. Akhirnya, dia **mengalah** setelah **dibujuk** istrinya. Toro menggendong ibunya untuk dibuang di tengah hutan. Selama di perjalanan, Ibu itu selalu **mematahkan** ranting pohon. **Toro menjadi heran** dan bertanya kepada ibunya, mengapa ibu selalu mematahkan **dahan pohon itu**.

어느 날, 그의 아내가 엄마를 집으로부터 **멀리 버리자고** 요구했다 왜냐하면 그들의 삶이 항상 어려웠 기 때문이다. **처음엔 또로는 거절했다**. 결국, 그는 아내의 **회유 끝에 허락했다**. 또로는 숲속에 엄마를 버리기 위하여 엄마를 업었다. 가는 동안, 엄마는 나뭇가지를 계속해서 **부러뜨렸다. 또로는 놀라서** 엄 마에게 물었다, 왜 엄마는 계속해서 **나뭇가지를 부러뜨리는지**.

Ibu menjawab, agar kamu bisa pulang ke rumah **tanpa tersesat**. Mendengar jawaban ibunya, Toro terkejut. Ia menangis dan hatinya sedih sekali. Ia menyadari, **kasih sayang** seorang ibu **tidak dapat dinilai** dengan **uang** atau **apa pun juga**. Toro juga sadar, **kerjanya selama ini** tidak akan cukup membayar **jasa ibunya yang telah merawat** dan **membesarkannya**. Sambil berlinang air mata, akhirnya Toro pulang ke rumah.

엄마가 답하길, 네가 **길을 잃지 않고** 집으로 돌아가기 위한 거란다. 엄마의 답을 듣고, 또로는 놀랐다. 그는 울었고 마음은 정말 슬펐다. 또로는 깨달았다, 어머니 한 명의 **사랑은 돈이나 어떤 것과도 평가 될 수 없다는 것을**. 그는 또한 깨달았다, **그동안 그의 일이** 자기를 **보살피고 키워준 엄마의 은혜를** 보 답하기는 충분하지 않았음을. 결국, 또로는 눈물을 흘리면서 집으로 돌아왔다.

putus asa, berkecil hati, menyerah 낙담하다, 포기하다

trotoar, setapak 인도   jembatan layang 고가 다리

jalan susun 연결 도로   jangan-jangan 아마도

rumah dinas, rumah instansi 관사

memperbuat 만들어 내다, 짓다, 행하다, ~하다

Tidak hanya itu 그뿐만 아니다   menghilangkan 없애버리다

bahan tertawaan 웃음거리   melangkah, berjalan 걷다

Hari demi hari pun berlalu 하루하루는 또한 지나갔다

7. 왕의 마음이 바뀌었다

Hati Raja Berubah

Dahulu kala **hiduplah seorang raja**. Ia sangat **serakah. Dia meminta pajak yang besar** pada rakyatnya. Banyak rakyat **yang hidup menderita**. Sementara itu, **ia hidup mewah** di kerajaan. Walaupun hidup mewah, dia tidak bahagia. **Putra satu satunya** sudah lama sakit parah. Suatu hari, **datang seorang tabib** ke istana. Setelah memeriksa putra, ia berkata putra itu **sudah kena kutukan.** Putra bisa sembuh bila pohon mangga yang ada di depan istana bisa ditebang.

옛날에 **한 왕이** 살았다. 그는 매우 **탐욕스러웠다. 그는 많은 세금을** 국민에게 **요구했다.** 많은 국민이 **고통받고 살았다.** 그동안, 그는 궁궐에서 **화려하게 살았다.** 비록 화려하게 살았지만, 그는 행복하지 않았다. **외동아들이** 이미 오래 심하게 아팠다. 어느 날, 궁궐에 **한 주술사가 왔다.** 왕자를 검사한 후, 그는 왕자가 **이미 저주에 걸렸다고** 말했다. 만일 궁궐 앞에 있는 망고 나무를 자를 수 있다면 왕자는 나을 수 있다고.

A : **Apa hubungan** antara pohon itu dengan kesembuhan putraku?

그 나무와 왕자의 회복 간에는 **무슨 관계가 있느냐?**

B : Yang mulia, di pohon itu semua rakyat **menumpahkan kutukan** dan **makian.**

폐하, 이 나무에는 모든 백성들이 **저주와 욕설을** 퍼부었습니다.

A : Lalu, apa yang harus aku lakukan?

그러면, 내가 무엇을 해야 하느냐?

B : Yang mulia **harus menurunkan pajak serendah rendahnya.**

폐하께서는 세금을 최대한 **낮추어야 합니다.**

Jika yang mulia melakukannya,   만일 폐하께서 그 일을 하시면,
kutukan itu akan hilang **dengan sendirinya**.   그 저주는 **스스로** 없어질 것입니다.

Raja **kelihatan (tampak) bingung**. Jika pajak itu diturunkan, kesempatan untuk mendapatkan uang sebanyak banyaknya **akan hilang.** Akan tetapi, jika tidak dilakukan, putra kesayangannya **tidak akan pernah sembuh**. Akhirnya, raja memutuskan menurunkan pajak **serendah rendahnya.** Semua rakyat **bersuka cita** mendengar itu. Pada bulan berikutnya, kesehatan putra raja **perlahan lahan membaik.** Raja amat bahagia. **Dengan menghilangkan sifat serakah**, Raja mendapat **dua keuntungan**. Pertama, **putra telah sehat kembali.** Kedua, **ia kini dicintai** oleh rakyatnya.

왕은 **혼란스러워 보였다**. 만일 그 세금을 내리면, 많은 돈을 받을 기회는 **없어질 것이다.** 그러나, 만일 하지 않으면, 사랑하는 왕자가 **낫는 일은 없을 것이다.** 결국, 왕은 **최소한으로** 세금을 내리기로 결정했다. 모든 백성은 그 소식을 듣고 **기뻐했다.** 그다음 달에, 왕자의 건강은 **천천히 좋아졌다.** 왕은 정말 행복했다. **나쁜 성격을 버림으로써**, 왕은 두 가지의 이득을 얻었다. 첫째, **왕자는 다시 건강을 되찾았다.** 둘째, 그는 현재 백성의 **사랑을 받는다.**

|심층 공부|

putus (관계가) 끝나다, 헤어지다	bercerai, berpisah 이혼하다
menuntut ke pengadilan 법원에 고소하다	mengayun 흔들리다, 앞뒤로 움직이다
menuduh orang lain 다른 사람을 비난하다, 고소하다	
palawija 밭작물	mengayuh 자전거를 몰다, 노를 젓다
neraka 지옥	surga 천당, 천국
sebanyak kamu mau 네가 바라는 만큼	tentara, pejuang, prajurit 군인

---

8. 살인 누명

Fitnah Pembunuhan

Entah dari mana asal fitnah itu. Berita itu sudah **menyebar** di seluruh dunia. **Aku dituduh** membunuh seseorang. Kebetulan **yang pertama lewat** adalah aku. Karena banyak orang **yang menuntut**, akhirnya raja memanggil aku ke istana.

그 중상모략의 출처가 **어디서 왔는지 모르겠다**. 그 소문은 이미 온 세상에 **퍼졌다**. **나는** 어떤 사람을 죽였다고 **고소당했다**. 우연히 **처음 지나간 사람은** 나였다. 많은 사람이 **고소했기** 때문에, 결국 왕은 나를 궁궐로 불렀다.

A : Benarkah kamu membunuh seseorang? 너는 어떤 사람을 죽인게 맞느냐?

B : Tidak, **itu hanya fitnah.** 아니에요, **그것은 오직 모략입니다.**

A : Tapi, banyak orang menuduhmu 하지만, 많은 사람이 **그의 살인자로**
   sebagai pembunuhnya. 너를 고소하였다.

B : Tidak benar, 옳지 않아요,
   saya mohon saksinya. **저는 그 목격자를 요청합니다.**

A : **Siapa di antara kalian** **너희 중에 누가**
   yang bisa menjadi saksinya? 그 증인이 될 수 있느냐?
   Baik! Sekarang, **majulah salah seorang** 좋다! 지금, **너희들 중에**
   di antara kalian. **한 사람 나오거라.**

C : Saya mendengar jeritan 저는 **물건이 넘어지는 소리와 함께**
   diiringi suara benda jatuh. 절규하는 소리를 들었습니다.
   Ketika aku melihat, 제가 보았을 때,
   ternyata dia telah membunuh orang itu. 확실히 그는 그 사람을 이미 죽였습니다.
   Ketika kami mendekati, 우리가 다가갔을 때,
   ia malah lari. **그는 오히려 도망쳤습니다.**
   Karena itu, kami menyangka 그래서, 우리는 **그를 죽인 사람은**
   dia yang membunuhnya. 그라고 추측했습니다.

A : Kamu, benarkah itu? 너, 그것이 사실이냐?

B : Tidak benar. 옳지 않습니다.
   Saya lari karena melihat 저는 그들이 **칼을 뽑는 것을**
   meréka menghunus pisau. 보았기 때문에 도망쳤습니다.
   Saya masih sayang dengan nyawa saya. 저는 여전히 제 목숨을 소중히 여깁니다.

A : Ya, aku tahu itu. 그래, 나는 그것을 안다.
   Aku pun sayang dengan nyawaku. 나 또한 내 목숨을 소중히 여긴다.

B : Nah, tuanku pasti lari 그리고, 폐하께서도 만일 살인자로
   jika **disangka** sebagai pembunuh. **의심을 받으면** 반드시 도망쳤을 것입니다.
   Padahal, tuanku tidak bersalah. 비록, 각하께서 잘못되지 않았더라도.

D : **kamu jangan omong sembarangan.** **너는 함부로 말하지 말거라.**

Perdana menteri **membentak**. Lalu Raja segera **menengahinya**.
수상은 호되게 꾸짖었다. 그리고 왕은 즉시 그것을 **중재했다**.

A : Biar saja! Dasar kamu!   놔두어라! 그대는 정말!

Raja kemudian diam sejenak. Suasana pun hening. **Tak ada yang berani
berkata sepatah kata pun.**
왕은 그 후 잠시 침묵했다. 분위기 또한 조용했다. 용감하게 한마디조차 하는 사람이 없었다.

A : Baiklah, berdasarkan saksi saksi yang banyak,   좋아, 많은 증인들을 토대로,
    kamu kunyatakan bersalah.   네가 잘못이 있다고 나는 선고한다.
    Kamu harus dihukum   너는 벌을 받아야 한다
    seperti orang itu mati.   그 사람이 죽은 것처럼.
    Cepat laksanakan.   빨리 시행하거라.

 menuduh, menuntut 고소하다   **menengahi** ~을 조정하다, 중재하다

위 이야기의 내용 속에 문장은 잘 활용하시고 단어는 실제 생활에서 자주 사용할 수 있는 단어이니 특히 강조 부분을 유념하시어 외우세요.

|심층 공부|

jangan diingat lagi masa itu 그 시기를 다시 기억하지 마라   kesadaran 의식
Itu pun kalau kamu mau 그것 또한 네가 원한다면   mengévakuasi 대피시키다
menurut sejarah 역사에 의하면   menurut kabar 소식에 의하면
kegaduhan, keributan, keriuhan 소음, 소동   sukaréla 자발적
UKS (Unit Keséhatan Sekolah) 학교 보건소   pulih, sembuh 회복하다
memporak-porandakan 어수선하게 만들다   perawat, suster 간호사

aksi 단어는 TV에 자주 나오는 단어입니다.
시민운동, 행사의 활동, ~의 행위, 작용의 뜻으로 사용됩니다.

이 책은 동화 이야기를 많이 인용했습니다. 동화를 읽으면서 어릴 때 추억을 떠올리고 동화 속에 있는 교훈도 다시 한번 되새기면서 재미있게 공부하세요. 동화를 읽으면 내용을 기억하기 쉽기 때문에 외우기도 쉬운 이점이 있습니다. 문장 역시 일상에서 많이 사용하는 문장이 많습니다. 읽으면서 일상회화에 많이 활용하시면 회화에 많이 도움이 되리라 생각합니다.

Thank you!

Narator : **Ana, Yulis** dari kantor marketing

Desi, Febri dari kantor mares 4

Ria, Harry, Mini dari teman penulis

Nina, Citra, Debora dari kariyawan rumah makan Bonga

Hilda, Veda dari S, P, G

Sisi, Syade, Abel, Fechri dari mahasiswa UI

Alika, Kheya, Prisa, Syanidila, Sylla dari mahasiswa UI

jurusan administrasi

Venny, Azis, Gaby, Ijal dari mahasiswa UI

Ursua, Yahana, Ali, Lulu dari mahasiswa UI

Annisa, Wisnu, Mulyo, Mira dari mahasiswa Guna Darma

Mathas, Wibisono, manggala, Capyo, Rizki dari Guna Darma

3권의 녹음을 위하여 도와주신 상기 38명에게 무한한 감사의 말씀을 드립니다.

감수자 : **Rere, Maudy, Arsya** dari mahasiswa UI jurusan bahasa korea

Ahmat, Abi, Andri, Amira, Adina, Azijah, Dapit, Suyadi

dari teman dan tetangga saya

이 책 감수를 위하여 도와주신 상기 11명 여러분에게도 무한한 감사를 드립니다.

"본문의 녹음 파일은 저자가 의도적으로
다양한 계층과 현지에서 직접 녹음한 관계로
완벽하지 않은게 있을 수 있습니다.
미진한 부분은 추가로 녹음하여 MP3 파일을 업로드할
예정이오니 참고 바랍니다."

Bab 2.
인도네시아 노래

01 ♪ Dia 디아

penyanyi: Anji

Di suatu hari **tanpa sengaja** kita bertemu.

Aku yang pernah terluka **kembali mengenal cinta.**

Hati ini kembali temukan **senyum yang hilang.**

Semua itu karena dia.

Oh Tuhan. kucinta dia. kusayang dia. rindu dia. inginkan dia.

Utuhkanlah rasa cinta di hatiku.

Hanya padanya. untuk dia.

어느 날에 우리는 **우연히** 만났다.

상처 받은 적이 있던 나는 **다시 사랑을 알았다.**

내 마음은 **잃어버린 웃음을** 다시 찾았다.

그 모든 게 그녀 때문이다.

오 하나님. 나는 그녀를 사랑하고. 그녀를 좋아하고. 그녀를 그리워하고. 그녀를 원합니다.

내 마음에 있는 사랑하는 마음을 **그대로 유지시켜 주세요.**

오직 그녀에게. 그녀를 위하여.

Jauh waktu berjalan kita lalui bersama.

Betapa di setiap hari **kujatuh cinta padanya.**

Dicintai oléh dia ku merasa sempurna.

Semua itu karena dia.

Oh Tuhan. kucinta dia. kusayang dia. rindu dia. inginkan dia.

Utuhkanlah rasa cinta di hatiku.

hanya padanya. untuk dia

긴 시간을 우리는 함께 걸으면서 보냈다.

매일 **얼마나** 나는 **그에게 사랑에 빠졌는지 모른다.**

그에 의한 사랑은 내가 완전하다고 느낀다.

그 모든 게 그 때문이다.

오 하나님. 나는 그녀를 사랑하고. 그녀를 좋아하고. 그녀를 그리워하고. 그를 원합니다.

내 마음속에 있는 사랑하는 마음을 **그대로 유지시켜 주세요.**

오직 그에게. 그를 위하여.

Oh Tuhan. kucinta dia. kusayang dia. rindu dia. inginkan dia.
Utuhkanlah rasa cinta di hatiku.
Hanya padanya. untuk dia.
Hanya padanya. untuk dia.
Hanya padanya. untuk dia.

오 하나님. 나는 그녀를 사랑하고. 그녀를 좋아하고. 그녀를 그리워하고. 그녀를 원합니다.
내 마음의 사랑하는 마음을 **그대로 유지하게 해주세요.**
오직 그에게. 그를 위하여.
오직 그에게. 그를 위하여.

02 ♪ Asalkan kau bahagia 너가 행복하다면

penyanyi: Armada

Yang.. kemarin ku melihatmu. kau bertemu dengannya
Ku rasa sekarang kau masih memikirkan tentang dia
Apa kurangnya aku. didalam hidupmu. hingga kau curangi aku
katakanlah sekarang. bahwa kau tak bahagia
Aku punya ragamu. tapi tidak hatimu
kau tak perlu berbohong. kau masih menginginkannya
Ku rela kau dengannya. asalkan kau bahagia

양. 어제 나는 너를 보았는데. 너는 그를 만나고 있었다.
나는 지금 너가 아직도 그에 대해서 생각한다고 생각한다.
너의 삶 속에서 내가 부족한 것이 무엇이길래 너는 나를 기만 하기까지 하니.
지금 말해라. 너는 행복하지 않다고.
나는 너의 몸을 가졌지만 네 마음은 아니다.
너는 거짓말할 필요가 없다. 너는 여전히 그를 생각하잖아.
나는 기꺼이 너가 그와 같이 있는걸 인정한다. 네가 행복하다면.

Yang. ku rasa sekarang kau masih memikirkan tentang dia
Apa kurangnya aku didalam hidupmu. hingga kau curangi aku
katakanlah sekarang bahwa kau tak bahagia
Aku punya ragamu. tapi tidak hatimu

kau tak perlu berbohong. kau masih menginginkannya
Ku rela kau dengannya asalkan kau bahagia

양. 나는 지금 너가 아직도 그에 대해서 생각한다고 느낀다.
너의 삶 속에서 나의 부족함이 무엇이길래 너는 나를 속이기까지 하니.
지금 말해라. 너는 행복하지 않다고.
나는 너의 몸을 가졌지만 네 마음은 아니다.
너는 거짓말할 필요가 없다. 너는 여전히 그를 생각하잖아.
나는 기꺼이 너가 그와 같이 있는 것을 인정한다. 네가 행복하다면.

Katakanlah sekarang bahwa kau tak bahagia
Aku punya ragamu tapi tidak hatimu
kau tak perlu berbohong. kau masih menginginkannya
Ku rela kau dengannya. asalkan kau bahagia
asalkan kau bahagia

너가 행복하지 않다고 지금 말해라.
나는 네 몸은 갖고 있지만. 네 마음은 아니다.
너는 거짓말할 필요가 없다. 너는 아직도 그를 생각하고 있잖아.
나는 너가 그와 같이하는 것을 기꺼이 인정한다. 만일 너가 행복하다면.

03 ♪ Keréta Malam 야간 열차

penyanyi: 미상

Pernah sekali aku pergi dari Jakarta ke Surabaya.
Untuk menéngok nénék di sana mengendarai keréta malam.
Jug kejag kijug kejag kijuk keréta berangkat
Jug kejag kijug kejag kijuk hatiku gembira
Jug kejag kijug kejag kijuk keréta berangkat
Jug kejag kijug kejag kijuk hatiku gembira

나는 자카르타에서 수라바야로 한번 간 적이 있다.
거기 계시는 할머니를 병 문안하기 위하여 야간열차에 몸을 실었다.
기차가 출발했고 내 마음은 기뻤다.
기차가 출발했고 내 마음은 기뻤다.

Kebetulan malam itu. cuacanya terang bulan

Kumelihat ke kiri ke kanan. oh indahnya pemandangan

Sayang tak lama. antukku datang.

Hingga aku tertidur nyenyak sekali.

Wahai ketika aku terbangun. rupanya hari pun sudah pagi

Hingga tiada aku sadari. aku tlah tiba di Surabaya

Jug kejag kijug kejag kijuk keréta berhenti

Jug kejag kijug kejag kijuk hatiku gembira

Jug kejag kijug kejag kijuk keréta berhenti

Jug kejag kijug kejag kijuk hatiku gembira

우연히 그날 밤. 달이 밝은 날이었다. 나는 좌우를 둘러보았다. 오 그 경치가 아름다웠다.
안타깝게도 머지않아. 나는 졸음이 왔다. 내가 정말 곤하게 잠들기까지 했다.
내가 깨어났을 때. 날 또한 이미 아침인것 같았다.
내가 깨닫지도 못했는데. 나는 이미 수라바야에 도착했다.
Jug kejag kijug kejag kijuk keréta berhenti 기차는 도착했고,
Jug kejag kijug kejag kijuk hatiku gembira 내 마음은 기뻤다.

04 ♪ Surat Cinta Untuk Starla
Starla를 위한 사랑의 편지

penyanyi: Virgoun

Kutuliskan kenangan tentang caraku menemukan dirimu.

Tentang apa yang membuatku mudah berikan hatiku padamu.

Takkan habis sejuta lagu untuk menceritakan cantikmu.

Kan teramat panjang puisi tuk menyuratkan cinta ini.

Telah habis sudah cinta ini. tak lagi tersisa untuk dunia.

Karena tlah kuhabiskan. sisa cintaku hanya untukmu.

나는 너를 찾은 내 방법에 대해서 추억을 쓴다.
내가 너에게 내 마음을 쉽게 주게 만든 어떤 것에 대하여.
너의 아름다움을 이야기하는 백만 곡의 노래는 사라지지 않는다.
정말로 긴 시는 이 사랑을 쓰기 위한 것이잖아.

이미 이 사랑은 이미 없어졌고. 다시는 세상을 위하여 남겨지지 않았다.
왜냐하면 이미 나는 써버렸기 때문에. 내 사랑의 남은 것은 오직 너를 위한 것이다.

Aku pernah berpikir tentang hidupku tanpa ada dirimu.
Dapatkah lebih indah dari yang kujalani sampai kini?
Aku selalu bermimpi tentang indah hari tua bersamamu.
Tetap cantik rambut panjangmu meskipun nanti tak hitam lagi.
Bila habis sudah waktu ini. tak lagi berpijak pada dunia.
Telah aku habiskan. sisa hidupku hanya untukmu.
Dan tlah habis sudah cinta ini. tak lagi tersisa untuk dunia.
karena tlah kuhabiskan. sisa cintaku hanya untukmu.

나는 당신이 없는 내 삶에 대해서 생각한 적이 있다.
지금까지 내가 살아온 것보다 더 아름다운 것이 있을 수 있을까?
나는 너와 함께 할 늙은 날의 아름다움에 대하여 항상 꿈을 꾼다.
비록 나중에 다시 검게 되지 않을지라도 너의 긴 머리는 여전히 아름답다.
만일 이 시간이 없어지면. 다시는 세상에 일어서지 않을 것이다.
이미 나는 오직 너를 위하여 내 인생의 나머지를 써 버렸다.
그리고 이미 이 사랑을 이미 써 버렸고. 다시는 세상을 위하여 남겨진 게 더 없다.
이미 나는 써버렸기 때문에. 내 사랑의 남은 것은 오직 너를 위한 것이다.

hidup dan matiku
Bila musim berganti. sampai waktu terhenti.
Walau dunia membenci. ku kan tetap di sini

내 삶과 나의 죽음.
만일 계절이 바뀌고. 시간이 멈출 때까지.
비록 세상이 미워하더라도. 나는 여전히 여기에 있잖아.

Bila habis sudah waktu ini. tak lagi berpijak pada dunia.
Telah aku habiskan sisa hidupku hanya untukmu.
Telah habis sudah cinta ini. tak lagi tersisa untuk dunia.
Karena tlah kuhabiskan. sisa cintaku hanya untukmu.
Karena tlah kuhabiskan. sisa cintaku hanya untukmu.

만일 이미 이 시간이 없어지면. 다시는 세상에 일어서지 않는다.
이미 나는 오직 너를 위한 내 사랑의 나머지를 써 버렸다.
이미 이 사랑을 써 버렸고. 다시는 세상을 위하여 남겨진 게 없다.
이미 나는 써버렸기 때문에. 내 사랑의 남은 것은 오직 너를 위한 것이다.

이미 나는 써버렸기 때문에. 내 사랑의 남은 것은 오직 너를 위한 것이다.

\# 인도네시아의 절절한 사랑 노래 어떠하신가요? 한 편의 시와 같지 않나요? 기회가 되신다면, 유튜브에서 노래를
   찾아 따라 불러보는 것도 좋은 공부가 될 것입니다.

부록.

인도네시아어 관광통역사 면접시험 예상 문제(51~100항)

051

Berikan penjelasan tentang 5 istana di Seoul dan ruang utamanya.
서울에 있는 5대 궁과 그 궁의 정전을 설명하세요.

Seoul, saat itu Hanyang adalah ibu kota Dinasti Joseon. Joseon punya 5 istana, yaitu: Gyeongbokgung, Changdeokgung, Changyeonggung, Gyeonghuigung dan Deoksugung.

1. Tiap istana memiliki kantor untuk raja bekerja. Istana Gyeongbokgung dibangun sebagai istana utama Joseon. Istana Gyeongbokgung adalah istana terbesar di antara lima istana. Di Istana Gyeongbokgung sering diadakan upacara menyambut kedatangan pejabat Negara lain dan upacara penting lainnya. Pengunjung juga bisa melihat upacara tersebut.

서울, 그 당시 한양은 조선왕조의 수도였다. 조선은 다섯 개의 궁을 갖고 있다. 예를 들면, 경복궁, 창덕궁, 창경궁, 경희궁 그리고 덕수궁.
각 궁들은 왕의 정사를 위한 정전을 갖고 있었다. 경복궁은 조선의 정궁으로써 건립됐다. 경복궁은 5대 궁중에서 가장 웅장한 궁이다. 경복궁에서는 가끔 외국 사절의 방문을 환영하는 행사가 개최됐고 다른 중요한 행사도 개최됐다. 방문객은 또한 그 행사를 볼 수 있다.

2. Istana Changdeokgung dibangun sebagai istana kedua. Selama perang Imjin, banyak istana terbakar. Setelah dibangun kembali, kemudian selama 270 tahun digunakan sebagai istana utama. Istana Changdeokgung sangat terkenal sebagai bangunan yang menyatu (sesuai) dengan alam sekitar. Oleh karena itu, istana Changdeokgung ditetapkan (dicatat, dinyatakan) sebagai Warisan Budaya Dunia UNESCO pada tahun 1997.

창덕궁은 제2의 궁으로써 건립됐다. 임진왜란 동안, 많은 궁이 타버렸다. 다시 건립된 후에, 그런 후 270년 동안 정궁으로써 사용됐다. 창덕궁은 주변 자연과 어울리는 건물로써 매우 유명하다. 그런 이유로, 창덕궁은 1997년 유네스코 세계문화유산으로 지정됐다.

3. Istana Changyeonggung yang nama aslinya Suganggung, dibangun oleh Raja Sejong untuk ayahnya. Kemudian Raja Sejong memperbaiki untuk tempat tinggal permaisuri dan menamakan istana Changyeonggung. Selama penjajahan Jepang, Jepang membangun kebun binatang, kebun tanaman, museum di dalam istana untuk mengurangi kekuasaan Joseon

원래 이름이 수강궁인 창경궁은 세종대왕이 그의 아버지를 위하여 건립했다. 그런 후 세종은 왕비의 거주지를 위하여 수리했고 창경궁으로 이름을 지었다. 일본의 식민지배 동안, 일본은 조선의 권위를 손상시키기 위해 궁 내에 동물원, 식물원, 박물관을 건립했다.

4. Istana Gyeonghuigung disebut istana barat karena berada di sebelah barat. Sebagian besar istana Gyeonghuigung sudah dihancurkan oleh Jepang lalu dipindahkan. Sekarang ini, Istana Gyeonghuigung telah dibangun kembali.

경희궁은 서쪽 편에 있기 때문에 서궁이라 불렸다. 대부분의 경희궁은 일본에 의해 이미 파괴된 후 옮겨졌다. 지금, 경희궁은 이미 다시 세워졌다.

5. Istana Deoksugung awalnya disebut istana Gyeongungung. Setelah peristiwa Eulmi, Raja Gojong meninggalkan istana Gyeongbokgung dan tinggal di istana Deoksugung. Sejak saat itu, nama istana disebut Deoksugung. Ruang utama istana adalah Jungwhajeon. Istana Deoksugung berbeda dengan istana lainnya karena Deoksugung menggabungkan bangunan kayu tradisional dengan bangunan barat.

덕수궁은 처음에 경운궁으로 불렸다. 을미 사건 후, 고종은 경복궁을 떠나서 덕수궁에서 살았다. 그때부터, 궁 이름을 덕수궁으로 불렸다. 궁의 정궁은 중화전이다. 덕수궁은 다른 궁과 다르다. 왜냐하면 덕수궁은 전통 나무 건물과 서양 건물로 통합됐기 때문이다.

052
Berikan penjelasan tentang Warisan Budaya Dunia UNESCO di Korea
한국에 있는 유네스코 세계문화유산에 대해서 설명하세요.

Sampai bulan Juni 2014, Korea memiliki 11 warisan budaya dunia UNESCO. 5 warisan budaya dunia di antaranya berasal dari dinasti Joseon yaitu Istana Changdeokgung, Jongmyo, Benteng Hwaseong, Makam Raja Dinasti Joseon dan Benteng Namhansanseong.
Di Gyeongju ada 2 warisan budaya dunia. Gyeongju adalah ibu kota kerajaan Silla selama 1000 tahun, jadi banyak sekali tempat dan warisan budaya. Daerah sejarah Gyeongju ditetapkan sebagai warisan dunia UNESCO pada tahun 2000. Sedangkan, Gua Seokguram dan Candi Bulguksa juga ditetapkan pada tahun 1995.

Janggyeong Panjeon Candi Haeinsa, dibuat pada dinasti Goryeo. Di sana ada buku Tripitaka, buku tertua dan terlengkap di dunia. Ini merupakan koleksi kitab terlengkap dan tertua agama Budha di Dunia. Janggyeong Panjeon Candi Haeinsa ditetapkan sebagai warisan dunia UNESCO pada tahun 1995.

Kemudian di daerah Gochang, Hwasun dan Ganghwa menggambarkan batu besar untuk makam, lalu ditetapkan sebagai warisan budaya UNESCO pada tahun 2000. Desa sejarah Korea seperti Hahoe dan Yangdong ditetapkan sebagain warisan budaya UNESCO pada tahun 2010.

2014년 6월 기준, 한국은 11개의 유네스코 세계문화유산을 보유하고 있다. 그중에 5개의 세계문화유산이 조선왕조로부터 왔다. 예로, 창덕궁, 종묘, 화성, 조선왕릉 그리고 남한산성, 경주에는 두 개의 세계문화유산이 있다. 경주는 1000년 동안 신라왕조의 수도였다. 그래서 많은 유물과 유적지가 있다. 경주 유적지는 2000년도에 유네스코 세계유산으로서 지정됐다. 한편, 석굴암과 불국사는 1995년도에 지정됐다.

해인사의 장경판전은, 고려왕조에 만들어졌다. 거기에는 판본, 가장 오래된 책 그리고 세계에서 가장 완벽한 책이 있다. 이것은 세계 불교에서 가장 완벽하고 가장 오래된 경전 모음이다. 해인사 장경판전은 1995년 유네스코 세계문화유산에 지정됐다. 그리고 고창, 화순 그리고 강화지역은 무덤용도의 고인돌을 설명하고 있다. 그리고 2000년도에 유네스코 문화유산으로 지정됐다. 하회 그리고 양동과 같은 한국의 역사적인 마을은 2010년 유네스코 세계문화유산에 지정됐다.

053

Berikan penjelasan tentang Warisan Catatan Dunia UNESCO di Korea.
한국에 있는 유네스코 세계 기록 문화유산에 대해서 설명하세요.

Korea memiliki 11 Warisan Catatan Dunia UNESCO. Hunmin Jeongum dan Joseon Wangjoo Silok ditetapkan pada tahun 1997. Seungjeongwon Ilgi dan jikji simcheyojeol ditetapkan sebagai warisan catatan dunia UNESCO pada tahun 2001. Jikji simcheyojeol adalah huruf besi pertama kali di dunia.

Uigwe, peraturan kerajaan Dinasti Jooseon dan catatan kayu Tripitaka dan catatan Budha ditetapkan sebagai warisan catatan dunia UNESCO pada tahun 2007. Donguibogam merupakan prinsip dan praktek pengobatan timur, ditetapkan sebagai warisan catatan dunia UNESCO pada tahun 2009. Buku pengobatan ini ditulis oleh Heo Jun pada zaman Dinasti Joseon. Ilseongnok ditetapkan sebagai warisan catatan dunia UNESCO pada tahun 2011. Buku ini mencatat tentang kehidupan sehari-hari raja dan kebijakan Negara Dinasti

Joseon. Nanjung Ilgi catatan perang Jenderal Yi Sun-sin dan catatan Saemaul Undong ditetapkan sebagai warisan catatan dunia UNESCO pada tahun 2013.

한국은 11개의 유네스코 세계 기록 문화유산을 갖고 있다. 훈민정음과 조선왕조실록은 1997년에 지정됐다. 승정원일기와 직지심체요절은 2001년에 유네스코 세계 기록 문화유산으로 지정됐다. 직지심체요절은 세계에서 첫 번째 금속 활자이다. 의궤, 조선왕조의 규범 그리고 대장경 나무 기록 그리고 불교 기록은 2007년 유네스코 세계 기록 문화유산으로 지정됐다. 동방 의학의 실습과 정신인 동의보감은, 2009년에 유네스코 세계 기록 문화유산으로 지정됐다. 이 의학책은 조선시대의 허준이 저술했다. 일성록은 2011년도에 유네스코 세계 기록 문화유산으로 지정됐다. 이 책은 왕의 일상생활과 조선왕조의 나라 정책에 대해서 기록했다. 이순신 장군의 전쟁 기록지인 난중일기와 새마을 운동은 2013년도에 유네스코 세계 기록 문화유산으로 지정됐다.

054
Ceritakan tentang Japsang.
잡상에 대해서 말해보세요.

Bangunan yang berkaitan dengan istana pasti punya Japsang. Japsang adalah patung binatang kecil di atas atap. Japsang berfungsi melindungi bangunan dari setan dan hantu. Di dalam Gyeonghoeru memiliki 11 japsang dan Geunjeongjeon memiliki 7 japsang.
Japsang adalah monyet, babi dan binatang dalam imajinasi. Itu berasal dari cerita Cina seperti Sonogong, Jeopalgye, Saojeong dan lain-lain.

왕궁과 관련된 건물은 반드시 잡상을 보유하고 있다. 잡상은 지붕 위에 있는 작은 동물 조각상이다. 잡상은 악귀나 귀신으로부터 건물을 보호하는 기능을 가지고 있다. 경회루 안에는 11개의 잡상이 있고 경정전은 7개의 잡상을 보유하고 있다. 잡상은 원숭이, 돼지 그리고 상상 속의 동물이다. 그것은 손오공, 저팔계, 사오정 그리고 기타 등과 함께 중국 이야기로부터 왔다.

055

Ceritakan tentang Istana Changdeokgung dan Kebun Rahasia (Secret Garden).
창덕궁과 비원에 대해서 이야기해 보세요.

Changdeokgung menunjukkan keindahan yang unik dari Istana Korea.
Walaupun istana tersebut dibangun di kaki gunung, tetapi tetap
mempertahankan bentuk asli tersebut. Istana tersebut ditempatkan sesuai
dengan alam. Pohon-pohon, bukit, lembah menyatu (sesuai) dengan istana.
Sekitar 60 persen istana Changdeokgung merupakan Kebun Rahasia. Kebun
Rahasia adalah tempat istirahat raja dan keluarga. Lomba memanah dan pesta
juga dilakukan di sini. Untuk ke Kebun Rahasia, turis harus masuk ke hutan
untuk melihatnya.
창덕궁은 한국 궁궐의 독특한 아름다움을 보여준다. 비록 그 궁이 산자락에 지워졌지만, 그 원래 형태
를 여전히 고수하고 있다. 그 궁은 자연과 어울려서 위치해 있다. 나무들, 언덕, 계곡은 궁과 조화를
이루고 있다. 창덕궁의 약 60%가 비원이다. 비원은 왕과 가족의 휴식 장소이다. 활 쏘기 대회와 축제
또한 여기에서 행해진다. 비원으로 가기 위하여, 관광객은 그것을 보기 위해 숲속으로 들어가야 한다.

056

Apa perbedaan antara Istana Gyeongbok dan Istana Changdeok?
경복궁과 창덕궁 사이의 차이는 무엇입니까?

Pertama, bangunan Gyeongbok dirancang secara teratur. Hal ini untuk
menunjukkan kedudukan Istana Gyeongbok. Sebaliknya Changdeok dibangun
dengan sangat indah dan menyesuaikan dengan alam sekitar.
Kedua. Istana Gyongbok banyak hancur karena perang. Setelah perang Imjin,
Istana Gyongbok telah hancur. Kemudian Changdeok dibangun kembali.
Setelah itu, Changdeok menjadi istana utama selama 270 tahun.
Ketiga. Istana Changdeok ditetapkan sebagai warisan budaya UNESCO pada
tahun 1997. Istana Changdeok memperlihatkan kecantikan alam dan sejarah
bangunan istana, sedangkan Istana Gyengbok menunjukkan kedudukan yang
tinggi sebagai Istana utama.

첫 번째, 경복궁 건물은 규칙적으로 설계됐다. 이것은 경복궁의 근엄함을 보여준다. 반대로 창덕궁은
매우 아름답게 지어졌다. 그리고 주변 자연과 어울린다. 두 번째, 경복궁은 전쟁 때문에 많이 부서졌
다. 임진왜란 후에, 경복궁은 이미 파괴됐다. 그리고 창덕궁은 다시 건립됐다. 그 후 창덕궁은 270년
동안 정궁이 되었다. 세 번째, 창덕궁은 1997년에 유네스코 세계 문화유산으로 지정됐다. 창덕궁은 자

연의 아름다움을 보여주고 궁궐 건축의 역사를 보여 준다. 반면에 경복궁은 정궁으로서 높은 지위를 보여준다.

057

Ceritakan tentang Makam (kuburan) Kerajaan Joseon.
조선 왕릉에 대해서 이야기해 보세요.

Makam kerajaan Joseon terletak di 18 lokasi, di antaranya di Gangwha, Seoul, Gyeonggi dan Gangwon. Sejak Kong hu cu menjadi gagasan (ide) di Joseon, raja yang meninggal dibuatkan makam yang indah dan mewah. Di sana ada upacara untuk nenek moyang dilakukan selama 500 tahun. Dengan demikian, Joseon bisa mempertahankan gagasan (ide) Kong hu cu dan memperkuat kekuasaan Raja. Semua makam, arsitektur dan batu di makam kerajaan berdasarkan ide "Pungsu". Jadi makam raja Joseon memiliki keunikan dan keindahan. Oleh karena itu, makam Raja Joseon ditetapkan sebagai warisan budaya dunia UNESCO pada tahun 2009.

조선왕릉은 18개의 지역에 위치해 있다. 그중에는 강화, 서울, 경기 그리고 강원에 있다. 유교가 조선의 이념이 된 이래로, 왕이 서거하면 아름답고 화려한 무덤이 만들어졌다. 그곳에는 500년 동안 조상을 위한 제사가 치러졌다. 그렇게 함으로써 조선은 유교의 이상을 유지할 수 있었고 왕권을 더 강하게 할 수 있었다. 왕릉에 있는 모든 무덤, 건축학 그리고 바위는 풍수의 사상을 기초로 했다. 그래서 조선왕릉은 특별함과 아름다움을 갖고 있다. 그래서, 조선왕릉은 2009년에 유네스코 세계 문화유산으로 지정됐다.

058

Berikan penjelasan tentang Jongmyo.
종묘에 대해서 설명하세요.

Jongmyo adalah kuil(candi) nenek moyang kerajaan Joseon. Menurut Kong hu cu, kuil adalah tempat tinggal arwah orang mati dan kuburan adalah tempat tinggal badan (jasad) orang meninggal.
Jongmyo adalah kuil khusus untuk raja, permaisuri dan orang yang berjasa untuk Negara. Jongmyo Jerye adalah upacara penting negara yang dilakukan di Jongmyo.
Ruang utama Jongmyo terdiri dari 19 ruang untuk arwah nenek moyang. Jongmyo dibangun dengan gagah dan mulia tanpa hiasan dan warna mewah.

Selanjutnya, Jongmyo ditetapkan sebagai warisan budaya dunia pada tahun 1995.

종묘는 조선왕조의 조상의 사당이다. 유교 사상에 따르면, 사당은 죽은 사람의 영혼이 머무는 곳이고, 무덤은 죽은 사람의 육체가 머무는 곳이다. 종묘는 왕, 왕비 그리고 나라에 공이 있는 사람을 위한 특별한 절이다. 종묘 제례는 종묘에서 행하는 국가의 중요한 행사이다. 종묘의 정전은 조상의 혼을 모시기 위하여 19개의 방으로 구성됐다. 종묘는 장식이나 화려한 색깔 없이 웅장하고 고귀하게 지어졌다. 이어서 종묘는 1995년에 세계 문화유산으로 지정됐다.

059
Jelaskan perbedaan antara Bukchon dan Sechon
북촌과 서촌 사이의 차이를 설명하세요.

Pertama, pada masa kerajaan Joseon, Bukchon adalah desa orang kaya sedangkan Sechon adalah desa orang menengah. Dibandingkan dengan Bukcho, Sechon lebih sederhana. Contohnya, di Sechon ada pasar untuk mencari nafkah dan tempat jual beli barang.
Kedua, rumah tradisional Korea di Bukchon telah diperbaiki sesuai dengan peraturan konservasi hanok. Hanok di Bukchon dibuat besar dan mewah. Sedangkan hanok di Sechon lama dicampur dengan batu bata.
Ketiga, di Bukchon banyak hidup orang yang berbudaya tinggi dan pengrajin seni. Jadi turis dapat melihat pembuatan kerajinan tradisional Korea. Sedangkan Sechon adalah desa seni dan sastra. Banyak sastrawan berbakat tinggal di Sechon. Gyeomjae Jeong Seon dan Chusa Kim Jeong-hui tinggal di Sechon. Raja Sejong juga lahir di Sechon.

첫 번째, 조선시대에, 북촌은 부유한 마을이고 반면에 서촌은 중산층의 마을이었다. 북촌과 비교하면 서촌은 더 서민적이다. 그 예로, 서촌은 생활비를 벌고 물건을 사고 파는 시장이 있다. 두 번째, 북촌에 있는 한국의 전통 집은 이미 한옥 보전 규정과 맞게 고쳐졌다. 북촌에 있는 한옥은 크고 화려하게 지어졌다. 반면에 옛날 서촌에 있는 한옥은 벽돌과 섞여 있다. 세 번째, 북촌에는 인간 문화재나 장인들이 많이 산다. 그래서 여행객은 한국의 전통 수공예품을 볼 수 있다. 반면에 서촌은 문학과 예술 마을이다. 재능있는 많은 문학가들이 서촌에 살았다. 겸재 정선과 추사 김정희는 서촌에 살았다. 세종대왕은 또한 서촌에서 태어났다.

060

Memperkenalkan tentang objek wisata di Andong.
안동에 있는 여행지에 대해서 소개하세요.

Desa Hahoe adalah salah satu desa yang sangat terkenal di Andong. Banyak keturunan Pungsan Ryu tinggal di desa Hahoe dan memakai tradisi Kong Hu Cu. Kata Hahoe artinya air berbelok. Belokan seperti huruf S mengelilingi desa Hahoe. Pegunungan juga mengelilingi desa Hahoe. Pemandangan alami ini disebut Baesanimsu. Desa Haheo ditetapkan sebagai Warisan Dunia pada tahun 2010. Topeng Hahoe biasa digunakan pada tarian tradisional Korea. Turis dapat menonton bermacam-macam tarian topeng di Festival Andong. Dosan Seowon juga harus dikunjungi di Andong. Dosan Seowon adalah lembaga pendidikan. Yi Whang ilmuwan(ilmiawan) besar Joseon. Murid-murid Yi Whang membangun Dosan Seowon untuk memperingati prestasinya.

하회마을은 안동에서 매우 유명한 마을 중에 하나다. 많은 풍산 류 씨 후손들이 하회 마을에서 살고 있고 유교 전통을 지킨다. 하회란 말은 그 뜻이 물이 회전한다는 뜻이다. S문자와 같은 굴곡이 하회마을을 감싸고 있다. 산맥 또한 하회마을을 둘러싸고 있다. 이 자연 경관은 배산임수라고 불린다. 하회마을은 2010년 세계 문화유산으로 지정됐다. 하회탈은 보통 한국 전통춤에 사용된다. 관광객들은 안동 축제에서 여러 가지 종류의 탈춤을 볼 수 있다. 도산서원 또한 안동에 방문해야 된다. 도산서원은 교육 기관이다. 이황은 위대한 학자이다. 이황의 제자들은 그의 업적을 기리기 위하여 도산서원을 건립했다.

061

Jelaskan karakter (ciri-ciri) Desa Yangdong
양동의 특성을 설명하세요.

Desa Yangdong terletak di utara Gyengju. Desa Yangdong adalah desa tradisional terbesar di Korea. Di sana hidup dua suku yang melestarikan budaya Kong Hu cu selama 500 tahun. Mereka adalah Son Gyeongju dan Yi Yeogang. Di masa Joseon, dua keluarga tersebut saling bersaing. Pemandangan alami di sekitar Desa Yangdong mengikuti "Baesanimsu". Tempat terbaik menghadap sungai dan pemandangan gunung di belakang desa. Ini juga merupakan ide "Pungsu". Desa Yangdong juga memiliki banyak warisan budaya, harta karun dan alat-alat rumah tangga. Charles, pangeran Inggris, mengunjungi desa Yangdong pada tahun 1992. Oleh karena itu, desa Yangdong

semakin terkenal. Desa Yangdong ditetapkan sebagai warisan dunia UNESCO
pada tahun 2010

양동마을은 경주의 북쪽에 위치해있다. 양동마을은 한국에서 제일 큰 전통 마을이다. 거기에는 500
년 동안 유교 문화를 보존하는 두 문중이 산다. 그들은 월성 손 씨와 여강 이 씨이다. 조선시대에서,
그 두 문중은 서로 다투기로 유명했다. 양동마을 주변의 자연 경관은 배산임수를 따랐다. 가장 좋은
장소는 강을 향하고 산의 경관이 마을 뒤에 위치하는 것이다. 이것은 또한 풍수의 사상이다. 양동마
을은 또한 많은 문화유산, 보물 그리고 가정 도구들을 늘 갖고 있다. 찰스, 영국 황태자는 1992년 양
동마을을 방문했다. 그래서, 양동마을은 점점 유명해졌다. 양동마을은 2010년 유네스코 세계문화유
산으로 지정됐다.

062
Berikan penjelasan tentang kolam Anapji.
안압지에 대해서 설명하세요.

Anapji adalah kolam buatan di Taman Nasional Gyengju. Menurut catatan
Samguk Sagi, kolam Anapji dibangun oleh Raja Munmu pada masa Kerajaan
Silla. Rakyat Silla berusaha keras untuk membuat kebun yang indah. Di kebun,
mereka membuat bukit kecil, menanam bunga dan memelihara burung dan
binatang langka. Kemudian, kolam Anapji terletak di tengah-tengah kebun di
dalam istana. Pada tahun 1975, proyek penggalian dimulai selama dua tahun.
Ketika air kolam dikeluarkan, pekerja menemukan banyak harta karun dan
benda bersejarah. Pekerja juga menemukan 3 pulau di dalam kolam.
Berdasarkan catatan yang ada, Anapji dipulihkan, kolam Anapji menjadi salah
satu tempat wisata terindah di Korea.

안압지는 경주국립공원에 있는 인공 호수이다. 삼국사기에 따르면, 안압지는 신라시대에 문무왕이 만
들었다. 신라 백성은 아름다운 정원을 만들기 위하여 열심히 노력했다. 정원에서 그들은 작은 동산을
만들고, 꽃을 심고 새와 희귀 동물을 길렀다. 그리고 안압지는 궁궐 안에 있는 정원 중간에 위치해 있
다. 1975년, 발굴 작업은 2년 동안 시행되었다. 호숫물을 퍼냈을 때, 작업자들은 많은 보물과 역사적
인 물건들을 발견했다. 작업자들은 또한 그 호수 속에서 3 개의 섬을 발견했다. 기록을 토대로, 안압지
는 한국에서 가장 아름다운 여행지 중의 하나가 됐다.

063

Berikan penjelasan tentang gua Seokguram dan prinsip-prinsip ilmiahnya.
석굴암과 그 과학 정신에 대해서 설명하세요.

Gua Seokguram menunjukkan perkembangan budaya dan ilmu pengetahuan masa Silla. Seokguram adalah satu-satunya gua buatan di dunia. Untuk membuat Gua Seokguram butuh waktu 40 tahun. Gua Seokguram dan Kuil Bulguksa ditetapkan sebagai warisan budaya UNESCO pada tahun 1995. Ada banyak teknologi di Gua Seokguram.

Pertama, suhu dan kelembaban di Gua Seokguram diatur secara alami. Mata air dibuat di lantai lalu patung Budha bisa dilindungi dari lumut dan lembab. Untuk aliran udara, atap ditutupi dengan tanah dan batu alami. Sayang sekali, mata airnya telah dihancurkan oleh Jepang. Kedua, langit-langit kubah dibuat kuat dan stabil menggunakan batu-batu kotak.

석굴암은 신라 시대의 문화와 과학의 발전을 보여준다. 석굴암은 세계에 있는 유일한 인공 석굴이다. 석굴암을 만들기 위해 40년의 세월이 걸렸다. 석굴암과 불국사는 1995년 유네스코 세계 문화유산으로 지정됐다. 석굴암에는 많은 기술이 있다. 첫 번째, 석굴암에서의 온도와 습도는 자연적으로 조절됐다. 샘은 바닥에 만들어졌고 불상은 이끼와 습도로부터 안전했다. 통풍을 위하여 지붕은 흙과 자연적으로 뒤덮었다. 불행히도, 샘은 이미 일본에 의해 파괴되었다. 두 번째, 돔 모양의 천장은 사각 돌을 사용하여 튼튼하고 견고하게 만들어졌다.

064

Bandingankan Kuil Seokgatap dan Kuil Dabatop.
석가탑과 다보탑을 비교해 보세요.

Kuil Seokgatap dan kuil Dabatop adalah peninggalan inti seni kerajaan Silla. Kuil Seokgatap memiliki desain biasa dan sederhana, sedangkan Kuil Dabatop memiliki desain dan hiasan yang teliti. Keindahan kuil Seokgatap berasal dari keseimbangan yang lengkap. Di sisi lain (sebaliknya, selain), keindahan kuil Dabatop berasal dari keindahan batu-batu dan dekorasi yang indah. Batu-batu dibuat bentuk yang tidak biasa. Di Kuil Dabatop terdapat 4 buah tangga. Orang Silla membangun dua jenis kuil di tempat yang sama. Itu menunjukan keindahan seni kerajaan Silla.

석가탑과 다보탑은 신라왕조의 예술 핵심 유물이다. 석가탑은 일반적이고 단순한 디자인을 갖고 있다. 반면에 다보탑은 섬세한 디자인과 장식을 갖고 있다. 석가탑의 아름다움은 완전한 균형으로부터 왔다. 반면에 다보탑은 돌들과 아름다운 장식의 미관으로 만들어졌다. 돌들은 일반적이지 않은 형태로 만들어졌다. 다보탑에는 4개의 계단이 있다. 신라인은 같은 장소에 두 종류의 탑을 건설했다. 그것은 신라왕국의 예술의 아름다움을 보여 주는 것이다.

065

Ceritakan tentang Cheomseongdae.
첨성대에 대해서 이야기하세요.

Cheomseongdae adalah tempat pengamatan bintang di Gyeongju. Cheomseongdae dibangun oleh Ratu Seonduk. Cheomseongdae adalah tempat pengamatan tertua di Asia. Cheomseongdae berarti Menara Menatap Bintang. Cheomseongdae dibangun dengan bentuk silinder (tabung) yang kosong di dalamnya. Cheomseongdae dibangun menggunakan 362 batu, artinya menunjukkan 362 hari dalam setahun. Lalu di dalamnya ada 12 lapisan batu, ini berarti ada 12 bulan dalam setahun. Setelah pembangunan Cheomseongdae, manusia bisa merasakan banyak manfaatnya. Oleh karena itu, Cheomseongdae menunjukkan pengembangan teknologi Silla.

첨성대는 경주에 있는 천문 관측소이다. 첨성대는 선덕여왕이 만들었다. 첨성대는 아시아에서 가장 오래된 관측소이다. 첨성대는 "별을 바라보는 탑"을 의미한다. 첨성대는 안이 비어있는 원통 모양으로 건축됐다. 첨성대는 362개의 돌을 사용하여 지어졌다. 그 의미는 일 년 안에는 362일이 있다는 것을 보여준다. 그리고 안에는 12개의 돌판지가 있다. 이것은 일 년 안에는 12달이 있다는 것을 의미한다. 첨성대를 건설한 후 사람들은 첨성대의 많은 용도를 느낄 수 있었다. 이런 이유로, 첨성대는 신라기술의 발전을 보여준다.

066

Apa perbedaan harta benda dan harta benda nasional?
보물과 국보의 차이는 무엇입니까?

Perbedaan antara harta benda dan harta benda nasional adalah tahap-tahap nilainya. Benda warisan budaya yang penting ditetapkan sebagai harta benda. Jika harta benda bernilai tinggi dan unik ditetapkan sebagai harta benda nasional. Harta benda nasional punya nilai sejarah, nilai seni yang tinggi dan nilai pendidikan. Harta benda nasional harus barang kuno dan mengandung desain dan teknologi jarang. Harta benda nasional Korea No.1 adalah Sungnyemun dan No.24 adalah Seokguram. Hal ini tidak berarti Sungnyemun lebih berharga daripada Seokguram.

보물과 국보의 차이는 그 가치의 등급이다. 중요한 문화유산 물건은 보물로서 인정된다. 만일 보물이 특별하고 높은 가치를 갖고 있으면 국보로서 인정된다. 국보는 역사적인 가치, 높은 예술적 가치 그리고 교육적인 가치를 가지고 있다. 국보는 오래되고, 설계를 가지고 있고, 희귀한 기술이어야 한다. 한국의 국보는 1호는 숭례문이고 24호는 석굴암이다. 이것은 숭례문이 석굴암보다 더 가치가 있다는 의미는 아니다.

067

Jelaskan harta benda nasional No.1 sampai No.3 dan harta benda No.1 sampai No.3.
국보 1호와 3호까지 그리고 보물 1호에서 3호까지를 설명하라.

Harta benda nasional Korea No.1 adalah Sungnyemun. Nama lainnya adalah Namdaemun. Namdaemun merupakan pintu gerbang utama di selatan Joseon. Harta benda nasional Korea No. 2 adalah Kuil Wongaksa yang menjadi sepuluh tingkat. Harta benda nasional Korea No. 3 adalah Monumen di Gunung Bukhansan. Namanya monumen Raja Jinheng. Itu dibangun untuk merayakan pemeriksaan perbatasan oleh Raja Jinheng. Harta benda Korea No. 1 adalah Pintu gerbang Heunginjimun. Nama lainnya adalah Dongdaemun merupakan pintu gerbang utama di timur Joseon. Harta benda Korea No.2 adalah lonceng Bosingak. Pada masa Joseon, lonceng digunakan untuk memberitahukan buka dan tutup 4 gerbang. Tetapi di masa sekarang, lonceng dipukul saat tengah malam tahun baru. Sekarang ini lonceng disimpan di Museum Pusat Nasional. Harta benda Korea No.3 adalah Monumen Candi Daewongaksa.

한국의 국보 1호는 숭례문이다. 다른 이름은 남대문이다. 남대문은 조선의 남쪽에 있는 정문이다. 한국의 국보 2호는 10층으로 된 원각사 탑이다. 한국의 국보 3호는 북한산에 있는 비석이다. 그 이름은 진흥왕 순수비이다. 그것은 진흥왕이 국경지역을 순수하는 것을 기념하기 위하여 건립됐다. 한국의 보물 1호는 흥인지문이다. 다른 이름은 조선의 동쪽에 있는 정문인 동대문이다. 한국의 보물 2호는 보신각 종이다. 조선시대에, 4개 문의 여닫음을 알리기 위하여 사용됐다. 그러나 지금 시기에는 새해 밤중에 종을 친다. 현재 종은 중앙 국립박물관에 보관되어 있다. 한국의 보물 3호는 대원각사비이다.

068

Jelaskan sejarah Pintu Gerbang Dongdaemun dan Pintu Gerbang Namdaemun dan perbedaanya?
동대문과 남대문을 설명하라 그리고 그 차이는?

Pintu gerbang Dongdaemun adalah harta benda Korea No.1 dan Pintu gerbang Namdaemun adalah harta benda Nasional Korea No.1.

Nama asli Dongdaemun adalah Heunginjimun. Nama itu didasarkan pada ajaran Kong Hu cu. "In" artinya perbuatan baik. Dongdaemun Pertama kali dibangun oleh Raja Lee Seong-gye dan menjadi mayor gerbang timur Hanyang. Pintu Gerbang Dongdaemun diperbaiki oleh Raja Danjong, diperbaiki kembali oleh Raja Gojong. Sekarang ini, Dongdaemun dikenal dengan Pasar Dongdaemun.

Nama asli Namdaemun adalah Sungnyemun. Nama itu didasarkan pada ajaran Kong Hu cu. 'Ye', artinya kesopanan. Sungnyemun adalah gerbang utama selatan Hanyang. Pertama kali dibangun oleh Raja Lee Seong-gye dan diperbaiki oleh Raja Sejong. Sebelum kebakaran tahun 2008, Namdaemun adalah bangunan kayu tertua di Seoul. Perbaikan selesai pada tahun 2013, tetapi ada beberapa kesalahan. Sekarang ini, Dancheong dan atap sedang diperbaiki lagi. Namdaemun adalah pasar tradisional Korea. Turis dapat berbelanja dengan harga murah.

동대문은 한국의 보물 1호이다. 그리고 남대문은 한국의 국보 1호이다. 동대문의 원래 이름은 홍인지문이다. 그 이름은 유교에 바탕을 두고 있다. '인' 그 뜻은 좋은 행동이다. 동대문은 처음에 이성계가 건립했고 한양 동쪽 대문의 으뜸이 됐다. 동대문은 단종이 수리했고, 고종에 의해 다시 개량되었다. 지금 동대문은 동대문 시장으로 알려져 있다.
남대문의 원래 이름은 숭례문이다. 그 이름은 유교에 기초를 두고 있고, '예'는 그 뜻이 겸손을 뜻한다. 숭례문은 한양 남쪽의 정문이다. 처음 이성계가 설립했고 세종이 개량했다. 2008년 화재 전 남대문은 서울에서 가장 오래된 목조 건물이었다. 수리가 2013년 끝났지만, 몇 개의 결함이 있었다. 지금 단청과 지붕이 다시 수리 중이다. 남대문은 한국의 전통 시장이다. 관광객은 싼 가격으로 쇼핑할 수 있다.

069

Berikan penjelsan tentang Lonceng Emille.
에밀레종에 대해서 설명하세요.

Lonceng Raja Seongdeok adalah lonceng terbesar di Korea. Lonceng itu dinamakan Lonceng Bongdeoksa karena pertama kali dipasang di Candi Bongdeoksa. Lonceng itu juga bernama Lonceng Emille, berdasarkan cerita bahwa ada anak kecil yang dikorbankan untuk membuat lonceng. Lonceng berbunyi 'em-ee-leh' yang terdengar seperti anak kecil tangis. Lonceng Emille sangat terkenal karena keindahan dan bunyinya yang panjang. Ini sangat mengagetkan karena lonceng besi masih bisa berbunyi dan berusia 1200 tahun lebih. Lonceng Raja Seongdeok menunjukan teknologi dan seni pada masa kerajaan Silla.

성덕대왕종은 한국에서 가장 큰 종이다. 그 종은 봉덕사에서 처음 설치됐기 때문에 봉덕사종이라 이름 지어졌다. 그 종은 또한 종을 만들기 위하여 희생한 어린아이가 있었다는 이야기를 기초로 에밀레종이란 이름을 가지고 있다. 종은 어린아이가 우는 것처럼 들리는 '에-밀-레' 소리를 낸다. 에밀레종은 지속적인 울림과 아름다움으로 매우 유명하다. 이것은 금속 종이 아직도 소리 낼 수 있고 1200년 이상의 세월을 가져서 많은 놀라움을 준다. 성덕대왕종은 신라왕조시대의 예술과 기술을 보여준다.

070

Memperkenalkan tempat bersejarah yang berhubungan dengan Kong Hu cu.
유교와 관련된 역사적인 장소를 소개하세요.

Di masa Joseon, ada akademi khusus Kong Hu cu yang bernama (disebut) Seowon. Akademi Seowon berfungsi sebagai tempat pendidikan Kong Hu cu. Contohnya, Dosan Seowon mewakili Seowon di Andong. Dosan Seowon dibangun oleh murid Yi Hwang. Salah satu ajaran Kong Hu cu yang penting adalah budi pekerti Seonbi. Seowon adalah tempat untuk diskusi budi pekerti Seonbi. Menurut ajaran Kong Hu cu, menjadi lelaki baik adalah tujuan Soenbi. Untuk kebaikan, seorang Seonbi rela memberi jiwanya. Soenbi mengikuti etika Kong Hu cu seperti kerendahan hati dan kesederhanaan. Jadi Dosan Seowon tidak mewah. Dosan Seowon adalah Pusat Pendidikan Kong Hu cu di Yeongnam.

조선시대에는 서원이라 부르는 유교의 사설 교육 기관이 있었다. 서원 학당은 유교의 교육 장소로서 기능을 갖고 있었다. 그 예로 도산서원은 안동에 있는 서원을 대신했다. 도산서원은 이황의 제자가 설립했다. 중요한 유교 교육 중의 하나는 선비의 품행이다. 서원은 선비의 품행을 토론하는 장소이다. 유교 교육에 의하면 올바른 남자가 된다는 것은 선비의 목표이다. '선'을 위하여 한 사람의 선비는 기꺼이 그 생명을 바친다. 선비는 마음의 겸손과 소박함 같은 유교 윤리를 따른다. 도산서원은 화려하지 않다. 도산서원은 영남에 있는 유교 교육의 중심이었다.

071

Ceritakan sejarah Seoul.
서울의 역사를 말하세요.

Manusia telah tinggal di Seoul sejak masa prasejarah. Awalnya, Seoul adalah ibukota Kerajaan Baekje. Dan juga menjadi ibukota banyak kerajaan di Korea. Seoul disebut juga dengan Wuirye, Hansan, Namgyeong, Hanyang, Gyengseong dll. Sekarang, di Seoul banyak fasilitas modern seperti mall, apartemen, gedung-gedung besar. Tetapi, Seoul juga punya tempat sejarah dan tempat tradisional. Jadi Seoul diperkirakan sebagai kota dulu dan sekarang. Ketika Seoul menjadi ibukota Joseon, ukuran Seoul sangat kecil. Wilayah Seoul meliputi Bukaksan, Inwangsan, dan Gunung Namsan. Sungai Han tidak termasuk wilayah Seoul. Setelah itu, banyak jembatan dibangun dan Daerah Gangnam dikembangkan. Jadi wilayah Seoul bertambah besar.

인류는 선사시대부터 서울에 살았다. 처음에 서울은 백제 왕국의 수도였다. 그리고 또한 한국에 있는 많은 왕조의 수도가 됐다. 서울은 또한 위례, 한산, 남경, 한양, 금성 등으로 불렸다. 오늘날 서울에는 백화점, 아파트, 큰 건물과 같은 현대 시설이 많다. 그러나, 서울은 또한 역사적인 장소와 전통 장소를 보유하고 있다. 그래서 서울은 과거와 현재 도시로 생각된다. 서울이 조선의 수도였을 때, 서울의 크기는 매우 작았다. 서울지역은 북악산, 인왕산 그리고 남산을 포함하고 있었다. 한강은 서울지역에 포함되지 않았다. 그 후, 많은 다리가 건립됐고 강남지역이 발전됐다. 그래서 서울지역은 팽창했다.

072

Berikan penjelasan tentang Sungai Han.
한강에 대해서 설명하세요.

Sungai Han adalah sungai terpanjang ke empat (nomor 4) di Korea. Sekarang di Sungai Han ada 31 buah jembatan. Jembatan pertama di atas sungai Han adalah jembatan kereta api Hangang. Jembatan itu hancur pada perang Korea dan kemudian dibangun kembali. Jembatan sungai Han adalah jembatan pertama di atas sungai Han. Jembatan Jamsu tenggelam jika terjadi banjir. Nama jembatan di atas jembatan Jamsu adalah jembatan Banpo. Jembatan Mapo menghubungkan Mapo dengan Yeouido-dong di Yeongdeungpo-gu. Wilayah sekitar sungai Han digunakan untuk pejalan kaki, bersepeda dan taman. Taman digunakan untuk waktu santai dan olah raga. Taman Han memiliki banyak fasilitas olahraga. kolam renang, perkemahan dan sebagainya. Taman Seonyudo adalah taman ekologi (ramah lingkungan) yang menggunakan bahan daur ulang. Pulau dukseom adalah tempat terkenal untuk bermain, musik air mancur, menonton layar air film dll.

한강은 한국에 있는 네 번째로 가장 긴 강이다. 지금 한강에는 31개의 다리가 있다. 한강에 있는 첫 번째 다리는 한강철교이다. 그 다리는 한국 전쟁 때 파괴됐고 그 후 다시 건설됐다. 한강 다리는 한강 위에 있는 첫 번째 다리이다. 잠수교는 홍수가 발생하면 잠긴다. 잠수교 위에 있는 다리 이름은 반포 대교이다. 마포대교는 영등포구에 있는 여의도와 마포를 연결해준다. 한강 주변 지역은 인도, 자전거 도로, 공원길로 사용된다. 공원은 휴식시간과 운동을 위하여 이용된다. 한강 공원은 많은 체육시설, 수영장, 야영장 그리고 등을 갖추고 있다. 선유도 공원은 재활용 재료를 사용하는 생태 공원이다. 뚝 섬은 놀이, 분수 음악, 영화 시청 등을 위한 유명한 명소이다.

073

Dimanakah tempat khusus pariwisata di Seoul dan apa syarat untuk memilihnya?
서울에 있는 관광 특수지역은 어디이고 그것을 선택하기 위한 조건은 무엇입니까?

Tempat istimewa di Seoul adalah Myeongdong, Namdaemun, Bukchang, Itaewon, Kota Fashion Dongdaemun, Jongno, Cheonggye dan Jamsil. Tempat istimewa itu dibuat untuk menarik turis asing. Untuk menjadi tempat istimewa, syaratnya adalah:

Satu: Jumlah turis yang datang harus banyak.
Kedua: Tempat wisata harus dilengkapi dengan fasilitas petunjuk wisata, fasilitas umum yang nyaman. Fasilitas itu untuk memenuhi kebutuhan turis.
Ketiga: Wilayah istimewa juga harus menyediakan fasilitas yang lainnya.
Keempat: Syarat fasilitas-fasilitas yang ada di atas harus berada di satu lokasi.

서울에서 특별한 장소는 명동, 남대문, 북창동, 이태원, 동대문 패션 도시, 종로, 청계 그리고 잠실이다. 그 특별한 장소는 외국 관광객을 끌기 위하여 만들어졌다. 특별한 장소가 되기 위하여, 그 조건은 첫 번째, 관광객의 수가 많아야 한다. 두 번째, 여행 장소는 여행안내 시설, 안락한 공중 시설로 채워 져야한다. 그 시설은 관광객의 필요를 충족하기 위한 것이다. 세 번째, 관광 특구는 또한 다른 시설을 준비해야 한다. 네 번째, 상기의 시설은 한 장소에 있어야 한다.

074

Ceritakan tentang Menara Seoul.
서울 탑에 대하여 이야기하라.

Menara Seoul adalah lambang Korea. Di Menara Seoul, turis dapat melihat pemandangan indah Korea. Khususnya, pemandangan matahari tenggelam di atas sungai Han sangat indah. Menara Seoul dibangun sebagai menara pemancar siaran TV dan radio. Kemudian, menjadi menara pengamatan (pemandangan), lalu dibuka untuk umum. Di lantai 5 ada restoran berputar. Restoran itu dapat berputar 360 derajat setiap 48 menit. Pengunjung dapat melihat pemandangan kota Seoul dari segala arah sambil duduk di kursi. Di lantai 2 ada Kolam Pengharapan. Orang melempar koin hati untuk mencapai cinta.

서울 타워는 한국의 상징이다. 서울 타워에서, 관광객은 한국의 아름다운 경관을 볼 수 있다. 특히, 한강 위에서의 석양은 매우 아름답다. 서울 타워는 TV와 라디오 방송 송출 타워로 건립됐다. 그 후, 전망 타워가 됐다. 이어서 일반인을 위해 개방됐다. 5층에는 회전 레스토랑이 있다. 레스토랑은 48분마다 360도 회전할 수 있다. 방문객은 의자에 앉아서 모든 방향으로 서울시의 전망을 볼 수 있다. 2층에는 소원(을 비는) 연못이 있다. 사람들은 사랑을 이루기 위하여 마음(을 담은) 동전을 던진다.

075

Daftar empat pintu gerbang besar.
4대문에 대해 적으세요.
(Menjelaskan. urutlah. urutkan)

Pada zaman Joseon, ada 8 pintu gerbang bersejarah mengelilingi ibukota. Pintu itu adalah "empat gebang besar" dan "empat gerbang kecil". Nama empat pintu gerbang besar adalah Sukjeongmun di utara, Heunginjimun di timur, Sungyemun di selatan dan Donuimun di barat. Nama-nama tersebut didasarkan pada ajaran Kong Hu cu "In. Ui. Ji. Ye. Yang artinya: kebajikan, kebenaran, kesopanan, kebijaksanaan. Tahun 2008, Sungyemun telah hancur karena kebakaran dan sudah diperbaiki. Donuimun sudah tidak ada lagi karena dihancurkan oleh penjajah Jepang.

조선시대에는, 수도를 에워싼 역사적인 8 개의 큰 문이 있다. 그 문은 4개의 대문과 4개의 작은 문이다. 4개의 대문은 북쪽에 있는 숙정문, 동쪽에 있는 흥인지문, 남쪽에 있는 숭례문, 서쪽에 있는 돈이문이다. 그 이름들은 유교의 교훈 인, 의, 지, 예를 기초로 한다. 자비로움, 정의, 예절, 지혜를 의미한다. 2008년 숭례문은 화재 때문에 피해를 입었고 이미 복구됐다. 돈이문은 일본 통치자가 파괴했기 때문에 이미 다시는 존재하지 않는다.

076
Ceritakan tentang benteng Suwon Hwaseong.
수원 화성에 대해서 말하세요.

Suwon Hwaseong adalah salah satu benteng terbaik di Asia Timur. Raja Jeongjo kehilangan ayahnya karena persaingan partai. Dia merasa sedih kepada ayahnya dan membangun benteng Suwon, kemudian memindahkan kuburan ayahnya ke Suwon. Hanyang adalah inti pertengkaran. Dia ingin mengganti polotik(politik) dan memperkuat kekuasaan Raja di Suwon.
Di Suwon Hwaseong, teknologi bangunan modern disatukan dengan arsitektur Korea. Jeong Yak-yong mengusulkan menggunakan batu dan bata agar bangunan lebih kuat. Untuk pembangunan, kereta digunakan untuk mengangkut bahan-bahan dan sebagainya. Benteng ini termasuk fasilitas penjagaan militer, menara pengawas, menara tembak dan sebagainya. Semua fasilitas ini tidak ditemukan di benteng lain pada masa Joseon. Suwon Hwaseong dihargai dengan keindahan dan kemegahan. Selanjutnya Benteng Suwon Hwaseong ditetapkan sebagai Warisan Budaya Dunia UNESCO tahun 1997.

수원 화성은 동남아시아에서 가장 훌륭한 성 중의 하나이다. 정조 대왕은 당파싸움 때문에 그의 아버지를 잃었다. 그는 그 아버지에 대해서 슬퍼했고 수원 화성을 건립했다. 그 후 수원으로 아버지의 무덤을 옮겼다. 한양은 당쟁의 핵심이었다. 그는 수원에서 정치를 개혁하고 왕권을 강화하려 했다. 수원 화성에서는, 현대 건축 기술이 한국 건축 기술로 통합되었다. 정약용은 더 견고한 건물을 위하여 돌과 벽돌을 사용할 것을 제안했다. 건축을 위하여, 수레가 재료들을 싣기 위하여 사용됐다. 이 성은 군대 수호 시설, 감시 탑, 저격 탑 등의 시설이 포함됐다. 이 시설 모두는 조선시대에 다른 성에서는 발견되지 않았다. 수원 화성은 아름다움과 웅장함으로 평가됐다. 이어서 수원 화성은 1997년 유네스코 세계문화유산을 지정됐다.

077

Jelaskan alasan Pulau Dokdo adalah wilayah Korea.
독도가 한국의 영토라는 이유를 설명하세요.

Ada banyak fakta (bukti) yang membuktikan Pulau Dokdo merupakan wilayah Korea. Pertama, menurut catatan Samguksagi, Jenderal Yi Sabu menguasai Pulau Ulleungdo pada masa Silla. Dokdo adalah tempat tinggal orang Ulleungdo. Dua pulau tersebut tidak bisa dipisahkan karena mereka sangat dekat.

Kedua. Jenderal An Yong-bok pergi ke Jepang untuk mendapatkan surat keterangan yang membuktikan Pulau Dokdo milik Joseon. Surat itu berisi tentang Jepang tidak lagi menyerang Pulau Dokdo.

Ketiga. Sejong-Sillok-Jiriji menetapkan bahwa Dokdo dan Ulleungdo masuk dalam wilayah Joseon. Di dalam Sejong-Sillok-Jiriji ada catatan "Dua pulau itu tidak jauh. Ketika hari cerah, satu pulau dapat terlihat dari pulau yang lainnya.

Keempat. Dongguk Yeojido juga ada catatan bahwa Dokdo dan Ulleungdo adalah pulau milik Gangwon-do. Banyak fakta-fakta yang membuktikan Pulau Dokdo milik Korea. Bahkan, banyak peta dan dokumen yang dikeluarkan Jepang mengatakan Dokdo sebagai wilayah Korea.

독도가 한국 영토라는 것을 증명해 주는 증거는 많다. 첫째, 삼국사기 기록에 의하면, 이사부 장군은 신라시대에 울릉도를 정복했다. 독도는 울릉도 사람들의 거주지였다. 그 두 섬은 밀접하게 관련되어 있어서 분리될 수 없었다.
둘째, 안용복 장군은 독도가 조선의 소유라는 것을 증명해주는 증명서를 받기 위하여 일본으로 갔다. 그 서류는 일본이 다시는 독도를 침범하지 않겠다는 내용이 들어 있었다. 셋째, 세종실록지리지는 독도와 울릉도는 조선 영토에 들어간다고 결정했다. 세종실록지리지 안에는 그 두 섬은 멀지 않다고 하는 기록이 있다. 날이 맑은 날, 한 섬은 다른 섬에서 보일 수 있다. 넷째, 동국여지도 또한 독도와 울릉도는 강원도 소유 섬이다 라는 기록이 있다. 독도가 한국 소유의 섬이라는 것을 증명해주는 사실들은 많다. 더욱이, 일본에서 출판된 많은 지도와 서류에서는 독도를 한국의 영토로서 설명한다.

078

Berikan penjelasan tentang sumber pemandian air panas terkenal di Korea.
한국에 있는 유명한 온천에 대하여 설명을 하세요.

Sumber air panas yang terkenal adalah Onyang, Suanbo, Bugok, Icheon dll. Sumber air panas Onyang di Asan, Chungcheongnam-do, salah satu air panas tertua di Korea. Catatan tentang air panas Onyang dimulai dari Kerajaan Baekje. Para Raja Joseon berkungjung ke sana untuk penyembuhan. Raja Taejo sambil tinggal di sana mengurus Negara. Raja Sejong tinggal di sana untuk mengobati matanya. Sumber air panas Suanbo di Chungju, Chungcheongbuk-do, adalah air panas alami pertama di Korea. Air panasnya mengandung banyak sulfur dan radium. Catatan sejarah menyatakan bahwa air panas ini sangat terkenal. Raja Taejo sering berkunjung ke sana untuk mengobati penyakit kulitnya. Sumber air panas Yuseong ada di Daejeon. Yuseong mengandung banyak radium. Sekarang ini, banyak air panas yang dibangun sebagai taman. Taman air panas dilengkapi dengan akomodasi modern dan fasilitas rekreasi. Bagaimanapun juga, efek air panas buatan tidak sebagus air panas tradisional.

유명한 온천은 온양, 수안보, 부곡, 이천 등이다. 충청남도, 아산에 있는 온양 온천은 한국의 가장 오래된 온천 중 하나이다. 온양 온천에 대한 기록은 백제 왕조부터 시작된다. 조선 왕들은 치유를 위하여 거기로 방문했다. 태조왕은 그곳에 머무르면서, 국정을 다스렸다. 세종대왕은 눈을 치료하기 위하여 거기에 머물렀다. 충청북도, 충주에 있는 수안보 온천은 한국의 첫 번째 자연적인 온천이다. 그 온천은 많은 유황과 라듐을 함유하고 있었다. 역사기록은 온천이 매우 훌륭하다고 설명했다. 태조왕은 피부병을 치료하기 위하여 자주 거기로 방문했다. 유성 온천은 대전에 있다. 유성은 많은 라듐을 함유하고 있다. 지금 많은 온천이 공원으로 건설됐다. 온천공원은 현대 숙박시설과 오락시설로 채워졌다. 어떠하든, 인공 온천의 효과는 전통 온천만큼 좋지 않다.

079
Berikan penjelasan tentang PLZ
PLZ 에 대해서 설명하세요.

PLZ singkatan dari Peace Life Zone (Wilayah Hidup Aman). Di sini ada daerah demilitarization(demiliterisasi) (DMZ) di antara Korea Utara dan Korea Selatan. Di dalam DMZ dilestarikan binatang liar dan ekosistem dengan baik. Sumber daya alam tersebut menjadi produk wisata baru yang bernama PLZ. Pengunjung dapat melihat PLZ dengan tur khusus. DMZ mengingatkan turis tentang kejadian perang, sedangkan PLZ mengingatkan lingkungan alami bebas polusi. Ketika turis datang ke PLZ, mereka berharap kedamaian akan datang antara Korea Utara dan Korea Selatan.

PLZ 은 Peace Life Zone의 약자이다. 여기에는 남한과 북한 사이에 비무장지대가 있다. 비무장지대 안에는 야생동물과 생태계가 보존되어 있다. 그 자연 자원은 PLZ이란 이름을 가진 새로운 관광 상품이 된다. 방문객은 PLZ을 특수 관광으로 볼 수 있다. DMZ는 전쟁 상황에 대하여 관광객에게 상기시킨다. 반면에 PLZ는 공해 없는 자연환경을 깨우쳐 준다. 관광객이 PLZ로 왔을 때, 그들은 남한과 북한 사이에 다가올 평화를 기원한다.

080

Tempat apa Panmunjeom dan apa arti dari JSA?
판문점은 무슨 장소이고 JSA의 뜻은 무엇입니까?

Dahulu Panmunjeom adalah desa kecil bernama Neolmunli. Panmunjeom terletak di perbatasan antara Korea Utara dan Korea Selatan. Pada tahun 1953, perjanjian damai perang Korea telah ditandatangani di desa Panmunjeom. Setelah itu, nama resmi desa tersebut adalah JSA (Joint Security Area) yang artinya wilayah penjagaan bersama. Di JSA, tentara Korea Utara dan Korea Selatan berdiri berhadap-hadapan. Sejak peristiwa pembunuhan kapak tahun 1976, tembok beton telah digunakan sebagai batas di antara tentara. Di sana ada beberapa bangunan dan di situ diadakan rapat Korea Utara dengan Korea Selatan dan kantor UN (PBB=perserikatan bangsa-bangsa).

옛날 판문점은 널문리라고 불리는 작은 마을이었다. 판문점은 남한과 북한 사이의 경계에 위치해 있다. 1953년, 한국전쟁 휴전 협정이 판문점 마을에서 맺어졌다. 그 후, 그 마을 공식 이름이 함께 지키는 지역이라는 뜻을 가진 JSA이다. JSA에서, 남한과 북한군은 서로 마주 보면서 서 있다. 1976년 도끼 만행사건 이후, 콘크리트 벽은 이미 군인 사이에 경계로써 사용됐다. 거기에는, 여러 건물이 있고 거기에서 북한과 남한 그리고 유엔 사령부와 회담을 개최한다.

081

Ceritakan tentang Cheonggyecheon
청계천에 대해서 이야기 하세요.

Pada zaman Joseon, Cheonggyecheon dikenal dengan nama Gaechon. Artinya got terbuka. Karena Gaechon sangat sempit, banyak rumah kebanjiran selama musim hujan. Banjir dan sanitasi adalah masalah utama yang dihadapi pada zaman Joseon. Akhirnya, got ditutup dengan beton. Banyak toko yang dibuka di atas jalan yang ditutup. Jalan layang selesai dibangun pada tahun 1976. Proyek

Perbaikan Cheonggyecheon selesai tahun 2005. Sekarang, air kota mengalir bebas di got Cheonggyecheon. Seoul menjadi kota ramah lingkungan dengan Cheonggyecheon. Turis bisa melihat keindahan
Cheonggyecheon, juga bisa melihat peninggalan bersejarah, yaitu lukisan dinding, ukiran dll.

조선시대에, 청계천은 개천이라는 이름으로 알려졌다. 그 뜻은 노출된 도랑이란 뜻이다. 개천은 매우 좁아서 많은 집이 장마기간 동안 홍수를 당했다. 홍수나 위생시설은 조선 시대에 극복해야 할 주된 문제였다. 결국, 도랑은 콘크리트로 덮였다. 덮인 길 위에 문을 연 가게는 많았다. 고가도로 설치는 1976년에 끝났다. 청계천 개선 사업은 2005년에 끝났다. 지금 도시의 물은 청계천 도랑에서 유유히 흐른다. 서울은 청계천으로 인하여 친환경 도시가 됐다. 관광객은 청계천의 아름다움을 볼 수 있고, 또한 역사적인 유적을 볼 수 있다. 예로 벽화, 조각상 등.

082

Berikan penjelasan tentang Taegeukgi.
태극기에 대해서 설명하세요.

Taegeukgi adalah bendera nasional Korea. Taegeukgi diperkirakan sebagai lambang bendera di dunia. Warna putih melambangkan kesucian. Lingkaran di tengah ada bagian warna biru dan merah. Itu melambangkan yem dan yang. Menurut filosofi(filsafat) Timur, ada dua jenis kekuatan yang mewakili negatif dan positif, laki-laki dan perempuan, surga dan bumi, cahaya dan kegelapan dsb.
Keseimbangan antara yem dan yang melestarika prinsip alam semesta. Di pojok bendera, ada persegi empat yang berbeda yaitu: Geon, Gon, Gam dan Li. Arti tersebut adalah langit, bumi, air dan api. Setelah Piala Dunia 2002, Taegeukgi semakin terkenal di seluruh dunia.

태극기는 한국의 국제적인 국기이다. 태극기는 세계에서 가장 상징적인 깃발로 생각한다. 흰 색상은 순결을 상징한다. 중간에 있는 원은 청색 부분과 붉은 부분이 있고, 그것은 음양을 상징하다. 동양철학에 의하면, 부정과 긍정, 남자와 여자, 하늘과 땅, 빛과 어둠을 나타내는 두 가지의 힘이 있다고 한다. 음양 사이의 균형은 모든 자연의 이치를 보전하는 것이다. 국기의 모퉁이에는, 서로 다른 네 개의 직사각형이 있다. 예로 건, 곤, 감 그리고 리이며, 의미는 하늘, 땅, 물과 불이다. 2002년 월드컵 후, 태극기는 전 세계에 더욱더 알려졌다.

083

Jelaskan bagaimana Mugunghwa menjadi bunga nasional Korea.
어떻게 무궁화가 한국의 국화가 됐는지를 설명하세요.

Mugunghwa dikenal sebagai bunga yang cantik dan kuat. Menurut catatan, pada zaman Gojoseon, banyak bunga Mugunghwa ada di Korea. Sejak zaman dahulu orang Korea menyukai Mugunghwa dan secara alami menjadi bunga nasional Korea. Keabadian dan ketekunan berhubungan dengan jiwa orang Korea. Hal ini dapat mengatasi sejarah yang buruk dan lingkungan yang tidak baik.

Kata Mugung artinya keabadian. Mugunghwa mekar selama 100 hari dari bulan Juli sampai Oktober. Setelah beberapa bunga gugur, bunga lainnya mekar lagi. Dengan demikian, bunga Mugunghwa mekar terus-menerus. nenek moyang Korea berusaha terus untuk menjaganya.

무궁화는 강하고 아름다운 꽃으로서 알려졌다. 기록에 의하면, 고조선 시대에 많은 무궁화 꽃이 한반도에 있었다. 옛날부터 한국인은 무궁화를 좋아했고 자연스럽게 한국의 국화가 됐다.
영원함과 부지런함은 한국 사람의 정신과 관련이 있었다. 이것은 좋지 않은 환경과 나쁜 역사를 극복할 수 있었다. 무궁이란 단어는 그 뜻이 영원함을 뜻한다. 무궁화는 7월부터 10월까지 100일 동안 핀다. 몇 송이의 꽃이 지고 난 후, 다른 꽃이 다시 핀다. 이런 식으로, 무궁화 꽃은 계속 핀다. 한국의 조상들은 그것을 지키려고 계속 노력했다.

084

Ceritakan tentang Hangeul
한글에 대해서 설명하세요.

Angka buta huruf orang Korea kurang dari 1 persen. Hal ini karena orang Korea menggunakan Hangeul. Hangeul adalah bahasa yang sangat ilmiah dan mudah dipelajari. Zaman dahulu, Korea tidak punya huruf. Dahulu orang Korea menggunakan bahasa Cina namanya Hanja, tetapi sangat sulit untuk dipelajari orang biasa. Jadi, banyak orang buta huruf dan tidak bisa menulis. Raja Sejong merasa sedih. Kemudian memutuskan untuk membuat Hangeul. Dia menciptakan Hunminjeongeum berdasarkan lidah, tenggorokan dan bibir. Hangeul memiliki 19 konsonan dan 21 vokal. Hangeul adalah tulisan yang unik dan luar biasa. Jika kamu mendengar suara, kamu dapat menulis secara langsung menggunakan Hangeul. Menurut ahli dari luar negeri, mengatakan bahwa Hangeul adalah bahasa yang sangat ilmiah di dunia. Dan mereka terkejut hari Hangeul adalah hari libur nasional.

한국인의 문맹률은 1%보다 낮다. 이것은 한국인이 한글을 사용하기 때문이다. 한글은 매우 과학적이고 쉽게 배우는 언어라는 것이다. 옛날에 한국은 문자가 없었다. 옛날에, 한국인은 한자라는 이름의 중국말을 사용했지만, 평민이 배우기는 매우 어려웠다. 그래서, 많은 사람이 문맹이었고 글을 쓸 수가 없었다. 세종대왕이 매우 안타까워했다. 그런 후 한글을 만들기로 결정했다. 그는 혀, 목, 입술을 기초로 훈민정음을 창조하셨다. 한글은 19개의 자음과 21개의 모음을 갖고 있다. 한글은 독창적이며 훌륭한 글이다. 만일 당신이 소리를 들으면, 당신은 한글을 사용하여 곧바로 쓸 수 있다. 외국의 전문가들은 한글은 세계에서 매우 과학적인 언어라고 말했다. 그리고 그들은 한글날이 국가 공휴일인 것을 보고 놀라움을 보였다.

085
Apa kelebihan dan kekurangan Hanok?
한옥의 장점과 단점은 무엇입니까?

Hanok adalah rumah tradisional Korea. Karena Korea memiliki 4 musim, Hanok dibuat untuk memanaskan dan mendinginkan. Ada sistem teknologi bernama 'Ondol'. Ini adalah sistem pemanasan di bawah lantai. Panas dialirkan dari tungku di dapur. Jika batu panas, lantai akan menjadi hangat dan udara di rumah juga akan hangat.

Semua bahan-bahan untuk membuat hanok berasal dari alam. Itu adalah tanah, batu, kertas dan kayu dari alam. Ketika kayu digunakan untuk membuat hanok, semua dipakai secara alami. Itulah keindahan dan keunikan khusus hanok. Kertas tradisional Korea dipakai untuk jendela dan pintu digantikan plastik dan kaca. Kertas ini sangat bagus untuk ventilasi. Oleh karena itu, bisa membuat rumah hangat di musim dingin dan sejuk di musim panas.

한옥은 한국의 전통 가옥이다. 한국은 4계절을 갖고 있기 때문에, 한옥은 따뜻하고 시원하게 하도록 만들어졌다. 온돌이라는 기술 시스템이 있다. 이것은 바닥 밑에 있는 난방 시스템이다. 열기를 부엌의 아궁이에서부터 흐르게 한다.
만약 돌이 뜨거워지면, 바닥은 열이 날 것이고, 방에 있는 공기 또한 따뜻해질 것이다. 한옥을 만들기 위한 모든 재료는 자연에서 왔다. 그것은 흙, 바위, 종이 그리고 자연에서 온 나무이다. 나무가 한옥을 만드는데 사용됐을 때, 모든 게 자연적으로 만들어졌다는 것이다. 그것이 한옥의 독특한 특수성과 아름다움이다. 한국의 전통 종이는 플라스틱과 유리를 대신하여 창문과 문을 만드는데 사용된다. 이 종이는 환기하는데 매우 좋다. 그래서 겨울철에는 집을 따뜻하게 만들 수 있고 여름철에는 시원하게 만들 수 있다.

086

Berikan penjelasan tentang Ondol.
온돌에 대해서 설명하세요.

Ondol adalah sistem pemanasan tradisinal dipasang di bawah lantai. Kata Ondol berarti 'Batu Hangat'. Orang Korea telah menggunakan ondol untuk menghangatkan rumah di musin dingin.
Sebuah dapur memiliki tungku (Agung-i dalam bahasa Korea) dan ada saluran mengalirkan udara panas di bawah lantai. Di bawah lantai, ada lapisan batu. Jika lantai mulai hangat, udara di ruangan juga menghangat. Api di dapur juga digunakan untuk memasak. Hal ini sangat mengagumkan, ratusan tahun yang lalu, nenek moyang Korea memiliki pengetahuan dan kebijaksanaan membuat Ondol. Orang asing tak terbiasa ketika masuk ke kamar buka sepatu, tetapi hal ini bisa dimengerti kenapa orang Korea duduk di lantai.

온돌은 바닥 밑에 설치된 전통 난방 시스템이다. 온돌이란 단어는 뜨거운 돌이란 뜻이다. 한국인은 이미 겨울철에 집을 따뜻하게 하기 위하여 온돌을 사용했다. 하나의 부엌은 아궁이를 갖고 있고 바닥 밑에는 뜨거운 공기를 흐르게 하는 통로가 있다. 바닥 밑에는, 평평한 바위가 있다. 만일 바닥이 뜨겁기 시작하면, 방에 있는 공기 또한 더워진다. 부엌에 있는 불 또한 요리를 위하여 사용된다. 이 일은 매우 훌륭하고, 수백 년 전에, 한국의 조상들은 온돌을 만드는 지식과 지혜를 가지고 있었다. 외국인은 신발을 벗고 방으로 들어가는 게 익숙하지 않았지만, 이것은 왜 한국인이 바닥에 앉는지 이해할 수 있다.

087

Jelaskan sejarah, efek dan nilai Kimchi.
김치의 역사와 효과를 설명하고 평가해보세요.

Kimchi adalah makanan Korea yang terbuat dari sayuran. Untuk memakan sayuran di musin dingin, orang Korea mengembangkan cara penyimpanan 'Pengasinan'. Menurut catatan, cabai merah
masuk selama perang Imjin. Pada abad 18, cabai merah digunakan untuk bahan utama kimchi. Suhu akan membantu kimchi lebih enak. Jika terlalu dingin, maka akan membeku. Jika terlalu hangat akan asam. Kimchi yang sempurna mengandung susu asam dan vitamin. Sayuran mengandung banyak serat. Bawang putih ada di dalam kimchi meningkatkan kekebalan tubuh manusia.

Ikan yang ditambahkan ke kimchi menjadi sumber kalsium. Para peneliti juga membuktikan kimchi bagus (efektif) melawan kanker. Kimchi disajikan setiap makan. Orang Korea menyiapkan banyak kimchi untuk musim dingin. Ini disebut Kimjang. Mereka membuat kimjang bersama keluarga, saudara dan tetangga. Budaya Kimjang ditetapkan sebagai Warisan Budaya UNESCO tahun 2013.

김치는 채소로 만들어진 한국 음식이다. 겨울철에 채소를 먹기 위하여, 한국인은 보관 방법(절임)을 발전시켰다. 기록에 의하면, 붉은 고추는 임진왜란 때 들어왔다. 18세기에, 붉은 고추는 김치의 주재료로 사용됐다. 온도는 김치를 더 맛있게 도울 것이다. 만일 너무 추우면, (그러면) 얼 것이다. 너무 더울 경우에는 쉴 것이다. 완벽한 김치는 유산균과 비타민 성분을 함유하고 있다. 채소는 많은 섬유질을 갖고 있다. 김치 속에 있는 마늘은 인간의 신체 면역을 높여준다. 김치에 첨가되는 생선은 칼슘의 원천이 된다. 연구가들 역시 김치가 항암에 좋다고 증명했다. 김치는 식사 때마다 놓여진다. 한국인은 겨울철을 위하여 많은 김치를 준비한다. 이것을 가리켜 김장이라 부른다. 그들은 가족, 형제 그리고 이웃과 함께 김치를 만든다. 김치 문화는 2013년 유네스코 문화유산에 지정됐다.

088
Memperkenalkan Bibimbap
비빔밥을 소개해보세요.

Bibimbap adalah salah satu makanan tradisional terbaik Korea. Terutama Jeonju Bibimbap paling terkenal. Nasi putih disajikan (dicampur) dengan sayuran seperti taoge, terung, bayam, lobak, jamur dan sebagainya. Sebelum dimakan, sayuran dan nasi dicampur dengan saos cabai merah. Banyak orang asing mencicipi Bibimbap sebagai makanan pesawat. Bibimbap disukai orang asing dan vegetarian. Banyak orang Korea berusaha memperkenalkan Bibimbap ke seluruh dunia. Akhir-akhir ini, foto Bibimbap dengan Duta Promosi Hanbok dumuat di Koran New York Times. Acara mencicipi Bibimbap juga diadakan di Negara asing.

비빔밥은 한국의 가장 좋은 훌륭한 음식 중의 하나이다. 특히 전주비빔밥은 가장 유명하다. 흰 밥은 깻잎, 시금치, 무, 버섯과 같은 채소로 섞어서 놓인다. 먹기 전 채소와 밥은 고추장과 섞는다(제공된다). 많은 외국인은 기내식으로서 비빔밥을 맛보았다. 비빔밥은 외국인과 채식주의자가 좋아한다. 많은 한국인은 전 세계로 비빔밥을 알리려고 노력한다. 최근에 비빔밥 사진과 한복 홍보 대사의 사진이 뉴욕 타임스지에 실렸다. 비빔밥을 맛보는 행사 또한 외국에서 개최됐다.

089

Ceritakan tentang Bulgogi

불고기에 대해서 말해보세요.

Bulgogi adalah makanan paling lezat di Korea. Bulgogi adalah daging bumbu yang direbus. Untuk membuat Bulgogi yang enak, daging harus dibumbui lebih dari 2 jam. Bumbu terbuat dari kecap, gula, daun bawang, bawang putih dll. Ketika orang Korea memakan Bulgogi, mereka menyajikan berbagai sayuran. Ssam artinya bungkusan. Untuk membungkus daging dan nasi digunakan beberapa sayuran. Bawang putih, bawang Bombay, daun bawang, cabai hijau, dan Ssamjang (kecap Ssam) juga digunakan (disertai). Dengan makan semua sayuran itu, Badan kita menjadi sehat.

불고기는 한국에서 가장 맛있는 음식이다. 불고기는 삶은 양념 소고기이다. 맛있는 불고기를 만들기 위해, 고기는 2시간 이상 양념 되어야 한다. 양념은 케첩, 설탕, 양파, 마늘 등으로 만들어진다. 한국 사람은 불고기를 먹을 때, 그들은 여러 가지의 채소를 내어놓는다. 쌈은 그 뜻이 싸다라는 뜻이다. 고기와 밥을 싸기 위하여 여러 가지의 채소가 사용된다. 마늘, 양파, 파, 푸른 고추 그리고 쌈장 또한 사용된다. 그 모든 채소를 먹음으로써, 우리의 몸은 건강해지게 된다.

090

Ceritakan tentang Miyeokguk

미역국에 대해서 얘기하세요.

Miyeokguk adalah sup rumput laut. Walaupun Miyeokguk adalah makanan tradisional untuk ulang tahun, tetapi orang makan Miyeokguk sebagai makanan sehari-hari. Sejak zaman dahulu, Miyeokguk diberikan kepada perempuan yang baru selesai melahirkan. Miyeokguk dengan rumput laut mampu mengobati darah yang kotor, sembelit, sesak nafas dll. Miyeokguk juga membantu wanita menghasilkan susu yang sehat. Dengan alasan-alasan ini, setelah melahirkan, wanita disarankan makan Miyeokguk selama 3 minggu. Makan Miyeokguk di hari ulang tahun mengingatkan kesulitan saat ibu melahirkan.

미역국은 해초 국이다. 비록 미역국이 전통적인 생일 음식이지만, 사람들은 일상 식사로 미역국을 먹는다. 옛날부터 미역국은 방금 출산을 한 여성에게 주어졌다. 해초로 된 미역국은 불순한 피, 변비, 호흡 곤란 등을 치료할 수 있다. 미역국은 또한 여성이 건강한 젖을 생산하도록 도운다. 이런 이유로, 출산을 한 후, 여성에게 3주 동안 미역국을 먹도록 권한다. 생일날에 미역국을 먹는 것은 엄마가 출산할 때의 어려움을 일깨우기 위한 것이다.

091

Pilihlah salah satu minuman keras tradisional Korea yang ingin diperkenalkan ke orang asing?
Kalau kamu ingin memperkenalkan salah satu minuman keras tradisional kepada orang asing.
만일 당신이 외국인에게 전통 술 하나를 소개하고 싶다면. 외국인에게 소개하고 싶은 한국 전통 술 하나를 고르세요.

Makgeolli adalah minuman keras asli Korea. Makgeolli terbuat dari padi-padian seperti padi atau tepung, jadi warnanya seperti susu. Makgeolli adalah minuman keras mengandung gizi. Dibandingkan minuman keras lainnya, Makgeolli mengandung alkohol rendah. Sebaliknya ini mengandung protein, vitamin, serat dan bakteri asam. Makgeolli sangat populer khususnya di para petani. Ketika petani merasa kelaparan, mereka minum Makgeolli seperti makanan dan mendapatkan tenaga (energi). Sekarang ini, Makgeolli disukai banyak orang Korea. Rasa Makgeolli berasal dari kombinasi (campuran) rasa manis, pahit dan asam. Rasa Makgeolli seperti rasa kehidupan. Orang Korea sambil minum Makgeolli mengekspresikan emosi mereka, senang atau sedih. Makgeolli sangat dekat dengan kehidupan orang Korea.

막걸리는 한국 고유의 술이다. 막걸리는 벼, 밀가루 같은 벼 곡식으로 만들어졌다. 그래서 그 색깔이 우윳빛과 같다. 막걸리는 영양가 있는 술이다. 다른 술과 비교하면, 막걸리는 알코올 함량이 적다. 대신 막걸리는 단백질, 비타민, 섬유질 그리고 유산균이 들어 있다. 막걸리는 특히 농부에게 매우 인기가 있다. 농부가 허기로 지칠 때, 그들은 음식처럼 막걸리를 마시고 힘을 얻는다. 오늘날, 막걸리는 많은 한국 사람이 좋아한다. 막걸리의 맛은 단맛, 쓴맛, 신맛의 조합이다. 막걸리 맛은 인생의 맛과 같다. 한국 사람은 막걸리를 마시면서 그들의 감정, 즐겁고 슬픔을 나타낸다. 막걸리는 한국 사람의 삶과 매우 가까이에 있다.

092

Ceritakan tentang Munbaeju

문배주에 대해서 말해보세요.

Munbaeju adalah minuman keras tradisional yang dibuat di Korea Selatan. Munbae artinya pir liar dan ju artinya alkohol. Munbaeju beraroma buah pir lia. Walaupun pir tidak digunakan sedikitpun (sama sekali). Di Goryeo, itu adalah minuman keras mulia yang rakyat berikan kepada Raja. Asalnya minuman keras ini dibuat di Pyeongyang, tetapi setelah perang Korea, Munbaeju dibuat di Korea Selatan. Di pertemuan Korea Utara-Korea Selatan tahun 2000, Munbaeju disajikan untuk pemimpin Korea Utara, Kim Jong-il dan Munbaeju menerima banyak pujian. Sekarang ini, Munbaeju dipertimbangkan sebagai minuman acara-acara Internasional.

문배주는 남한에서 만들어진 전통 술이다. 문배 그 뜻은 야생 열매(배)이다. 그리고 '주'의 뜻은 술을 의미한다. 문배주는 야생배의 향을 갖고 있다. 비록 배가 조금도 사용되지 않았지만. 고려에서, 그것은 국민이 왕에게 바친 귀한 술이었다. 처음 이 술은 평양에서 만들어졌지만, 한국 전쟁 후에 문배주는 남한에서 만들어졌다. 2000년 남북 정상회담에서, 문배주는 북한 지도자, 김정일을 위해 접대되었고, 문배주는 많은 칭찬을 받았다. 최근에, 문배주는 국제 행사 음료로 여겨지고 있다.

093

Ceritakan tentang Talchum.

탈춤에 대하여 말해보세요.

Talchum adalah tarian topeng tradisional Korea. Pemain berbicara dan bernyanyi memakai topeng. Talchum aslinya dilakukan di lapangan dikelilingi penonton. Tidak ada panggung artinya tidak ada penghalang (batas) antara aktor dan penonton. Aktor kadang berbicara dengan penonton dan mengajak ikut main.

Pada zaman Joseon, Talchum mengandung humor dan sindiran tentang masalah sosial yang memperlihatkan emosi dan pikiran rakyat. Keluhan mereka diekspresikan di Talchum kepada pengusaha. Cheoyongmu adalah jenis Talchum yang dimainkan di istana untuk upacara nasional. Cheoyongmu dicatat dalam daftar Warisan Dunia UNESCO tahun 2009.

탈춤은 한국전통 가면 춤이다. 주인공은 탈을 쓰고 말하고 노래한다. 원래 탈춤은 관객에 의해 둘러

싸인 바닥에서 공연하였다. 무대가 없다는 것은 배우와 관객 사이에 경계가 없다는 것이다. 배우는 가끔 관광객에게 말을 걸고 참여하도록 부추긴다. 조선시대에는, 탈춤은 사회 부조리에 대하여 국민의 생각과 감정을 보여 주는 해학과 풍자를 갖고 있었다. 지배자에 대한 그들의 불평이 탈춤에서 표현되었다. 처용무는 국가적인 행사를 위해 왕궁에서 공연된 탈춤의 일종이다. 처용무는 2009년 유네스코 세계문화 목록에 등재됐다.

094

Ceritakan tentang Chuseok.
추석에 대해서 말해보세요.

Chuseok hampir sama dengan Thanksgiving Day. Pada tanggal 15 bulan Agustus, orang-orang mudik ke kampung halaman. Mereka menemui orang tua dan saudara untuk merayakan panen. Mereka memakai hanbok tradisional Korea dan sembahyang untuk nenek moyang. Mereka juga mengunjungi kuburan, menyiangi rumput dan sembahyang kepada nenek moyang.
Pada malam hari, mereka berdoa sambil melihat bulan purnama.
Di bawah cahaya bulan, mereka melakukan Ganggangsullae.
Sekumpulan wanita bernyanyi dan menari. Roti beras special yang dimakan pada Chuseok namanya Songpyeon.
Songpyeon melambangkan bulan purnama. Songpyeon diisi dengan wijen, kacang dan kenari. Wanita harus membuat Songpyeon yang cantik untuk memiliki anak perempuan cantik. Orang Korea senang membuat Songpyeon bersama-sama dan berdiskusi bentuk
Songpyeon.

추석은 거의 추수감사절과 같다. 8월 15일에, 사람들은 고향으로 귀향한다. 그들은 추수를 축하하기 위하여 부모님과 형제를 만난다. 그들은 한국의 전통 한복을 입고 조상에게 차례를 지낸다(기도한다). 그들은 성묘 가서 벌초하고 조상에게 절을 한다. 밤에는, 그들은 보름달을 보면서 소원을 빈다. 달빛 아래에서, 그들은 강강술래를 하고, 여성 무리는 노래하고 춤을 춘다. 추석에 먹는 특별한 쌀떡은 그 이름이 송편이다. 송편은 보름달을 상징한다. 송편은 참깨, 콩 그리고 호두가 들어가 있다. 여성은 예쁜 여자아이를 갖기 위하여 예쁜 송편을 만들어야 한다. 한국인들은 송편의 모양을 얘기하면서 함께 송편을 만드는 것을 즐긴다.

095

Berikan penjelasan tentang Samul Nori.
사물놀이에 대해서 설명하세요.

Samul Nori adalah salah satu alat musik pukul tradisional Korea. Kata Samul berarti "empat benda". Samul Nori berasal dari Pungmul. Pungmul diadakan di desa pertanian. Pungmul adalah Nongak yang artinya "musik petani". Di Pungmul, banyak alat musik tradisional digunakan. Pungmul biasanya dimainkan di luar ruangan. Untuk memainkan Pungmul di panggung, dipilih empat alat musik pukul khusus. Alat musik tersebut adalah Jing (gong), Kkwaenggwari (sejenis gong), Janggu (drum dengan 2 alat berbentuk jam pasir) dan Buk (tong berbentuk drum). Alat musik tersebut menghasilkan nada dinamis dan kuat yang memberikan penonton perasaan tegang dan santai.

사물놀이는 한국의 전통타악기 중의 한 장르이다. 사물 단어는 네 가지 물건을 의미한다. 사물놀이는 풍물에서 유래되었다. 풍물은 농촌 지역에서 공연되었다. 풍물은 그 뜻이 농부의 노래인 농악이다. 풍물에는, 많은 전통악기가 사용된다. 풍물은 보통 야외에서 공연된다. 무대에서 풍물을 연주하기 위하여, 특별한 네 가지의 타악기가 선택된다. 그 악기는 징, 꽹과리, 장구, 북이다. 그 악기는 관객에게 느슨함과 긴장감을 주는 강하고 역동적인 음을 만들어 낸다.

096

Jelaskan asal-usul Ganggangsullae.
강강술래의 기원을 설명하세요.

Ganggangsullae ditetapkan sebagai Warisan budaya UNESCO tahun 2009. Ganggangsullae adalah tarian tradisional Korea. Di mana pun perempuan bernyanyi, menari dan bermain di bawah bulan purnama. Jadi, Ganggangsullae diadakan khusus untuk acara Daeboreum dan Chuseok. Ganggangsullae berasal dari Jeollanam-do. Ganggangsullae memiliki sejarah yang panjang, tapi asal-usulnya tidak jelas.
Ada dua teori tentang asal-usul Ganggangsullae. Yang pertama, Ganggangsullae adalah permainan rakyat untuk merayakan bulan purnama dan berdoa untuk panen yang bagus. Yang kedua, selama perang Imjin, Jenderal Yi Sun-sin memerintahkan perempuan melakukan Ganggangsullae untuk menipu musuh. Banyak perempuan bernyanyi dan menari di sekitar api

unggun dan ini dapat menakut-nakuti tentara Jepang. Satu hal yang pasti adalah Ganggangsullae dilakukan bersama-sama dan mengandung jiwa orang Korea.

강강술래는 2009년 유네스코 문화유산으로 지정되었다. 강강술래는 한국 전통춤이고, 어디에서나 여자는 노래를 부르고, 춤추며 보름달 아래서 논다. 그래서 강강술래는 대보름과 추석을 위해 특별히 개최된다. 강강술래는 전라남도에서 유래되었다. 강강술래는 긴 역사를 갖고 있지만 그 유래는 분명치 않다. 강강술래의 유래에 대한 두 가지 학설이 있다. 첫 번째, 강강술래는 보름달을 맞이하기 위한 민속놀이고 풍족한 추수를 위해 기도하는 것이다. 두 번째, 임진왜란 동안 이순신 장군은 적을 속이기 위하여 여성에게 강강술래를 하도록 명령했다. 많은 여성이 모닥불 주변에서 춤추고 노래했고 이것은 일본군을 두렵게 할 수 있었다. 확실한 하나의 일은 강강술래는 집단으로 행하였고 한국 사람의 혼이 담겨 있다는 것이다.

097

Ceritakan tentang Namsadang-nori.
남사당놀이에 대해서 말하세요.

Namsadang-nori adalah pertunjukkan tradisoinal rakyat Korea. Namsadang-nori dimainkan oleh rombongan yang berpindah-pindah. Namsadang adalah kelompok pemain pria yang berkeliling desa untuk bernyanyi, menari, sirkus dan dsb. Mereka mengasah ketrampilan dengan disiplin tinggi. Ada 6 jenis pertunjukan di Namsadang-nori. Di antaranya Pungmul nori, Beona Nori, Salpan, Eoreum, Deotboegi dan Deolmi. Pungmul-nori meliputi (termasuk) musik, tarian dan Sangmo nori (pertunjukan topi ular-ularan). Di Beona nori, pemain memutar Beona di atas bentuk tongkat. Beona bisa menggunakan piring atau baskom. Salpan adalah pertunjukan sirkus. Eoreum adalah pertunjukan tali. Di atas tali setinggi 3 meter, pemain menari, menyanyi dan berputar di udara. Deotboegi adalah pertunjukan tarian topeng dan Deolmi adalah pertunjukan boneka. Pemain menunjukan macam-macam bakat. Namsadang-nori juga menyindir kehidupan yang susah dengan cara lucu. Namsadang-nori menunjukkan jiwa humor orang Korea.

남사당놀이는 한국인의 전통 공연이다. 남사당놀이는 계속 옮겨 다니는 단체에 의해 공연된다. 남사당은 노래하고, 춤추고, 서커스 등을 하기 위해 마을을 도는 공연단이다. 그들은 높은 훈련으로 기술을 연마한다. 남사당놀이에는 6가지의 공연이 있다. 그 중에는 풍물놀이, 버나놀이, 살판, 어름, 덧뵈기 그리고 덜미가 있다. 풍물놀이는 음악, 춤 그리고 상모놀이를 포괄하고 있다. 버나놀이는 공연자가

지팡이 물체 위에서 버나를 돌리는 것이다. 버나는 접시나 대야를 사용할 수 있다. 살판은 서커스 공연이다. 어름은 줄타기 공연이다. 3m 높이의 줄에서, 배우는 춤 추고, 노래하며 공중곡예를 한다. 덧뵈기는 가면 춤 공연이고 덜미는 인형극이다. 배우는 여러 가지 재주를 보여준다. 남사당놀이 또한 재미있는 방법으로 어려운 삶을 풍자한다. 남사당놀이는 한국인의 해학적인 정신을 보여준다.

098

Jelaskan perayaan atau tempat wisata yang ingin kamu kenalkan kepada orang asing.

외국인에게 당신이 소개하고 싶은 여행지나 축제를 설명하세요.

Festival (pesta, perayaan)

Setiap tahun, di Busan diadakan banyak festival. Festival Laut Busan adalah salah satu yang terkenal di Busan. Perayaan dilaksanakan pada bulan Agustus di Pantai Haendae. Pantai Gwangalli, Pantai Songdo, Pantai Songjeong dan Pantai Dadaepo. Pesta Laut Busan diselenggarakan sejak tahun 1996. Pengunjung dapat merasakan budaya dan seni. Di sana ada konser pantai terbesar. Ada juga acara festival bikini, sulap dan tarian salsa.

Festival Film Internasional Busan sangat terkenal. Festival film diadakan pada bulan Oktober setiap tahun. Jumlah peserta festival bertambah setiap tahun. Busan menjadi terkenal di seluruh dunia.

Fetival kembang api juga harus dilihat di Busan. Sepuluh ribu kembang api dan pertunjukan laser dengan diiringi musik diadakan.

축제.

매년 부산에서는 많은 축제가 개최된다. 부산 바다축제는 부산에서 유명한 축제 중의 하나이다. 축제는 8월에 해운대 해변, 광안리 해변, 송도 해변 그리고 다대포 해변에서 열린다. 부산 해양 축제는 1996년부터 열렸다. 방문객은 문화와 예술을 체험할 수 있다. 거기에는 최대 규모의 콘서트가 있다. 비키니, 마술 그리고 살사 춤 축제 행사도 있다. 부산 국제 영화제는 정말 유명하다. 영화 축제는 매년 10월에 열린다. 축제 참석자 수는 매년 증가한다. 부산은 세계적으로 유명해졌다. 불꽃놀이 축제 역시 부산에서 봐야 한다. 수천 발의 불꽃과 레이저 공연은 음악과 함께 펼쳐진다.

Tempat wisata

Saya mau menyarankan Desa Jeonju Hanok. itu adalah tempat tradisi dan budaya Korea. Pertama, turis akan merasakan rumah tradisional Korea. Selama penjajahan Jepang, orang Jeonju ingin menunjukan kebanggaan hanok dan membuat desa Hanok. Kedua, turis akan melihat macam-macam kerajinan tangan tradisional Korea. Di Museum Minuman Keras Tradisional Jeonju, minuman keras tradisional Korea dipajang beserta informasinya. Moju sebagai makgeolli terkenal Jeonju juga dijual. Jika turis mengunjungi rumah tradisional Hanji, mereka dapat melihat proses pembuatan kertas Hanji. Di rumah yang lain, turis dapat menemukan cinderamata khas Korea. Ketiga, turis dapat mencicipi makanan daerah Jeonju. Jeonju Bibimbap adalah makanan utama Jeonju.

관광지.
나는 전주 한옥 마을을 추천하려 한다. 그것은 한국의 문화와 전통 장소이다. 첫 번째, 관광객은 한국의 전통 가옥을 체험할 것이다. 일제강점기에, 전주 사람은 한옥의 자랑스러움을 보여주고 싶었고 한옥마을을 만들었다. 두 번째, 관광객은 한국의 여러 가지 전통 수공예품을 볼 것이다. 전주 전통 술 박물관에는, 한국의 전통 술이 그 정보와 함께 장식되어있다. 전주의 유명한 막걸리로 모주 또한 판매한다. 만일 관광객이 한지 전통 집을 방문하면, 그들은 한지의 생산과정을 볼 수 있다. 다른 가옥에선, 관광객은 한국의 특별한 추억의 기념품을 찾을 수 있다. 세 번째, 관광객은 전주지역 음식을 맛볼 수 있다. 전주비빔밥은 전주의 주요 음식이다.

099

Jelaskan perbedaan antara Geomungo dan Gayageum.
거문고와 가야금 사이의 차이를 설명하세요.

Geomungo dan Gayageum adalah alat musik senar tradisional Korea, tetapi keduanya berbeda. Gayageum memiliki 12 senar. Gayageum dipetik dengan jari dan Gayageum menghasilkan suara tenang dan lembut. Menurut Samguk Sagi, Gayageum dibuat oleh Raja Gasil dari Kerajaan Gaya. Dia berminat membuat alat musik sendiri. Di sisi Raja, ada musisi bernama Ureuk. Raja Gasil memerintahkan Ureuk menciptakan musik dari Gayageum. Sedangkan, menurut Samguk Sagi, Geomungo diciptakan oleh Wang San-ak dari Kerajaan Goguryeo. Geomungo memiliki 6 senar. Geomungo dipetik menggunakan batang bamboo yang disebut "suldae". Geomungo menghasilkan suara yang dalam dan kuat. Dibandingkan dengan Gayageum, suara Geomungo bertenaga dan energik. Banyak orang mengatakan, suara Geomungo sangat maskulin dan Gayageum terdengar féminin.

거문고와 가야금은 한국의 전통 현악기이지만, 그 둘은 서로 다르다. 가야금은 12줄의 현을 갖고 있다. 가야금은 손가락으로 뜯는다. 그리고 조용하고 부드러운 소리를 낸다. 삼국사기에 의하면, 가야금은 가야 왕국의 가실왕이 만들었다. 그는 혼자 악기를 만들려고 했다. 왕 옆에는 우륵이라는 음악가가 있었다. 가실왕은 우륵에게 가야금으로 음악을 만들라고 명령했다. 반면에 삼국사기에 의하면, 거문고는 고구려 왕조 때 왕산악이 만들었다. 거문고는 6개의 현을 갖고 있다. 거문고는 솔대로 불리는 대나무 조각을 사용하여 뜯는다. 거문고는 깊고 장중한 소리를 낸다. 가야금과 비교하면 거문고 소리는 힘이 있고 정력적이다. 많은 사람이 말하길, 거문고 소리는 남성적이고 가야금 소리는 여성적으로 들린다고 한다.

100

Jelaskan perbedaan antara Goryeo Cheongja dan Joseon Baekje
고려청자와 조선백자 사이의 차이점을 설명하시오.

Goryeo Cheongja adalah salah satu keramik terbaik di dunia. Goryeo Cheongja terkenal dengan warna hijau. Warna hijau berasal dari cat yang mengandung zat besi. Kecantikan Goryeo Cheongja berasal dari tanah, cat dan teknik khusus Sanggam. Itu adalah teknik unik dan kreatif yang hanya digunakan oleh perajin Goryeo. Kemegahan Goryeo Cheongja mencerminkan kekayaaan bangsawan Goryeo.

고려청자는 세계에서 가장 훌륭한 도자기 중의 하나이다. 고려청자는 비취색으로 유명하다. 비취색은 철 성분을 가진 유약으로 만들어졌다. 고려청자의 아름다움은 흙과 유약 그리고 상감의 특수한 기술로부터 왔다. 그것은 고려의 도자기 공들만 사용했던 유일하고 독창적인 기술이다. 고려청자의 화려함은 고려 귀족의 부유함을 반영하는 것이다.

Sedangkan, Joseon Baekje adalah keramik putih pada zaman Joseon. Joseon Baekje memiliki kecantikan yang sederhana dan alami. Warna putih berasal dari tanah putih dan cat bening. Joseon Baekje tidak punya dekorasi khusus. Bagaimanapun, bukan berarti Joseon Baekje lebih jelek dari pada Goryeo Cheongja.
Joseon Baekje mencerminkan kesederhanaan dan kesabaran. Untuk membuat warna putih diperlukan teknologi lebih berkembang.

반면에, 조선백자는 조선시대의 순백의 도자기이다. 조선백자는 수수하고 자연적인 아름다움을 갖고 있다. 백색은 백토와 투명한 유약에서 비롯된다. 조선백자는 특별한 꾸밈이 없다. 어찌 됐든, 조선백자가 고려청자보다 더 나쁘다는 의미는 아니다. 조선백자는 검소함과 절제를 반영한다. 백색을 만들기 위하여 더 발전된 기술이 필요했다.